Beltz Taschenbuch 851

Über dieses Buch:
Kindererziehung beginnt beim Erwachsenen. Statt unser Kind unseren Vorstellungen anzupassen, sollten wir versuchen, die Welt aus der Perspektive des Kindes wahrzunehmen, und seine Umgebung seinen Entwicklungsbedürfnissen entsprechend zu gestalten. Denn solange die Grundbedürfnisse des Kindes und der dazugehörige Respekt voreinander nicht geklärt sind, gibt es kaum eine Situation des täglichen Lebens, die nicht zum Konflikt führen könnte.

»Woher kommt es, dass manch intelligenter Erwachsene trotz idealer Umstände an seinen Fähigkeiten zur Kindererziehung in Zweifel gerät? Gerade sensible Menschen spüren mehr oder weniger bewusst, dass der Umgang mit Kindern auf jeden Fall zu den kritischsten Umständen im eigenen Leben zählt. Wir stehen hier an einem Kreuzweg und müssen uns entscheiden, ob wir das Kind systematisch zu unserem eigenen bisher erreichten Standard heranziehen – zu unserem Denken und Fühlen und zu unserer Art, mit Dingen und Menschen umzugehen –, oder ob wir uns durch das Zusammensein mit dem Kind in unserem Leben so berühren lassen, als stünden wir selbst noch einmal am Anfang.«
Rebeca Wild

Die Autorin:
Rebeca Wild, 1939 in Deutschland geboren, studierte Germanistik, Montessori- und Musikpädagogik in München, New York und Puerto Rico. Seit 1961 lebt sie in Ecuador, wo sie mit ihrem Mann, Mauricio Wild, 1977 die Pestalozzi-Schule, den »Pesta« gründete: einen Kindergarten und ein Schul- und Fortbildungszentrum, das weltweit großes Interesse gefunden hat und auf dessen langjährige praktische Erfahrungen und Erkenntnisse sich dieses Buch stützt.
Bei Beltz erschien zuletzt ihr Buch »Lebensqualität für Kinder und andere Menschen – Erziehung und der Respekt für das innere Wachstum von Kindern und Jugendlichen«.

Rebeca Wild

Mit Kindern leben lernen

Sein zum Erziehen

BELTZ
Taschenbuch

Dieses Buch ist auch als E-Book erhältlich
ISBN 978-3-407-22419-4

www.beltz.de

6. Auflage 2016

Das Werk erschien zuletzt unter dem Titel
»Sein zum Erziehen – Mit Kindern leben lernen«
im Arbor Verlag, Freiamt im Schwarzwald (6. Auflage 1998)
Umschlaggestaltung: Federico Luci, Odenthal
Umschlagfoto: © Leonardo Wild, Quito
Satz: WMTP, Birkenau
Druck und Bindung: Beltz Bad Langensalza GmbH,
Bad Langensalza
Printed in Germany

ISBN 978-3-407-22851-2

»Das erste Wirkende ist das Sein des Erziehers, das zweite, was er tut, und das dritte, was er redet.«

Romano Guardini

Inhalt

Vorwort

Das Hauptgewicht traditioneller Erziehung liegt trotz aller Reformen und Unterschiede zum Kinderbild früherer Generationen, trotz neuer Lerninhalte und Lernmethoden in den Schulen noch immer auf der Anpassung des Kindes an bestehende Systeme. Dieses Buch befasst sich mit der Möglichkeit, diesen Kreis aufzubrechen und die Rolle, die wir als Erwachsene im Erziehungsprozess unserer Kinder spielen, auf konstruktive und lebensbejahende Weise zu hinterfragen.

Denn viele Kinder und Jugendliche leiden unter dieser Anpassungsleistung oder haben ihr, wenn auch auf ganz unterschiedliche Weise, den Kampf angesagt. Dabei sind den Kindern und Jugendlichen ihre Verhaltensweisen oder ihr Aufbegehren nicht immer bewusst. Sie reagieren, wenn wir sie *unseren* Bedürfnissen, *unseren* Zeitvorstellungen, *unserem* Lebensrhythmus oder *unseren* Bildungsidealen anpassen wollen, vielleicht einfach nur mit Unlust, aber häufig auch mit Anspannung, Aggressivität, Rückzug, Konzentrationsmangel, Scheitern in der Schule, Hyperaktivität, um nur einiges zu nennen. Setzen wir uns bewusst mit der Erziehung unserer Kinder auseinander, stoßen wir also immer auch auf uns selbst, unsere Vorstellungen vom Leben und vom Leben mit unseren Kindern. Dann geht es aber um die erweiterte Frage, mit unseren Kindern – wieder? – leben zu lernen, um unser »Sein zum Erziehen«.

Erwachsenen fällt es häufig schwer, neuen Situationen mit

Offenheit und der Bereitschaft zur Erneuerung zu begegnen. Darin sind uns Kinder weit überlegen, besonders dann, wenn wir ihnen Lebensbedingungen gewähren, die ihrem eigentlichen inneren Lebensplan entsprechen. Auch in diesem Buch werde ich immer wieder von solchen Kindern berichten können, die ihren echten Entwicklungsbedürfnissen entsprechend lebten, weil ihnen die hierfür geeignete Umgebung zur Verfügung gestellt werden konnte. Es sind Kinder und Jugendliche einer Schule, die wir vor 25 Jahren mit dem Namen »Pestalozzi« in Ecuador gegründet haben, eines nicht gewöhnlichen Kindergarten- und Schulprojekts, das inzwischen weltweit breites Interesse hervorgerufen hat. Aber nicht von seiner Konzeption oder vom Schulalltag soll in diesem Buch die Rede sein, denn darüber wurde in anderen Büchern ausführlich berichtet, sondern davon, wie wir als Eltern, Lehrer oder Erzieherinnen für unsere Kinder eine solche »passende Umgebung« schaffen und in diese uns selbst einbringen können. Das heißt aber auch, wie wir von ihnen, also von den Kindern, lernen, uns in unserem Leben so berühren zu lassen, als stünden wir selbst noch einmal am Anfang.

Wenn wir bewusste Entscheidungen für die Erziehung unserer Kinder zu treffen haben, betrifft dies unvermeidlich auch uns Erwachsene, denn es stellt uns vor die Frage, ob wir selbst unverändert zu bleiben wünschen oder auch uns Veränderungen erlauben, um damit die Umgebung der Kinder zu verändern. Dabei geht es um keinen einmaligen Entschluss, also etwa darum, unsere Kinder in eine »fortschrittliche« Schule zu schicken oder von jetzt an »neue Methoden« der Kindererziehung anzuwenden. Ein solch abrupter Wechsel würde uns nur zu neuen Ungewissheiten führen und nicht selten in unerwartete Schwierigkeiten bringen.

Gewünschten Veränderungen in der Beziehung zu Kindern können wir jedoch eine sichere Grundlage schaffen, wenn wir Lebensprozesse auf verschiedenen Ebenen in Betracht ziehen. Die *erste Ebene*, mit der wir es zu tun haben, ist durch die Wachstumsbedürfnisse der Kinder gegeben. Indem wir ihnen unsere Aufmerksamkeit schenken, um sie erkennen und erfüllen zu lernen, kommen wir in Kontakt mit unseren eigenen alten, unbefriedigten Bedürfnissen, die Teil unserer Persönlichkeit geworden sind. In diesem Prozess entdecken wir den Unterschied zwischen authentischen Bedürfnissen und ihrem bloßen Ersatz. Wenn wir uns selbst dieser Frage ehrlich stellen, nähern wir uns der *zweiten Ebene*, auf der die spezifischen Bedürfnisse der Erwachsenen wirksam werden. Hier beginnt unsere Arbeit, nämlich einen »Lebensraum« zu schaffen, der sowohl für das Wachstum der Kinder wie der Erwachsenen fruchtbar ist. In dem Maße, wie diese Arbeit voranschreitet und unser Leben durch sie reicher und weiter wird, wächst der Bereich unserer persönlichen Bedürfnisse auch in die komplexe Problematik gesellschaftlicher Beziehungen und Bedürfnisse hinein. Aber diese »*höhere Ebene*«, die immer auf den vorangegangenen Ebenen aufbauen sollte, wäre ohne festen Halt und die Arbeit, die hier geleistet wird, zweifelhaft, wäre sie nicht von unten her getragen und in Einklang mit allen Bedürfnissen, die zu unserem vollen Menschsein gehören.

Als ich das vorliegende Buch, das jetzt als Taschenbuchausgabe erscheint, vor vierzehn Jahren verfasst habe, trieb mich das Staunen darüber zum Schreiben, auf wie vielen Ebenen die Wachstumsprozesse der Erwachsenen mit denen der Kinder vernetzt sind. Die Kinder, von denen auf den folgenden Seiten die Rede ist, sind heute erwachsen. Manche von ihnen sind bereits selbst Eltern geworden, und in unserer Schule, dem »Pesta«, wächst eine neue Generation von Kindern und Jugendlichen heran. Eine neue Schar von Eltern und Mitarbeitern, zusammen mit vielen Menschen, die sich an den verschiedensten Orten und unter unterschiedlichsten Umständen auf den Weg zu einem respektvollen Umgang mit Kindern gemacht haben, bestätigt uns in der Sichtweise des Buches, dass auch wir Erwachsenen die eigenen Entwicklungsstufen nicht ohne weiteres überspringen können.

So habe ich mich entschlossen, den Text des Buches so stehen zu lassen, wie er seinerzeit geschrieben wurde: als einen Wegweiser, der auch unseren Weg markiert hat, und in der Hoffnung, dass sich andere auf der eigenen Wanderung an ihm orientieren können. Das Buch berichtet davon, wie liebevolle und respektvolle Beziehungen mit Kindern für Eltern und alle diejenigen, die mit Kindern zu tun haben, immer wieder zu einer Chance werden können, in Kontakt mit uns selbst und unserem eigenen Werdegang zu kommen, während wir gleichzeitig die Bedürfnisse anderer wahrnehmen und mit ihnen kooperieren lernen.

Rebeca Wild, Frühjahr 2002

Wachstumsbedürfnisse

Mit Ausnahme von Teenagern, die Kinder als »Unfall« in die Welt setzen, bevor sie selbst erwachsen sind, ist unsere eigene biologische Entwicklung zu der Zeit, in der wir für Kinder verantwortlich werden, abgeschlossen.

Wir sind also »fertig«. Unsere Lebenssituation hat sich in den meisten Fällen stabilisiert. Wahrscheinlich arbeiten wir in einem Beruf, auf den wir seit langem hingestrebt sind. Wir haben einen Haushalt gegründet und allerlei Absicherungsmaßnahmen getroffen. Wir haben gelernt, eine Menge intellektueller und praktischer Probleme zu lösen. Warum sollten wir uns nicht auch der Erziehung von Kindern gewachsen fühlen? Zudem trifft das Kind auf eine Welt, die sich mit vielen nützlichen Gegenständen, mit Techniken und spezialisiertem Wissen für seine Ankunft gerüstet hat. Ganze Industrien bringen Produkte hervor, die seine Bedürfnisse erfüllen sollen! Fachleute, Bücher und Zeitschriften verschaffen jedem Erwachsenen Zugang zu einem breiten Wissen, das er nur noch auf seinen spezifischen Fall anzuwenden braucht.

Woher kommt es also, dass manch intelligenter Erwachsener trotz idealer Umstände an seinen Fähigkeiten zur Kindererziehung zu zweifeln beginnt? Gerade sensible Menschen spüren mehr oder weniger bewusst, dass der Umgang mit Kindern auf jeden Fall zu den kritischsten Umständen im eigenen Leben zählt. Wir stehen hier an einem Kreuzweg und müssen uns entscheiden, ob wir das Kind systematisch zu unserem eigenen bisher erreichten Standard heranziehen – zu unserem Denken und Fühlen und zu unserer Art, mit Dingen und Menschen umzugehen – oder ob wir uns durch das Zusammensein mit dem Kind in unserem eigenen Leben so berühren lassen, als stünden wir selbst noch einmal am Anfang. Öffnen wir uns für dieses Wagnis, kann es geschehen, dass wir unsere eigenen Sinne noch einmal neu gebrauchen und Situationen fühlen lernen, als wären sie ganz neu, dass wir ein neues Verständnis entwickeln, das nicht nur mit gelernten Kategorien, sondern mit lebendigen Prozessen umzugehen versteht.

Unser statisches Denken und Fühlen – so sind die Dinge und Menschen, und so bin ich nun einmal – wird durch Kinder ständig infrage gestellt. Wir müssen uns entweder gegen sie zur Wehr setzen oder aber Zugang zu ihrer Art zu sein suchen, die ein ständiges Werden ist. Dieser Prozess des Werdens und Wachsens erhält immer neuen Anstoß und Antrieb durch spezifische Bedürfnisse, die bei kleinen Kindern nicht ohne Folgen unterdrückt werden können. Werden sie durch die Umgebung erfüllt, nimmt der Prozess seinen natürlichen Verlauf. Ist die Umgebung ungeeignet oder feindlich, nimmt das Kind entweder den Kampf mit ihr auf oder lernt, seine Bedürfnisse allmählich zurückzustellen – sich mehr oder weniger an eine unwirtliche Umgebung anzupassen.

Alles Leben auf dieser Erde manifestiert sich grundsätzlich als Interaktion zwischen einem lebenden Organismus und einer Umgebung. Diese Interaktion gehorcht einfachen Prinzipien. Auf diese kommen wir später noch im Kapitel über Strukturen ausführlicher zu sprechen. Ob wir lernen, diese Grundprinzipien zu respektieren, entscheidet letztendlich, ob wir z.B. in unserem Umgang mit Kindern für oder gegen das Leben arbeiten. Es entscheidet, ob wir echte Wachstums- und Entwicklungsprozesse unterstützen oder behindern – auf lange Sicht sogar das

Leben auf unserem Planeten gefährden. Weder Organismus noch Umwelt für sich macht Leben möglich – lediglich ihre Interaktion.

Auf jeder Lebensstufe drückt sich in jedem Organismus der Entwicklungsplan in solchen Bedürfnissen aus, die zu seiner Erfüllung drängen. Die Art der Bedürfnisse verändert sich von Etappe zu Etappe, doch stehen sie immer in direkter Wechselwirkung zur Umgebung: Der Organismus arbeitet die Instrumente aus, mit denen er auf seine Umwelt einwirkt, und die Umwelt wirkt so auf den Organismus ein, dass er sich dadurch verwandelt, seine Instrumente entwickelt und verfeinert. Diese dynamische Wechselwirkung zwischen innen und außen ist die Grundbedingung für jede Entwicklung und jede echte Handlung. Entbehrt die Umgebung in den Wachstumsjahren die notwendigen Elemente, so kann der innere Plan nicht zu seiner vollen Erfüllung gelangen. Doch muss die Natur von einer Etappe zur nächsten übersetzen, ob nun die für sie bestimmte optimale Entwicklung erreicht worden ist oder nicht. Dieses Prinzip sehen wir deutlich am Beispiel der vorgeburtlichen Entwicklung: Auch wenn ein Embryo Schaden erlitten hat, vielleicht organische Schwächen zeigt, ihm sogar Beine oder Arme fehlen, setzt trotzdem der Geburtsprozess zu seiner Zeit ein. Das Kind muss nun sein Leben lang mit der angeborenen Schwäche zurechtkommen. Nur in Fällen, in denen das Überleben überhaupt unmöglich ist, stößt sich das Kind frühzeitig aus dem Körper der Mutter aus.

Das gleiche Gesetz gilt für alle folgenden Lebensepochen. Immer dienen die vorhergehenden Etappen als Basis für jede neue Entwicklung. Die der Kindheit entsprechenden Etappen habe ich im Bericht »Erziehung zum Sein« beschrieben. Darum will ich sie hier nur kurz erwähnen. Die folgende Unterteilung ist allerdings nicht als ein Schema zu verstehen, in dem sich die Gehirnstrukturen getrennt entwickeln, vielmehr so, dass jede Erfahrung direkt auf die anderen Strukturen einwirkt, also alle miteinander vernetzt sind. Von der Geburt bis etwa zum siebten oder achten Lebensjahr ist es das Hauptanliegen der Natur, das limbische System zu entwickeln, das für die Koordinierung des Gefühlslebens, der Motorik und der Sinne verantwortlich ist. Vom achten Lebensjahr bis zum Einsetzen der Pubertät konzentriert sich das Interesse der Natur auf die Ausbildung der Hirnrinde. Nur wenn sie voll operativ ist, dient sie als zuverlässiges Instrument für analytisches Denken, sinnvolle Symbolik und wirklichkeitsbezogene Abstraktion. Diese Arbeit geschieht vorwiegend durch den Umgang mit konkreten Gegenständen und die Interaktion mit einfachen sozialen Situationen und verlagert sich in den Jahren der Pubertät auf die Interaktion mit immer komplexeren sozialen Bereichen. Wenn dieses Bedürfnis nach reicher, variierter Interaktion erfüllt wird, statt dass die Jahre der Jugend mit streng fachgebundenem Unterricht angefüllt werden, kann sich die Fähigkeit zu vernetztem Denken entwickeln, ohne das ein formelles Studium zwar erfolgreich sein kann, später aber seine sinnvolle Anwendung in praktischer Problemlösung fraglich wird. Beide sind notwendig, um jeglichem formellem Studium, das mit Abstraktionen umgeht, eine sichere Grundlage zu geben. Nach dieser Etappe der »höheren Studien« ist in unserer Gesellschaft die so genannte Bildung abgeschlossen. Es scheint der rechte Zeitpunkt, eine Familie zu gründen. Für viele hört hier der lebendige Lernprozess weitgehend auf. Man wendet Gelerntes an, fährt sich auf vorgezeichnete Spuren ein und erhofft Beförderungen, aber nicht Veränderungen.

In Wirklichkeit ist der menschliche Entwicklungsplan keineswegs auf die ersten zwanzig oder dreißig Jahre beschränkt. Die uns entsprechenden Entwicklungsetappen sind allerdings nicht mehr an äußerem Wachstum erkennbar. Was jetzt wachsen sollte, sind vielmehr innere Bewusstseinsträger. Doch stehen wir vor einer großen Schwierigkeit: In unserer Kindheit wurde unsere Bildung von außen programmiert, und wir haben aus ihr nur eine blasse Ahnung bewahrt, dass Wachstum und Entwicklung in Wirklichkeit spontane Prozesse sind. Konnten wir davon etwas retten, so geschah dies wahrscheinlich trotz der uns zuteil gewordenen Erziehung. Unser innerer Entwicklungsplan musste sich oft gegen Hindernisse und ohne optimale harmonische Wechselwirkung mit unserer Umgebung recht und schlecht durchsetzen. Kein Wunder also, dass es uns nun als Erwachsenen schwer fällt, den Zeichen zu trauen, die unsere gegenwärtigen Entwicklungsbedürfnisse begleiten. Dieses Vertrauen müssen wir nun neu lernen, um rechtzeitig auf sie einzugehen, bevor sie zu schmerzhaften Krisen oder zunehmender Verhärtung und Versteinerung führen.

Selbst wenn, wie bei vielen Menschen, die Umstände unserer Wachstumsjahre nicht optimal gewesen sind, bedeutet das Zusammensein mit Kindern eine neue Chance, die eigene Kindheit noch einmal aufzurollen, ohne jedoch dabei der Gegenwart zu entfliehen. Gelingt es uns, jetzt mit dem Leben neuen Kontakt aufzunehmen, so kann diese Lebensetappe Grundlage für eine weitere Entwicklung werden, die schließlich nicht nur uns persönlich dient, sondern weitere Kreise schlagen kann. Vielleicht merken wir nun hin und wieder, dass die genossene Erziehung uns mehr verwirrt als erleuchtet hat. Nun wäre die Gelegenheit gegeben, neue Klarheit zu gewinnen. Wir wurden vielleicht trainiert, uns vor allem für materielle oder intellektuelle Probleme zu interessieren. Jetzt müssen wir uns lebendigen Prozessen stellen, die sich unserem gewohnten Denken entziehen. Wir lernten vielleicht, Denken und Fühlen säuberlich zu trennen. Nun geht es darum, sie wieder zu vereinen und damit zu einer neuen Harmonie im eigenen Leben zu kommen.

Begegnen wir Kindern auf rechte Weise, so kann es geschehen, dass sie, statt »Last und Opfer« zu sein, unserer eigenen Therapie dienen – einer Therapie, die bis an den Anfang unseres eigenen Lebens zurückreicht, uns aber nicht vom täglichen Leben absondert oder ablenkt, sondern ganz mit den praktischen

Aufgaben der Gegenwart verbindet. Auf diesem Weg übernehmen wir volle Verantwortung für uns selbst und für andere. Das ist vielleicht eine ungewohnte und schwere Aufgabe, doch kann sie uns dahin führen, zusammen mit anderen, die in einer ähnlichen Situation sind, an der Schaffung einer besseren Umgebung für Kinder zu arbeiten und damit zu einem neuen Erlebnis von Gemeinschaft zu kommen, auch wenn wir viele Schwierigkeiten in uns selbst überwinden müssen.

Das Arbeiten an der Umgebung ist eine Herausforderung, vor der wir uns nicht drücken können, denn die Bedürfnisse der Kinder sind so grundsätzlich wie die einer Pflanze, die aus der Umgebung alle ihre Lebenselemente zieht. In diesem Vergleich entspricht das vorgeburtliche Wachstum der Bildung des Pflanzenkeimlings, der sorgfältig sein Wurzelsystem anlegt, das ihm Nahrungszufuhr und physischen Halt garantiert. Das Wachstum des Stamms vollzieht sich auf der Grundlage dieses Systems: Es ist mit der Ausbildung der limbischen Strukturen und ihrer Interaktion mit der Umwelt zu vergleichen. Nur wenn dieser Stamm kräftig genug ist, kann die Pflanze ihre Zweige und Blätter großzügig und prachtvoll ausbilden, denn der Stamm muss alles tragen, was die Pflanze später hervorbringen soll, und er muss die Lebenssäfte in all ihre Teile leiten. In diesem Bild wäre das Wachstum der Blätter mit der operativen Etappe gleichzusetzen, in der das Kind mit der Umwelt auf neue Weise umgeht und in seiner Interaktion die Strukturen der Hirnrinde bildet, die später reife Intelligenz ermöglicht. Die Blüte der Pflanze entspricht dann der Etappe des formellen Denkens. Sie fällt mit der Zeit der Adoleszenz zusammen. Erst das Wachstum der Früchte wäre in diesem Bild mit der menschlichen Fähigkeit zu vergleichen, komplexe Lebensprobleme auf reife Art zu lösen und auf schöpferische Weise mit Kultur und Wissenschaft umzugehen.

Viele Erwachsene erwarten von Kindern die Früchte eines reifen Lebens zu einer Zeit, in der ihre Grundstrukturen kaum gebildet sind. »Früh gereift, früh verfault« – ein Sprichwort, das auf unzählige Kinder passt, die von klein auf zu Leistungen herangezüchtet werden, die nicht ihrer wirklichen Reife entsprechen und darum im Erwachsenenalter ohne lebendigen Inhalt sind und sich nicht in schöpferische Handlungen verwandeln.

Die Eltern eines fünfjährigen Mädchens unserer Schule waren stolz auf dessen hervorragende Leistungen im Konservatorium – das Kind konnte Melodien fehlerlos auf dem Klavier nach Gehör oder nach Noten herunterspielen. Doch sie waren besorgt, weil es jeden Tag in der Familie wegen dummer Kleinigkeiten endlose Reibereien und Krach gab. Der Hauptgrund war, dass das Madchen noch immer regelmäßig das Bett nässte. Der Vater berichtete, dass er seiner Tochter immer mit großer Geduld erklärte, wie dumm das von ihr sei. (Dabei griff er sich an den Kopf, von wo offenbar seine Erklärungen stammten.) Dies ist ein nicht gerade isolierter Fall von Unverständnis der Erwachsenen den authentischen Wachstumsbedürfnissen von Kindern gegenüber und Beispiel einer allgemeinen Tendenz unserer Gesellschaft, auf schnelle Ergebnisse Wert zu legen, ohne sich um gesunde Grundlagen zu kümmern. Wie soll ein Kind, das noch Schwierigkeiten mit seinen Körperfunktionen und mit menschlichen Beziehungen in der Familie hat, intellektuelle Erklärungen verstehen und wirkliche Kultur hervorbringen?

Durch dieses Missverständnis erschweren wir unser Leben mit Kindern unnötig. Verstehen wir einmal das einfache Prinzip, dass wir mit den Kindern in einer Wechselwirkung der gegenseitigen Erfüllung von Bedürfnissen stehen, die sowohl die Kinder als auch uns bereichern sollte, ersparen wir uns Familienszenen und Spannungen. Vor kurzem stand ich in einem Supermarkt von Quito an der Kasse. An der nächsten Kasse spielte sich folgende Szene ab: Dort stand eine eilige Mutter mit ihrem vollen Einkaufswagen. Ihre etwa dreijährige Tochter zeigt großen Eifer, die Einkäufe vom Wagen auf den Kassentisch zu befordern. Die Mutter begriff aber die Absicht der Kleinen nicht und fuhr sie böse an: »Lass das sofort sein. Gleich lässt du was fallen. Warum musst du immer stören?« Das Kind brach in großes Geschrei aus. Die Mutter holte einen Kuchen aus dem Wagen und stopfte ihn der Tochter in den weinend aufgerissenen Mund. Damit erstickte sie das Weinen für den Moment. Die überrumpelte Tochter fing an, das trockene Zeug zusammen mit ihren Tränen herunterzuschlucken – nicht gerade ein ästhetischer Anblick. Doch dann gab sie der Mutter den Kuchenrest zurück. »Du wolltest den Kuchen, jetzt musst du ihn auch essen.« Das Kind fing an, den Kuchen hinter dem Rücken der Mutter auf den Boden zu krümeln. Das nahm ihre Aufmerksamkeit nun ganz in Anspruch, und sie merkte nicht, dass die Mutter an der Kasse fertig war und die vollen Tüten ergriff. Die Mutter hielt es nicht für nötig, ihre Tochter zu rufen, und steuerte mit den Gesten einer überlasteten Frau mit ihrem Gepäck auf den Ausgang zu. In diesem Moment blickte die Kleine auf, sah ihre Mutter nicht mehr und fühlte sich plötzlich verlassen. Sie weinte laut, und die Mutter, nun ernstlich böse über die ungeratene Tochter, musste mit ihren vollen Tüten zurückkommen. Wieder gab es eine unfreundliche Anrede und die Kleine – nun in tiefster Verzweiflung – hängte sich laut weinend an den Rock der Mutter. Ihr Geschrei war zu hören, bis das unglückselige Gespann endlich die Tür erreichte.

Wenn wir Kinder in die Welt setzen, mag es sein, dass wir eine vorzügliche Bildung genossen haben und doch kaum eine Ahnung von menschlichen Wachstumsprozessen haben. Sogar Lehrer, die jahrelang Pädagogik studieren, wissen meist hundertmal mehr über die Fächer, die sie lehren, als über die Schüler, die all dieses Wissen stapeln sollen. Früher konnten Kinder durch die Schule verursachte »Verdauungsstörungen« in freiem Spiel auskurieren. Heute wird auch bei der Landbevölkerung durch das Anwachsen des Lernstoffes dieser Ausgleich immer seltener. Dem Anpassungszwang und den Anforderungen in der Schule folgt seitens der Medien ein hohes Maß an neuer Stimulierung, die eine gesunde Verarbeitung immer mehr erschwert. Der wachsende Fortschritt bringt eine Umgebung mit sich, die immer weniger Elemente für die Befriedigung der authentischen Wachstumsbedürfnisse eines Kindes enthält, und er versetzt die Erwachsenen in einen solch spannungsgeladenen Zustand, dass sie die Bedürfnisse oft erst wahrnehmen, wenn sie »zum Himmel schreien«. Das ungute Gefühl verstärkt sich, dass mit der »Jugend von heute« irgendetwas nicht stimmt.

Aber Lösungen für das Jugendproblem werden wir erst dann finden, wenn wir lernen, die Lebensprinzipien der Interaktion zwischen dem menschlichen Organismus und seiner Umwelt zu respektieren. Wenn wir diese Problematik nicht angehen, werden wir Erwachsenen selbst immer verwirrter darüber, was nun eigentlich authentische Bedürfnisse des Kindes sind. Wir verwechseln sie ständig mit Ersatzbedürfnissen und protestieren bei der Zumutung, dass wir die Bedürfnisse des Kindes erfüllen sollten, mit dem Schreckensruf: »Es geht doch wohl nicht an, dass ich meine Kinder verwöhne.«

Eigentlich können wir den Unterschied echter und scheinbarer Bedürfnisse auch bei uns selbst kaum noch wahrnehmen. Es ist, als hätten wir unsere Richtung verloren und müssten nun an jeder Kreuzung Leute, die sich zu einer Antwort berufen fühlen, nach dem Weg fragen, uns Rat für unsere unübersichtliche Lebenssituation oder Mittel gegen unsere Leiden holen. Wir richten uns immer mehr nach Lebenstechniken, die von anderen entwickelt wurden, lassen unsere Probleme von Spezialisten lösen und merken kaum noch, wenn andere uns am Gängelband führen.

Gelänge es uns, dem Leben wieder so nahe zu kommen, dass wir seine Gesetzmäßigkeiten erspüren und sie respektieren, könnten wir für uns, für unsere Familie, vielleicht auch für unsere Umgebung genügend Schwerkraft vereinen, um vom Strudel der angebotenen Ersatzbefriedigungen nicht so sehr hin- und hergerissen zu werden. Wir konnten auf eigenen Füßen stehen und unseren Platz finden, auf dem echte Erfüllung wachsen kann. Doch um etwas zu füllen, brauchen wir ein entsprechendes Gefäß. Unserer Natur entsprechend treiben uns authentische Bedürfnisse zur Interaktion mit unserer Umwelt in ganz spezifischen Situationen. Enthält diese Umwelt die unserem jeweiligen Zustand entsprechenden Grundelemente, so kann der Organismus daraus eben die inneren Gefäße formen, ohne die er nicht zur Erfüllung kommen kann. So sorgt das Leben selbst für das Wachstum gerade der Behälter, in die es seinen Inhalt gießt. Dieser Prozess ist von einem Gefühl der Befriedigung begleitet – von dem der Sicherheit, dass wir nicht um das Notwendige kämpfen müssen. Diese Sicherheit macht uns friedlich und zuversichtlich, dass jede neue Situation neue Bereicherung bringt. Es neutralisiert jenes Grundgefühl der Sorge und des Argwohns, das daher stammt, dass wir über viele verwirrende Umleitungen von Ersatzbefriedigungen geführt und von der Hauptstraße der authentischen Bedürfnisse abgewichen sind.

Theoretisch scheint es eine ganz einfache Sache, sich von Ersatzbedürfnissen auf authentische Bedürfnisse umzustellen. In Wirklichkeit handelt es sich aber um Restrukturierungen, die oft als unangenehm, sogar schmerzlich empfunden werden. Wenn unsere Kinder körperlich besonders starke Wachstumsschübe erleben, beklagen sie sich öfters über Schmerzen. Wie viel mehr kann es wehtun, wenn wir zulassen, dass durch eine neue Art der Interaktion längst verbogene Strukturen in uns berührt und «zurechtgebogen« werden.

Die Harmonie unseres Lebens beruht also auf einem einfachen Gesetz der vollen Interaktion zwischen einem inneren Wachstumsplan und der ihm angemessenen Umgebung. Lernen wir, dies zu respektieren, so verändern sich unser Familienleben und jegliche Arbeit mit Kindern – am Ende unsere Lebenshaltung überhaupt. In »Erziehung zum Sein« versuchte ich deutlich zu machen, dass unbefriedigte Bedürfnisse aus unserer eigenen Kindheit uns unbewusst an die Vergangenheit fesseln und es uns erschweren, gegenwärtige Situationen voll zu erleben. Dieser Mangel an Fülle ist dafür verantwortlich, dass wir Ersatzbefriedigungen suchen, und diese wieder zwingen uns, um die »eigenen Rechte« zu kämpfen. In solchem Zustand fällt es uns schwer, die Bedürfnisse anderer Menschen, die um uns sind, zu bemerken oder gar zu verstehen. Dadurch beschwören wir Konflikte herauf, die uns das Leben vergällen und uns erneut nach Ersatzlösungen suchen lassen, solange wir die Lösung nicht in uns selbst suchen. Wenn es uns zur Gewohnheit wird, in alte Muster zurückzufallen, wann immer das Leben uns an wunde Punkte führt, und wir uns nicht darin üben, neue Wege zu suchen, finden wir uns früher oder später in einer Sackgasse: Wir wachsen nicht natürlich in neue Entwicklungsphasen hinein – wir fühlen uns wie in einem Gefängnis.

Ein schlecht erfüllter Entwicklungsplan verursacht Spannungen und Leiden, die sich schon bei Kindern in verkrampften Muskeln, in kränkelnden Organen und schlaffen Lebensfunktionen kundtun. Diese Verkrampfungen verderben uns die Freude am Leben und engen uns immer mehr ein.

Für das ungeborene Kind ist der Körper der Mutter das »Erdreich«, aus dem es alle Wachstumselemente bezieht. Seine Anlagen sind als Grundplan im Augenblick der Zeugung gegeben. Welchen Einfluss dabei der Zustand der Eltern zur Zeit der Zeugung, ihre Liebesfähigkeit und Hingabe auf das Kind nehmen, bleibt ein Geheimnis.

Die Ernährung der Mutter während der Schwangerschaft ist, wie man längst weiß, von großer Wichtigkeit. Ebenso bekannt ist, dass ihr Konsum von Zigaretten, Alkohol oder Medikamenten sich negativ auf das Kind auswirkt. Immer bekannter wird aber auch, wie sehr das ungeborene Kind von ihren Gefühlszuständen beeinflusst wird und wie es schon an ihren Sinneseindrücken teilnimmt. Weniger bekannt ist, dass schon jetzt ihre persönliche Beziehung zum Kind ihre spätere Fähigkeit beeinflusst, auf natürliche und unkomplizierte Weise die authentischen Bedürfnisse des Kindes zu erkennen. Diese Fähigkeit ist zwar latent vorhanden, sie muss aber durch eine bewusste Haltung geweckt werden. Das geschieht, wenn die Mutter (und auch der Vater) das ungeborene Kind willkommen heißt, indem sie ein Gefühl der Liebe für das neue Leben und damit für alles Wachsen und Werden in sich und um sich entwickelt.

Im Buch »The Secret Life of the Unborn Child« werden viele Beobachtungen über diese Etappe beschrieben. Die Rolle des Vaters, der in dieser Zeit die Mutter vor Ängsten und Sorgen bewahrt und zusammen mit ihr für ein liebevolles Willkommen sorgt, wird gerade dann deutlich, wenn dieser Beistand ausfällt. Ein hoher Anteil an psychischen Störungen fällt in Vergleichsgruppen auf Menschen, die zum Beispiel in Kriegszeiten auf die Welt kamen und deren vorgeburtliche Entwicklung von großem emotionalem Stress begleitet war.

Wenn das Kind für die Geburt bereit ist, sendet es Hormone aus, die dem Körper der Mutter Signale geben. Die gleichen Hormone treffen sein eigenes Nervensystem und bereiten es für die Reise durch den Geburtskanal und für seine Ankunft in der Welt vor, denn dieses Ereignis bringt eine Vielzahl neuer Stimuli und einen intensiven Lernprozess mit sich. Der Körper des Kindes wird gespannt, erregt und bereit, aktiv an der Geburt teilzunehmen. Nach dem Plan der Natur sollte das Kind spätestens innerhalb der ersten 45 Minuten nach der Geburt an die Brust der Mutter gelegt werden. Durch dieses Signal, das die Beendigung der Geburt meldet, wird eine weitere Produktion der Geburtshormone abgestellt. Mit ihm tritt das Kind in die folgende Phase seiner Entwicklung ein. Das limbische System, durch die Massage im Geburtskanal aufs Höchste stimuliert, soll nun außerhalb des Mutterleibes zu seiner vollen Entfaltung gelangen. Diese Etappe dauert bis etwa zum siebenten Lebensjahr – dem Übergang zur operativen Periode.

Sobald das Kind an der Brust der Mutter liegt, erfüllt sich gleichzeitig eine ganze Kette von Bedingungen, die zusammen wie die Teile eines Puzzles den Entwicklungsplan für diesen kritischen Augenblick erfüllen. Die Produktion von Geburtshormonen wird eingestellt – das Kind kann sich also entspannen, denn die Arbeit der Geburt ist vollendet. Diese Entspannung erlaubt ihm, sich ohne Vorbehalt all dem Neuen zu öffnen, das es nun erwartet und das es schon nach wenigen Tagen mit seinem Lächeln beantwortet.

Gelangt das Kind nicht innerhalb der geplanten Zeitspanne an die Brust der Mutter, bleibt also das Signal »Geburt beendet« aus, so dauert der Reizzustand des Kindes so lange an, bis sein Körper Notmaßnahmen ergreift: Das sensomotorische Nervensystem unterbricht vorläufig seine Verbindung zur Außenwelt, um einen Schock zu vermeiden. Das Kind kapselt sich ab und fällt in seinen vorgeburtlichen Zustand zurück, der ihm bisher Sicherheit geboten hat. Es kann lange dauern, bis es wieder einen eigenen Versuch mit der Außenwelt wagt. Bei Kindern, die ohne Rücksichtnahme auf ihre ersten authentischen Bedürfnisse auf die Welt kommen, ist es normal, dass sie erst nach Wochen das Erscheinen eines menschlichen Gesichts mit Lächeln beantworten. Sie schlafen oft mit geballten Fäustchen und sind meist lärmempfindlich.

Wird aber das Neugeborene sofort nach der Geburt an die Brust der Mutter gelegt, öffnet diese Erfahrung nach dem Abstellen der Reizhormone gleichzeitig alle seine Sinne nach dem Grundgesetz, dass alles Lernen allmählich vom Bekannten zu Unbekanntem übergeht. Kannte das Kind bis zu diesem Augenblick seine Mutter von innen, so lernt es sie jetzt von außen kennen. Jede Mutter legt ihren Säugling instinktiv zuerst an die linke Brust. Dort hört er nun den gleichen Herzschlag, der Tag und Nacht unaufhörlich zu seinen wichtigsten Begleitern gehörte, statt von innen von außen. Es ist der gleiche Ton, der immer gleiche Rhythmus und doch anders. Wahrscheinlich stößt die Mutter, sobald sie das Kind an der Brust spürt, liebevolle Laute aus. Es ist die gleiche Stimme, die das Kind bisher durch seine

Verhüllungen hörte – der gleiche Stimulus und doch neu. Der Geruchsinn des Kindes ist längst auf den Körpergeruch der Mutter vorbereitet und fühlt sich gleichzeitig stimuliert und befriedigt, sobald es ihn zum ersten Mal wahrnimmt.

Auch die Augen des Kindes erwarten in diesem Augenblick ein wichtiges Ereignis, auf das sie vollkommen eingestellt sind: Wenn sie aus idealer Distanz und dem richtigen Winkel, nämlich von der Brust der Mutter aus ihr Gesicht erblicken, werden sie ganz offen. Der erste große Sehhunger des Kindes wird gestillt und die Grundlage dafür gelegt, dass es seine Augen für andere Menschen öffnet.

Auch seine Haut ist längst auf den wunderbaren Kontakt mit der Haut seiner Mutter vorbereitet. Die Stellung des Kindes beim Stillen an der Brust wirkt in optimaler Weise auf sein ganzes Gefühlssystem beruhigend. In diesem Augenblick streichelt die Mutter das Kind ganz instinktiv – ähnlich wie Säugetiere ihr Junges sofort nach der Geburt von Kopf bis Fuß ablecken und damit eine lebensnotwendige Stimulierung bewirken.

Zusammen mit der Erfüllung aller grundlegenden Bedürfnisse tritt der Saugreflex in Funktion. Er stimuliert die Lippen, für lange Zeit das wichtigste Organ zum Überleben, im genau richtigen Augenblick und erhält das erwartete Signal zum rechten Handeln. Damit gelangt das Kind zu den ersten Tropfen der Vormilch und mit ihr zu den Abwehrstoffen aus dem Blutsystem der Mutter. Das erste Saugen des Kindes unterstützt gleichzeitig die nächsten wichtigen Ereignisse im Körper der Mutter: das Ausstoßen der Plazenta und das Zurückbilden der Gebärmutter.

Die erste Erfüllung all seiner Bedürfnisse, hier in einem einzigen natürlichen Akt vereinigt, bestätigt zwischen Mutter und Kind jene liebevolle Beziehung, die sie schon vor der Geburt miteinander verbunden hat und die nun in dieser neuen Situation auf die Probe gestellt wird. Das Kind ist erfüllt von dem Bewusstsein, dass auch diese neue Umgebung seine Bedürfnisse erfüllt, und öffnet sich der Welt. In der Mutter erweckt dieses Geschehen die Intuition für die authentischen Bedürfnisse ihres Kindes; ein lebendiges Fühlen und Verstehen, das qualitativ verschieden ist von all dem Wissen über Säuglingspflege und Kindererziehung, das man sich heutzutage in Fachbüchern und Zeitschriften aneignet. Es wird vermutet, dass dieses »Erwecken« des Mutterinstinktes in den mittleren Bereichen des limbischen Gehirns geschieht und dass diese Zonen eine direkte Verbindung zum Herzen haben. Die dadurch ermöglichte Sensibilität, die vom logischen Denken wenig berührt wird, erlaubt es der Mutter, die Bedürfnisse ihres Kindes schon im Voraus zu spüren und seine feinsten, für andere unsichtbaren Signale richtig zu interpretieren.

Wenn die Umstände der Geburt und die allgemeine Lebensweise einer Mutter das Erwecken dieses sechsten Sinnes nicht erlauben, wird ihre natürliche Intuition entweder durch Unsicherheit, einen Hang zur Kontrolle äußerer Umstände oder durch Gleichgültigkeit oder Abwehr ersetzt. Der selbstverständliche Fluss feiner Signale zwischen Mutter und Kind ist unterbrochen. Beide brauchen stärkere Zeichen, um sich miteinander zu verständigen.

Als vor 21 Jahren unser erster Sohn in den Staaten geboren wurde, musste ich vor der Entbindung ein Dokument unterschreiben, dass ich das Kind wirklich stillen wollte. Das verriet mir zum Glück der betreuende Arzt, der ein persönlicher Freund war. Ohne diesen Hinweis hätte man mir in der Klinik die Milch automatisch ausgetrocknet. In jener Zeit muss also eine ganze Generation von Kindern in den Staaten mit künstlicher Nahrung aufgezogen worden sein!

Das hat sich inzwischen geändert. Zumindest wird angeraten, die Kinder wenigstens teilweise mit Muttermilch zu ernähren, weil sie wichtige Abwehrstoffe enthält. Den meisten Müttern kommt ihre Milch aber trotzdem gefährlich dünn vor. Sie beklagen sich, dass sie die Kinder nicht recht satt mache und dass sie zwischen den Mahlzeiten häufig Hunger bekämen. So füttern wohlmeinende Mütter schon früh gesunde Kraftnahrung zu. Die Säuglinge schlafen die Nächte durch, verlangen tagsüber nur alle drei bis vier Stunden nach ihrem Essen und gedeihen zum Stolz der Eltern vorzüglich.

Betrachten wir die menschliche Muttermilch unter der Lupe der authentischen Bedürfnisse des Säuglings, kommen wir vielleicht zu dem Schluss, dass gerade ihre Dünnflüssigkeit von besonderer Bedeutung ist. Es ist wahr, dass sie nicht für lange Zeit satt macht und dass ein Kind, das nur gestillt wird, viel häufiger nach Nahrung verlangt als eines, das mit angedickter Kuhmilch gefüttert wurde. Doch der menschliche Säugling lebt eben »nicht von Milch allein«, sondern braucht zu seinem gesunden Wachstum all die Sinneseindrücke, die ihm das Stillen an der Mutterbrust in vollem Einklang mit seinem Entwicklungsstadium verschafft: Er hört das Klopfen ihres Herzens, den Ton ihrer Stimme, er riecht sich voll mit dem Geruch ihres Körpers, lässt seine Lippen arbeiten, spürt die Berührung ihrer Haut und sieht ihr Gesicht. Bei jedem neuen Stillen stellt er von neuem seine Beziehung zu diesem geliebten Menschen her und übt damit menschliche Beziehungen fürs ganze Leben. Es ist die Grundlage für unser menschliches Leben. Setzt eine Mutter ihren Stolz vor allem darein, dass ihr Baby sie viele Stunden in Ruhe lässt, kann dieser von der Natur eingerichtete Entwicklungsplan nicht erfüllt werden.

Eine »ideale Mutter« (die es in Wirklichkeit natürlich nicht gibt und vielleicht auch gar nicht geben kann) würde versuchen, die Umgebung so zu gestalten, dass ihr Kind ihre Nahe spürt und ihre Zuwendung nicht durch verzweifeltes Schreien erkämpfen muss – also beim Stillen nicht von einem starren Plan oder von anderen Prioritäten der Mutter abhängig ist. Babyorientierte moderne Mütter versuchen oft, solch ein Ideal zu erfüllen, indem sie ihr Kind während ihrer eigenen Arbeit im Tragetuch herumtragen, so wie es bei Naturvölkern häufig praktiziert wird. Über das Für und Wider dieser Lösung haben wir oft diskutiert. Für diese Praxis wird meist ein hohes Maß an Körperkontakt angeführt, der eine grundlegende Sicherheit verschaffen könne. Bei näherer Analyse verstehen wir aber, dass das Herumtragen für jene Frauen in ihren äußeren Umständen eben die beste Lösung ist – nicht aber unbedingt das Ideale für die Entwicklung des Säuglings selbst. Es ist ja nicht ein Wachstumsbedürfnis des Babys, von einem Ort zum anderen getragen zu werden (ganz zu schweigen von der Qualität, in der dies geschieht), sich also fortzubewegen, bevor sein eigener Körper dafür bereit ist. Sein Bedürfnis ist es, Zuwendung und Nähe der Mutter zu erfahren, aber seine eigene Bewegung autonom und in Ruhe zu entwickeln.

Im Lóczy-Säuglingsheim in Budapest wird seit mehr als vierzig Jahren gezeigt, wie harmonisch sich Kinder entwickeln, deren motorische Autonomie von klein auf respektiert wurde, obwohl sie in traurigen Familiensituationen einen schlechten Start ins Leben hatten und selbst die bemerkenswerte Qualität an Zuwendung der Betreuerinnen im Heim eine wirkliche Mutter nie ganz ersetzen kann. Wenn wir also lernen würden, als Mütter liebevolle Aufmerksamkeit und Körperkontakt mit dem Respekt für autonome Bewegungs- und Sinnesentwicklung zu verbinden, müssten die Resultate noch weit erfreulicher sein als im Lóczy!

Das letzte Jahrhundert, das mit Recht das Jahrhundert des Kindes genannt wird, hat unseren Kindern Hygiene, spezialisierte Ärzte, Kinderpsychologen und ein Heer von Pädagogen beschert, dazu die wunderbarsten Spielzeuge, Regale voller Kinderbücher, Spielplätze, gesunde Schuhe und Kleidung, Schulen mit bequemen Möbeln, Spannteppichen, großen Fenstern – lauter Vorteile, die den Menschen in fortschrittlichen Ländern unentbehrlich vorkommen und die unterentwickelte Länder zu erlangen hoffen. Trotzdem scheinen die Bedürfnisse immer noch nicht erfüllt. Im Gegenteil, die Kindererziehung wächst sich zu einem rechten Problem aus. Immer noch verschließen sich Kinder vor ihrer Umwelt, benehmen sich wie scheue, apathische, kontaktarme Wesen oder zeigen sich aggressiv, kämpfen um Aufmerksamkeit und um Dinge. Selbst wenn die Kindheit anscheinend reibungslos verlief, behaupten Jugendliche unerklärlicherweise, dass sie sich irgendwie betrogen und in ihrer Persönlichkeit verletzt fühlen.

Der Anfang des Dilemmas scheint mir darin zu liegen, dass eben niemand und nichts die Erfüllung des menschlichen Grundbedürfnisses ersetzen kann: die Erfahrung von zwischenmenschlichen Beziehungen feinfühligster Art, so wie sie durch die biologischen Sensibilisierungsprozesse im Mutterleib bei und nach der Geburt eingeleitet und später durch das intuitive Vertrauen auf gegenseitiges Verständnis in immer neuen Situationen gestärkt werden. Dieses Bedürfnis ist Kindern und Erwachsenen gemeinsam. Wird es nicht erfüllt, versuchen wir, es zu kompensieren. Das erreichen wir auf zwei Wegen: einesteils durch Vorausbestimmung und Kontrolle, durch die wir unsererseits Einfluss auf die äußere Welt zu nehmen trachten, die uns als potenziell unsicher und feindlich erscheint; andererseits durch Verstärkung aller Schutzmaßnahmen, mit denen uns die Natur zu unserer persönlichen Sicherheit ausgerüstet hat. Diese beiden Notmaßnahmen werden allmählich zur Grundhaltung unseres Lebens. Sie haben zur Folge, dass wir im täglichen Leben Situationen nicht mehr vorausspüren, sondern ihnen vorgreifen oder hinterher auf sie reagieren, wenn der rechte Moment des Handelns vorüber ist.

Hierdurch können wir uns eigentlich alle Schwierigkeiten erklären, die wir in unserem täglichen Umgang mit Kindern erleben. Alle Disziplinprobleme in der Schule und zu Hause sind nichts als die Antwort und daraus resultierende Selbstverteidigung auf unsere Gewohnheit, andere Menschen kontrollieren und programmieren zu wollen. Sie sind ein lebendiges Zeugnis dessen, dass wir uns vom menschlichen inneren Entwicklungsplan entfernt haben, der die Fähigkeit zu flüssigen und harmonischen zwischenmenschlichen Beziehungen einschließt. Aus diesem Grunddilemma erwächst dann die Problematik, dass wir eingreifen, statt Grenzen zu setzen, dass wir konditionieren, statt Wachstum zu ermöglichen. Unsere Erziehung ist dann mit der arbeitsaufwendigen und kunstvollen Produktion von Bonsais zu vergleichen, die sicher schöne Resultate bringen, aber die Bedürfnisse des Lebens nicht erfüllen können – so wie dies, im Gegensatz dazu, die organische Landwirtschaft tut, die gesunde und nahrhafte Früchte hervorbringt.

Ein zwölfjähriger Junge, der vor sechs Jahren als »hyperaktives« Kind zu uns kam, beweist uns immer wieder die Wichtigkeit der Mutter-Kind-Beziehung in den ersten Jahren. Seine Mutter berichtet, dass sie sich von Anfang an gegen dieses Kind gesträubt habe. Als der Junge zwei Jahre alt war, überzeugte sie ein Psychologe, dass ihre Abwehr dem Kind schade. Von diesem Zeitpunkt an versuchte sie, Ratschläge anderer Leute für moderne Kindererziehung anzuhören und anzuwenden. Dank dieser Ratschläge entschlossen sich die Eltern schließlich, den Jungen in unsere Schule zu schicken, wo sein enormes Bedürfnis nach Zuwendung und Auslauf zu seinem Recht kommt. Hier hat er viel Respekt und Unterstützung erfahren. Trotzdem ist es unvermeidlich, dass dieser Junge viel mehr Konfliktsituationen heraufbeschwört als andere Kinder und in jedem Stressmoment mit dem Ausruf reagiert: »Alle sind gegen mich!« Er kam in diese Welt, als wäre es Feindesland. Noch immer lebt er in ihr mit instinktivem Misstrauen, immer auf der Hut, immer bereit zur Selbstverteidigung.

Wenn wir in Schule oder Kindergarten Schwierigkeiten mit Kindern haben, kann eine ausgiebige Besprechung mit den Eltern hilfreich sein. Dabei kommt immer wieder das Gespräch auf Schwangerschaft und Geburt. Jedes Mal aufs Neue sind wir verblüfft, wie sehr die Beziehungen zwischen Mutter und Kind von dieser Phase geprägt sind. Spannungen und Ängste der

Mutter in dieser Zeit setzen sich in den nächsten Jahren fort und führen zu Missverständnissen und Konflikten, wenn sich die Mutter der Ursachen nicht bewusst wird und nicht lernt, neue Beziehungen herzustellen.

Da (wenigstens in Ecuador) klinische Geburten selten Rücksicht auf die Bedürfnisse des Babys nehmen, sind hier eine Reihe von Initiativen entstanden, um Hausgeburten zu ermöglichen. Eine Anzahl unserer Mitarbeiterinnen und »Pestalozzi-Eltern«, die durch ihr Interesse an kindgerechter Erziehung sensibler geworden sind, haben ihre Kinder mit natürlichen Methoden zu Hause geboren. Wir sehen diese Kinder heranwachsen und beobachten wichtige Unterschiede zu anderen, die in Kliniken auf die Welt kamen – sie sind eindeutig friedlicher und gleichzeitig unternehmungslustiger als ihre Altersgenossen!

Für das ungeborene Kind ist die Gebärmutter die ideale Umwelt, die sein optimales Wachstum gewährleistet. Nach der Geburt braucht es außer Nahrung, frischer Luft und Sauberkeit den direkten Kontakt mit der Mutter, ihrer Stimme, ihrem Geruch, ihrer Gestalt. Ihr Körper bedeutet für das Kind die Grundlage aller Sicherheit. Die Berührung mit ihr und die Beziehung zu ihr ist für sein Gedeihen ebenso wichtig wie die physische Nahrung, welche sie ermöglicht. Ohne Zuwendung und Körperkontakt können kleine Kinder sterben, auch wenn sonst alle anderen Bedürfnisse erfüllt sind.

In den letzten Jahren hat eine Gruppe von Ärzten in Bogotá, Kolumbien, erstaunliche Erfahrungen mit Frühgeburten gemacht, die sie, statt im Brutkasten, im ständigen Hautkontakt mit der Mutter beließen. Der Prozentsatz der überlebenden Kinder stieg auf so eindrucksvolle Weise, dass über die Vorteile dieses Vorgehens überhaupt kein Zweifel besteht. Das bringt uns zu dem Schluss, dass Körperkontakt mit dem Kind für sein Überleben grundlegend ist. Damit er aber nicht nur dem Überleben, sondern auch der freien Entwicklung dient, muss dieser Kontakt gewisse Qualitäten aufweisen, die sicher nicht garantiert sind, wenn eine müde Mutter ihr Baby wochenlang den ganzen Tag und womöglich noch in der Nacht am Körper trägt. Entwicklungsdienlicher Körperkontakt sollte von dem Respekt für die sensorische und motorische Autonomie des Kindes begleitet sein.

Ohne Zweifel wird die Art des Kontaktes direkt von unserer eigenen Art zu sein beeinflusst. Fühlen wir uns selbst nicht wohl in der eigenen Haut, ist sicher der Kontakt mit uns für das Kind unangenehm. Sind wir in uns selbst harmonisch, wird das Kind von unserem Wohlgefühl berührt. Eine unglückliche, verkrampfte Mutter, eine Mutter, die vielleicht durch die Geburt verängstigt ist oder der das Kind nicht in ihre Pläne passt, eine Frau, die gewöhnt ist, sich gegen eine feindliche Umwelt zu behaupten, empfindet sicher wenig Freude beim Berühren ihres Kindes. Sie kann sich nicht genug entspannen, um es spontan zu berühren oder es mit leichten, liebevollen Bewegungen zu pflegen oder zu streicheln. Sie wird vielmehr dazu neigen, sich das Kind so weit wie möglich vom Leibe zu halten. Wenn sie intelligent ist, wird sie dafür gute, logische Erklärungen finden.

Aus der Sicherheit seines heimatlichen Stützpunktes, des Körpers seiner Mutter, beginnt das Kind bald, in kleinen Schritten und seinem eigenen Lebensrhythmus entsprechend, die Welt zu erforschen. Es interessiert sich immer mehr für alles, was um es herum geschieht, was es zu sehen, anzufassen, zu hören, zu riechen und zu schmecken gibt. Damit wächst auch sein Bedürfnis nach Bewegung. Jede neue Erfahrung erweitert seine Möglichkeiten, Gefühle, Sinneseindrücke und Bewegungen zu koordinieren. Von diesen Erkundigungen kehrt es immer wieder zur Mutter zurück. Um seine Forschungen voranzutreiben, braucht es die Sicherheit, dass sie noch da ist. In dieser Zeit beobachten wir viele Unterschiede zwischen Kindern, deren Beziehung zur Mutter durch ihre früheren Erfahrungen auf intuitives Verstehen gegründet sind und die voll darauf vertrauen, dass ihre Bedürfnisse erfüllt werden, und jenen Kindern, die solche Sicherheit nicht entwickeln konnten. Die vertrauenden Kinder zeigen viel mehr »Flüssigkeit« in ihrem Kommen und Gehen. Auch über Entfernungen hinweg sind sie sich der Fürsorge der Mutter sicher. Die vertrauende Mutter weiß, ob es ihrem Schützling gut geht, auch wenn sie ihn aus den Augen verliert. Dem sicheren Kind jagen neue Situationen wenig Schrecken ein, denn die erste neue Situation, sein Eintritt in diese Welt, befriedigte seine Bedürfnisse.

Alles, womit das Kind in den ersten sieben bis acht Jahren seines Lebens in Berührung kommt, erfährt es auf »limbische«, das heißt auf qualitative Weise, wobei natürlich alles so Erlebte auch die Entwicklung des Neokortex bestimmt. Durch unsere eigene Erziehung und Lebensweise ist der Kontakt zu dieser Art, Situationen intensiv zu erleben, mehr oder weniger verschütt gegangen. Darum ist es nicht verwunderlich, dass wir in einem Dauerzustand des Missverständnisses mit Kindern leben. Wir projizieren andauernd unser eigenes, vorwiegend quantitativ-logisches Verständnis der Dinge auf sie. Unsere Art, zu denken und Akzente für unser Tun zu setzen, erscheint uns als der Inbegriff des Fortschritts. Dieser Unterschied zwischen dem Lebensgefühl von Erwachsenen und Kindern führt besonders aufgrund der Tatsache zum Konflikt, dass Kinder noch ein unzuverlässiges Zeitgefühl haben. Dadurch neigen sie zu einem völlig anderen Rhythmus bei allem, was sie tun. Die ersten Lebensjahre sind zeitlos. Erst später sind Zeitberechnung und -organisation möglich. Erst durch Handlungen und Geschehnisse, die sich wie in einem Ritual beständig wiederholen, beginnt das Kind allmählich, der Zeit eine Bedeutung beizumessen. Dieser wichtige Unterschied verlangt vom Erwachsenen großes Einfühlungsvermögen und Voraussicht, um Konflikte zu vermeiden. Es ist sicher nicht einfach, besonders in unserer gehetzten Zeit, mit Wesen in einer Gemeinschaft zu leben, die selbst noch keinen Zeitsinn haben. Es bedarf schon einer gewissen Weisheit, diesen kleinen Zeitlosen das nötige Ritual zu ermöglichen, damit sie sich bei uns einleben, ohne jedoch in ihrem individuellen Rhythmus gestört zu werden.

Alle Entwicklungsprozesse der Kindheit können wir auf den gemeinsamen Nenner der »Schaffung des Symbols« bringen. Normalerweise verstehen wir unter Erziehung, dass wir, die Erwachsenen, Wissen, das wir für nützlich halten, durch Symbole lehren. Doch das führt zur Nachahmung einer Symbolik, die für das Kind nicht in persönlicher Erfahrung verankert, darum also Ersatz und unbefriedigend ist. Symbole zu schaffen ist dagegen eine hochinteressante Arbeit, die volle Aufmerksamkeit, Konzentration, Hingabe und intensive Beteiligung des gesamten kindlichen Organismus voraussetzt. Die sinnliche und motorische Erforschung von Dingen, Lebewesen und Situationen durch das kleine Kind bildet die erste Grundlage für diese Arbeit. Doch sie allein enthält noch nicht alle wichtigen Elemente, die zur Schaffung des Symbols notwendig sind. Erst das symbolische Spiel beinhaltet alle unentbehrlichen Elemente für diesen Prozess: In ihm handhabt das Kind eine große Anzahl von konkreten Dingen auf immer neue Weise, es organisiert Situationen mit Materialien und Menschen, verändert sie nach seiner eigenen Vorstellung, teilt den verschiedenen Gegenständen und Personen immer neue Bedeutung und Identität zu und begleitet all dies spontane Tun mit Worten und Lauten. Es lebt völlig versunken und trotzdem aktiv in dieser Welt. Es trägt seine inneren Bilder in die äußere Wirklichkeit, während diese von ihm neu geschaffene Wirklichkeit in ihm frische Vorstellungen hervorbringt. In keiner anderen Tätigkeit ist das Kind so ganz gegenwärtig, schenkt seine Aufmerksamkeit gleichzeitig inneren wie auch äußern Vorgängen so tief in dynamischer Wechselwirkung. Das freie symbolische Spiel ist die natürliche Tätigkeit des Kindes und Grundlage der späteren Fähigkeit, dem Leben auf schöpferische Weise zu begegnen.

Spiele hingegen, die Fernsehsendungen reproduzieren, sind nicht als echte symbolische Spiele zu bewerten. Hier scheidet das Kind fremde Bilder und Erlebnisse aus, die auf künstliche Weise, nicht durch seine Interaktion mit der konkreten Welt, in seinen Organismus gelangt sind und die es erst einmal loswerden muss, bevor es eigene Erfahrungen verarbeiten kann.

Uns Erwachsenen ist das freie Spiel meist unheimlich. Es kommt ja nur zu voller Blüte, wenn es ohne jegliche Direktivität geschieht, wenn das Kind Schöpfer und Meister dieses Spieles ist. Schon durch unser freundliches Angebot: »Willst du mit mir spielen?«, wird es in seiner Qualität verändert. Unsere Art zu symbolisieren ist völlig anderer Natur. Nur untereinander fühlen sich Kinder wirklich sicher, dass ihre Arbeit des »Symbolemachens« nicht durch vorhandene Symbole entwertet wird. Es ist also kein Wunder, dass Erwachsene sich kaum unter spielenden Kindern aufhalten können, ohne zu stören. Das allgemeine Erziehungssystem beweist, dass wir kein Verständnis für die Wichtigkeit des freien Spiels haben. Viele Techniken sind erfunden worden, um es zu unterdrücken, zu verbieten, durch »rechte Arbeit« zu ersetzen. Da dieser Ersatz nicht die notwendige Konzentration und Hingabe beim Kind hervorbringt, versuchen wir, mit Belohnungen oder Strafen nachzuhelfen. Moderne Erzieher erfinden allerlei Pseudospiele – von Erwachsenen gesteuert, um die Kontrolle zu behalten. Trotzdem schießt das freie Spiel immer wieder wie Gras aus den Ritzen des Zements hervor. Es ist ja der natürliche Ausdruck des Kindes; seine Samen warten auf die geringste Chance zum Aufkeimen. Nur ein starkes Bekämpfungsmittel wie das Fernsehen kann es zum Ersticken bringen!

Zusammen mit dem freien Symbolspiel erfüllt das Erzählen von Geschichten die Funktion, die innere Vorstellungskraft des Kindes zu entwickeln. Besonders geeignet sind Geschichten, die in der Geborgenheit des Heims, in nahem körperlichem Kontakt zwischen Erzähler und Zuhörer erzählt (nicht vorgelesen!) werden.

In der Etappe der operativen Entwicklung stützt sich das Kind auf seine früheren autonomen Erfahrungen mit der Welt.

Nun erwirbt es eine völlig neue Fähigkeit, auf die Umwelt einzuwirken. Es ist nun für lange Perioden unabhängig und kehrt nur in großen Zeitabständen zur Mutter zurück. Sein neuer Nährboden ist die Welt, mit der es sich in zunehmendem Maße ernsthaft auseinander setzt. Sein Bedürfnis besteht darin, die Gesetzmäßigkeiten und Konstanten der Umwelt zu entdecken und dadurch seine eigenen Verständnisorgane zu entwickeln.

Die dann folgende Pubertät verliert ihre Schrecken, wenn die authentischen Bedürfnisse der Kindheit erfüllt worden sind. Das Erlebnis der Sexualität ist für die Heranwachsenden intensiv und oft verwirrend: Grund genug, um alle früheren Leiden, die durch unbefriedigte Bedürfnisse verursacht wurden, während dieser Phase aufzuwühlen und an die Oberfläche zu bringen. Wurde das natürliche Bedürfnis nach bedingungsloser liebevoller Zuwendung nicht erfüllt, versucht der Jugendliche, dieses Bedürfnis nun im Kontakt mit dem anderen Geschlecht nachzuholen. Das verzerrt sein Verständnis der Sexualität auf gefährliche Weise und bereitet ihm Konflikte und neues Leiden. Gerade in dieser Zeit brauchen junge Menschen das Verständnis der Erwachsenen und das Vertrauen, ihre Probleme mit ihnen besprechen zu können. Unser Unverständnis und unsere Fehler in den früheren Jahren haben uns aber voneinander distanziert. Unsererseits versuchen wir, den Folgen dieser Distanzierung durch verstärktes Kontrollieren entgegenzuwirken. Das Resultat ist ein trauriger Machtkampf der Generationen. Nicht selten halten solche gespannten Beziehungen auch dann noch an, wenn die Kinder längst erwachsen und selbst Eltern sind!

Nach Piaget folgt der Etappe der »konkreten Operationen« die der »formellen Operationen«. Diese fällt weitgehend mit der Adoleszenz zusammen. Der junge Mensch drängt nun danach, seine neu gewonnene Fähigkeit des abstrakten Denkens an immer neuen Problemen und Ideen zu üben, sie logisch zu ordnen, mit seinen Ideen eine ideale Welt zu schaffen. Sein Denken ist nun weitgehend unabhängig von konkreten Dingen. Diese

Fähigkeit, sich ein Ideal vorzustellen, macht ihm die Unzulänglichkeiten seiner Umgebung schmerzlich bewusst. Es ist die Zeit der Weltverbesserung, der endlosen Diskussionen über Konzepte. Gerade in dieser Zeit ist es wichtig, dass der junge Mensch immer wieder Kontakt mit konkreten Wirklichkeiten aufnimmt und sich gleichzeitig der Liebe seiner Eltern sicher ist. Seine gesteigerte Unabhängigkeit erlaubt ihm komplexe Erfahrungen weit entfernt vom Elternhaus. Sein tiefstes Interesse wird geweckt, wenn er immer neue soziale Beziehungen und Zusammenhänge entdecken kann. Nur wenn junge Menschen in dieser Entwicklungsetappe vielfache Gelegenheit haben, in offenen und vernetzten Situationen Erfahrungen zu sammeln, statt sich die meiste Zeit in geschlossenen Klassenzimmern Fachwissen einzutrichtern, können sich in ihnen die Fähigkeiten zum Verständnis lebender vernetzter Systeme entwickeln. Auch vernetztes Denken kann nur durch das Leben wachsen, es kann weder gelehrt noch gelernt werden.

Je weniger defensiv also Jugendliche Menschen gegenüber sind, umso reicher können in dieser Etappe ihre Erfahrungen sein und umso reifer ihr Urteil. Ihre Menschenkenntnis erlaubt ihnen, mehr Freiheit mit mehr Verantwortung zu gebrauchen, sich Situationen zu stellen, die ihnen immer neue Information und neuen Stoff für ihr wachsendes Verständnis liefern. Es ist offensichtlich, wie ungeheuer wichtig nun persönliche Sicherheit, Kenntnis der konkreten Wirklichkeit und Entscheidungskraft sind, um in dieser Phase nicht nur beziehungsloses abstraktes Denken zu üben oder im Protest gegen alle Unzulänglichkeit stecken zu bleiben, sondern in ihr den Grund zu legen für die Zeit, in der ein Mensch nun seine Berufung, nicht nur irgendeinen Beruf, ausfindig machen sollte: eine Arbeit mit den höchsten Chancen weiteren persönlichen Wachstums und der Möglichkeit, an der Lösung von Problemen mitzuwirken, die auch anderen Menschen zur Befriedigung authentischer Bedürfnisse verhilft.

Die Hervorhebung von Wachstumsbedürfnissen führt uns vielleicht zu der Frage, wie wir selbst unsere eigenen authentischen Bedürfnisse von Ersatzbedürfnissen unterscheiden. Reden wir mit Eltern über die Bedürfnisse ihrer Kinder, lässt der Ausruf nicht lange auf sich warten: »Warum immer nur die Kinder? Glauben Sie nicht, dass wir auch Rechte haben?« Aus den folgenden Seiten wird vielleicht etwas klarer, wie wir unsere Erwachsenenbedürfnisse in einem Zug mit denen der Kinder erfüllen können und dass die Natur besonders weise ist, wenn sie uns gerade in den besten Jahren Kinder beschert. Könnte es anders sein, als dass eben die Kinder die optimale vorbereitete Umgebung für uns darstellen, damit wir unseren eigenen inneren Entwicklungsplan erfüllen und den Übergang von der biologischen zur postbiologischen Entwicklung finden? Dass wir durch sie das Vertrauen in die Weisheit und Kraft des Lebens zurückgewinnen, da dieses Leben sich im Gedeihen des Kindes manifestiert und in uns selbst menschliches Wachstum zulässt?

Durch die Bedürfnisse der Kinder werden wir ständig mit der Entscheidung konfrontiert, ob wir unseren alten, unbefriedigten Bedürfnissen, die uns an die Vergangenheit fesseln, mehr Aufmerksamkeit schenken als den gegenwärtigen Bedürfnissen der Kinder, die unser Schlüssel für die Zukunft sind. Nur durch unsere bewusste Entscheidung für die Bedürfnisse der Gegenwart schaffen wir einen gemeinsamen Lebensraum, in dem Alte und Junge gemeinsam wachsen können.

Abhängigkeit und Autonomie

In den unterschiedlichsten Lebensumständen ist doch die Vorstellung von Kindern und ihrer Erziehung oft verblüffend ähnlich. Im Großen und Ganzen erwarten Erwachsene von Kindern, dass sie sich in den Kreis der Geschichte einfügen, dass sie »den ewigen Lauf des Lebens« garantieren, durch den die Dinge zu unserer Beruhigung immer beim Alten bleiben. Bei Menschen, die bisher vom Glück vernachlässigt wurden, erwecken Kinder neue Hoffnung. Sie würden ihnen gern alle Bildungschancen eröffnen, die anderen Vorrangstellungen beschert haben. Sie erhoffen Verbesserung ihrer Lage, Anschluss an einen Fortschritt, der sich bisher für andere bewährt hat.

Doch gibt es auch immer mehr Menschen, denen nicht ganz wohl bei der Vorstellung ist, dass die Dinge beim Alten bleiben, oder die Zweifel an den Vorteilen hegen, die uns der Fortschritt verspricht. Vielleicht haben sie mit beidem schlechte Erfahrungen gemacht und stehen herkömmlichen Methoden und deren Modernisierungen kritisch gegenüber. Sie sind also geneigt, Alternativen zu suchen, es mit etwas Neuem zu wagen. Doch woher soll man das Urteil über die Qualität einer Alternative nehmen? Wie kann man ihre Ziele definieren?

Die Initiative der Saraguro-Indianer, die in diesem Sommer einen neuen Kurs in aktiver Erziehung veranstalten, stammt zum Beispiel aus einem etwas vagen Gefühl, dass Erziehung ein zweischneidiges Schwert sein kann. Bis vor kurzem hatten sie noch heftig darum gekämpft, Zugang zu den Schulungsmöglichkeiten der Mestizos zu erlangen. Doch viele der so gebildeten Indianer kamen – wenn überhaupt – verstädtert aus dieser Erfahrung in die Gemeinschaften zurück. Inzwischen macht die Regierung des Landes zusammen mit internationalen Hilfsorganisationen Anstrengungen, auch in den entferntesten Winkeln des Landes Schulen zu errichten. Doch je mehr die Verschulung der Landbevölkerung fortschreitet, umso mehr werden die jungen Leute ihrer eigenen Kultur entfremdet.

Die Entfremdung geht Hand in Hand mit einer zunehmenden Abhängigkeit von einer ihnen fremden Kultur. Diese Abhängigkeit von fremden Werten wird von den bewussteren Indianern als Versklavung empfunden, weil sie vom Verlust des Eigenen begleitet ist. Das Freiheitsprinzip der aktiven Schule zog sie darum unmittelbar an. Es gab ihnen neue Hoffnung, selbst ein modernes Erziehungssystem zu schaffen, das gleichzeitig ihre kulturellen Werte bewahren hilft und ihnen die Entscheidung offen hält, welche Aspekte des westlichen Fortschritts sie einlassen und welchen sie sich verschließen wollen.

In einer Organisation von Armenvierteln Quitos, die ebenfalls eine alternative Erziehung zu schaffen sucht, hat die schmerzliche Erfahrung zu dem Entschluss geführt, dass die Regelschule für ihre Kinder keineswegs die Pforte zu einem besseren Leben ist, sondern vielmehr die bestehende Diskriminierung verstärkt und ihre Jugend endgültig an die unterste Stufe der Erfolgsleiter kettet. Die wenigen Ausnahmen, die trotzdem das »Rennen machen«, dienen als Alibi, das bestehende System aufrechtzuerhalten.

Die Gründe der Pestalozzi-Eltern, ihre Kinder in eine so andere Schule zu schicken, sind oft unterschiedlicher Natur. Viele haben begonnen, an der herkömmlichen Schule zu zweifeln, weil sie nicht wollen, dass ihre Kinder mit den gleichen Problemen zu kämpfen haben wie sie selbst. Manche haben selbst schon auf anderen Gebieten Alternativen gesucht, haben vielleicht eine Geld bringende mit einer weniger einträglichen, aber befriedigenden Arbeit vertauscht – sind von der Stadt aufs Land gezogen, haben Naturmedizin und eine natürliche Geburt probiert. Manche fühlten sich von unserer Praxis der sozialen Integration angezogen. Die meisten suchen nach etwas Neuem, ohne sich aber recht klar darüber zu sein, worin dieses Neue bestehen soll.

So widmen wir der Arbeit mit den Erwachsenen viel Zeit und Aufmerksamkeit, um all den Erwartungen und vagen Vorstellungen eine genügend breite Grundlage zu geben, die dann die Fortsetzung der Arbeit mit den Kindern erlaubt.

Immer wieder geht es um das Verständnis der Prozesse und Gesetzmäßigkeiten der kindlichen Entwicklung. Diese Arbeit rührt unweigerlich an das Lebensgefühl der Erwachsenen: Sobald sie Kontakt mit ihren eigenen lebendigen Prozessen aufnehmen, stehen sie vor der Entscheidung, ob sie sich ihnen öffnen oder verschließen wollen. Immer wieder suchen sie Unterstützung, weil sie sich in solchen Entscheidungen nicht gerne allein fühlen. Am Anfang war es vielleicht nur eine herrliche Idee, eine Alternative zu suchen. Doch beim Umgang mit Kindern helfen uns Ideen nicht, mit alltäglichen, oft banalen Situationen fertig zu werden. Im Augenblick, in dem wir eine Idee in die Praxis umsetzen, haben wir es – genau wie die Kinder – mit konkreten Wirklichkeiten zu tun. Dazu gehört unsere eigene Wirklichkeit, gehören unsere Gewohnheiten, Unsicherheiten, nie gestellte und nie beantwortete Fragen, die ganze Problematik unseres Lebens, deren Lösung wir meist auf ein besseres Morgen verschieben, die aber von Kindern in die Gegenwart gezerrt wird. Besonders schwer haben es Erwachsene, die darauf eingespielt sind, tatkräftig für eine »bessere Welt« zu arbeiten, denen aber der Gedanke neu ist, dass man bei sich selbst anfangen muss. Das fällt im öffentlichen Leben nicht besonders auf. Bei so viel Unfrieden und Ungerechtigkeit auf der Welt wird jedes Angebot von Frieden und Gerechtigkeit dankbar aufgenommen.

Doch Kinder interessieren sich viel weniger für unsere Ideale als für unser wirkliches Sein. Das Sein eines Menschen drückt sich in konkretem Handeln aus. Das Handeln stellt uns immer auf die Probe – es ist entweder für oder gegen das Leben. Kinder fordern uns ständig heraus, unsere wahre Einstellung zu zeigen.

»Für das Leben sein«: Im Umgang mit Kindern tritt klar hervor, dass dies bedeutet, mit den Kräften und Gesetzmäßigkeiten des lebendigen Organismus in Harmonie zusammenzuarbeiten. Es bedeutet, dass wir unmittelbaren, sichtbaren Resultaten weniger Bedeutung beimessen als der Freisetzung von Energien, die von innen her zur Entfaltung drängen. Durch mehr oder weniger subtiles Eingreifen von außen können wir beachtenswerte Erziehungserfolge verbuchen: Wir können erreichen, dass Kinder sich bestens benehmen, viele Dinge in kürzester Zeit lernen, ihre »Fehler« ablegen und uns durch beeindruckende Leistungen und Kultur erfreuen. Die Versuchung, diesen schnellen Weg zu gehen, ist allen Lehrern und Eltern gemeinsam. Doch trotz all seiner offensichtlichen Vorteile hat dieser Weg einen Nachteil, wenn wir ihn vom Standard des lebendigen Wachsens her betrachten. Er verringert die Erfahrung mit autonomen Entscheidungsprozessen und führt zu vielfacher Abhängigkeit und Unselbstständigkeit.

Um in der für uns oft widersprüchlichen Situation Klarheit zu schaffen, ist es notwendig, unser Verständnis von den Bedürfnissen des Organismus mit der Problematik von Abhängigkeit und Autonomie in Beziehung zu bringen. Beide gehören zu den biologischen Bedürfnissen des kindlichen Organismus.

Durch die Manipulation organischer Bedürfnisse können wir uns jedes Lebewesen unterwerfen und es für unsere Zwecke benutzen. Ist es von uns hinsichtlich der wichtigsten Lebensbedingungen wie Schlaf, Nahrung, Luft oder Schutz abhängig, können wir es trainieren, es zur Zusammenarbeit anhalten und interessante Resultate erzielen, so wie es in Versuchslabors und im Zirkus mit Tieren geschieht. Je höher das Lebewesen, umso subtiler wird seine Anfälligkeit für Manipulation. Beim kleinen Kind vollzieht sich die innere Entwicklung durch die Erfüllung affektiver, motorischer und sensorischer Bedürfnisse. Doch ist die Organisation dieses Systems so strukturiert, dass sie durch zwei geradezu gegensätzliche Lebenserfahrungen zustande kommt – das Bedürfnis nach Zuwendung und Liebe des Kindes steht seinem Hunger nach sinnlichen und motorischen Erfahrungen insofern entgegen, als das Erste nur in Abhängigkeit von anderen Menschen erfüllt werden kann, dagegen das Zweite nur durch persönliche Autonomie. Beim kleinen Kind hat das Bedürfnis nach Zuwendung absoluten Vorrang. Zusammen mit Luft, Nahrung, Wärme und Schlaf ist es ein Grundelement für sein Überleben. Ohne liebevolle Zuwendung muss es welken und vielleicht sogar sterben wie eine Pflanze, der das nötige Wasser fehlt. In Waisenhäusern, in denen Säuglingen die normale Pflege mit Ausnahme genügenden menschlichen Kontakts zuteil wird, steigt die Zahl von Krankheits- und Sterbefällen beeindruckend! Dies gilt allerdings nicht für das Lóczy, wo die Pflege durch eine außergewöhnlich achtsame und respektvolle Erziehungsatmosphäre gekennzeichnet ist. Dieses Bedürfnis kann das Kind sich selbst nicht erfüllen. Es ist darin dem Willen und der Fähigkeit anderer Menschen vollkommen ausgeliefert. Ohne sie kann es nicht bekommen, was es zu seinem Überleben benötigt.

Seine Motorik und sinnlichen Erfahrungen sind die andere Seite der gleichen Medaille. Ohne sie kann es keine echte Sicherheit erlangen, sie sind für seine Entwicklung und sein Wohlbefinden wesentlich, aber nicht in erster Instanz für sein Überleben. Auch diese Bedürfnisse haben ihren Ursprung im limbischen System. Damit Motorik und Sinne sich ihrer Anlage entsprechend zu vollen Funktionen entfalten können, ist es notwendig, dass sie zwar auf äußere Stimuli antworten, aber durch innere Impulse gesteuert werden.

Diese innere Regulierung garantiert, dass jede Interaktion mit der äußeren Welt im Einklang mit jeweiligen inneren – dem bloßen Auge unsichtbaren – Zuständen geschieht, damit die Integrität des Organismus nicht gefährdet wird. Spontanes Eingehen auf Stimuli garantiert ein heilsames Gleichgewicht zwischen außen und innen. Nur eine autonome Interaktion mit der äußeren Welt setzt die ganze Folge innerer und äußerer Ereignissen in Gang, durch die der heranwachsende Organismus verwandelt und damit jede seiner Persönlichkeitsstrukturen geformt wird. Ist diese autonome Interaktion nicht garantiert, schützt sich der Organismus vor inneren Veränderungen, die von äußeren Agenten verursacht werden könnten. Die natürliche Entwicklung wird durch einen Notplan ersetzt, der zwar nicht für eine volle Entfaltung hinreicht, aber eine Verletzung des inneren Seins verhindert.

Stimuli müssen neutral genug sein, um eine spontane Antwort zu ermöglichen. Sind sie überwältigend, werden innere Prozesse blockiert. Eine Seite des Organismus gibt der Übermacht nach, die andere schützt sich vor dem Eindringen dessen, was der Integrität des Organismus zuwider ist. Die normale Ordnung, dass innere Stimuli den Vorrang haben, wird aus Sicherheitsgründen für Notlagen vorgesehen. Ist eine Situation für das Überleben potenziell gefährlich, bekommt sie inneren Wachstumsbedürfnissen gegenüber den Vorrang.

Das kleine Kind, dessen Überleben von der liebevollen Aufmerksamkeit und dem hautnahen Kontakt mit der Mutter abhängt, gerät in Konflikt zwischen diesem primären und dem Bedürfnis nach Autonomie. Es hat keine andere Wahl, als seine sensorische und motorische Unabhängigkeit zu opfern, wenn sie ihm irgendwie in seinem Verhältnis zur Mutter schadet. Es ist, als müsste es einen Finger, die Hand oder einen Arm amputieren, um sein Leben zu retten.

Es opfert also seine Autonomie und mit ihr das Erlebnis einer Entfaltung in Freiheit und tauscht sie gegen Liebe, Aufmerksamkeit und Anerkennung ein, was eine Verlängerung seiner Abhängigkeit mit sich bringt. Das geschieht immer und überall, wo Erwachsene, die für das Wohlbefinden und das gesunde Wachsen eines Kindes verantwortlich sind, kein Verständnis oder keine Sensibilität für die inneren Vorgänge im Kind haben, die sein spontanes Eingehen auf die Welt falsch interpretieren oder missbilligen, es von außen zu leiten oder zu fördern suchen, sein Erleben der Welt durch ihre eigenen Sinne und Bewegungen kanalisieren. In diesen Erlebnissen liegt die Ursache für den Zustand innerer Abhängigkeit, der selbst dann andauert, wenn äußere Abhängigkeitsverhältnisse verschwinden.

Das limbische System ist verantwortlich für unser Lebensgefühl, für unsere sinnliche Wahrnehmung, unsere Beweglichkeit, die uns in immer neuen Kontakt mit frischen Lebenssituationen bringt. Es bildet die qualitative Grundlage für unsere menschliche Intelligenz. Zur Zeit seiner Strukturierung, lange bevor wir seine Wichtigkeit voll ermessen, werden also die Weichen gestellt zwischen Abhängigkeit und Autonomie, zwischen Anpassung und schöpferischer Intelligenz. Hier spielen sich die wahren Konflikte unseres Lebens ab zwischen Unterwürfigkeit und Dominanz, Gehorsam und Rebellion, Egozentrismus und Kooperation. Im Zusammenhang mit diesen geheimnisvoll erscheinenden inneren Prozessen haben wir in den im Jahr 1984 publizierten Studien des deutschen Neurologen H. Kornhuber zum ersten Mal etwas über die neurologischen Vorgänge bei spontanen – im Gegensatz zu induzierten – Handlungen gefunden. Er beschreibt die folgenden Messungen, die er bei Menschen durchführte, während sie freiwillig irgendwelche Bewegungen ausführten.

- Eine Achtzighundertstelsekunde vor einer spontanen Bewegung stellte er generalisierte elektrische Impulse in beiden Hirnhälften fest. Diese nannte er »Readiness potential«.
- Eine Neunhundertstelsekunde vor der Handlung maß er einen weiteren generellen Impuls in beiden Hirnhälften. Ihn nannte er »Premotion positive potential«.

– Eine Fünfhundertstelsekunde vor der Handlung maß er im betroffenen motorischen Hirnzentrum einen spezifischen Impuls, den er »Motor potential« nannte. Der Befehl des Gehirns wurde in den restlichen Bruchteilen der Sekunde auf die entsprechenden Muskeln übertragen.

Vergleichende Messungen bei von außen induzierten Handlungen ergaben, dass die Spanne zwischen »Readiness potential« und der Bewegung von achtzig Hundertsteln einer Sekunde auf dreißig Hundertstel gesunken war.

Was könnten solche Messungen nun mit dem Problem einer die Entwicklungsprozesse respektierenden Erziehung zu tun haben? Wie immer wir sie auch interpretieren, sie zeigen doch auf, dass der menschliche Organismus bei spontanen Handlungen ein ganzes Programm innerer Aktivitäten ablaufen lässt, das bei Handlungen, die von außen eingeleitet sind, stark verkürzt ist. Von außen programmierte oder bedingte Handlungen bringen also die Gefahr mit sich, dass innere Vorgänge, die für die Integrität des Organismus wichtig sind, unterbrochen werden. Ein besseres Verständnis dieser Vorgänge könnte neues Licht auf die Problematik des freien Willens werfen, die bisher kaum zum Gegenstand wissenschaftlicher Forschung geworden ist.

Was mag in jener langen Spanne einer Achtzighundertstelsekunde im Organismus geschehen, die offenbar zum kompletten inneren Entscheidungsvorgang gehört und durch äußeren Druck verkürzt wird? Ein Artikel unter dem Titel »Conversations between heart and brain« über Forschungen des Ehepaares Lacey aus Yellowsprings, Ohio, brachte uns zum Stutzen. Der Artikel berichtet von Beobachtungsserien, die auf eine Verbindung zwischen Hirn und Herz schließen lassen. Diesen Studien zufolge scheint zwischen einem Herzschlag und dem nächsten das Gehirn das Herz zu »fragen«, ob es auf äußere Stimuli positiv oder negativ reagieren, also den Befehl zu einer Handlung erteilen oder verweigern soll. Die Ja-Antwort geschieht durch ein leichtes Senken, die Nein-Antwort durch ein leichtes Steigen des

Blutdrucks. Bedeutet dieser Austausch, dass dem Herzen die Aufgabe zufällt, sein Urteil über Entscheidungen abzugeben, die mit dem Wohl des gesamten Organismus zusammenhängen? Und könnte es sein, dass diese »Unterhaltung zwischen Hirn und Herz« ausgerechnet in jener mysteriösen langen Zeitspanne stattfindet, die zwischen Kornhubers »Readiness potential« und seinem »Premotion positive potential« liegt? – Und was geschieht im Organismus, wenn diese inneren Vorgänge regelmäßig und systematisch verhindert oder unterdrückt werden?

Die vorangegangenen Fragen liegen im Zentrum der Probleme, die wir mit Kindern und mit uns selbst erleben. Sind diese Mechanismen, die zur Entfaltung unserer Individualität und Erhaltung unseres Gleichgewichts dienen, in unserer eigenen Kindheit oft missachtet worden, fällt es uns jetzt nicht mehr leicht, sie bei uns und anderen ernst zu nehmen und ihnen die ihnen gebührende Wichtigkeit zuzumessen. Unsere eigenen Erlebnisse von klein auf haben sich so tief in uns eingeprägt, dass sie wie zu einem Teil unseres Wesens wurden. In der Familie, wo wir am wenigsten nach Ideen leben, sondern uns am ehesten so geben, wie wir wirklich sind, kommt unser Wesen deutlich an den Tag und charakterisiert unsere Beziehungen.

Da jeder Mensch gleichzeitig mit all seinen Lebensfunktionen sowohl ein in sich geschlossener Organismus als auch Teil einer Gemeinschaft ist, hat die Problematik von Abhängigkeit und Autonomie unvermeidlich soziale Bedeutung. In einer abgeschlossenen, fremden Einflüssen wenig ausgesetzten Gesellschaft ist es üblich, dass die persönliche Autonomie durch Traditionen systematisch eingeschränkt ist. Nach festen Gebräuchen werden Abhängigkeiten von der Gemeinschaft von klein auf eingeübt, wird eine Frustrationstoleranz angestrebt, damit der Heranwachsende zur gegebenen Zeit durch sein Sicheinfügen in die Gesellschaft die verlorene Befriedigung und persönliche Sicherheit nicht zu sehr entbehrt. Auf diese Weise erreicht eine geschlossene Gemeinschaft die Eingliederung ihrer Mitglieder, vermeidet unerwünschte Neuerungen und garantiert ihre Kontinuität.

Solange der Kreis von inneren Abhängigkeiten und Begrenzungen allgemein akzeptiert wird, erscheint eine Kindererziehung, die Einschränkung der Autonomie und Fortsetzung von Abhängigkeit anstrebt, als eine angemessene Lösung. Das Problem ist nur, dass in der Gegenwart keine Gesellschaft mehr hoffen kann, ihre Statik zu bewahren. Das ist ebenso deutlich beim abgelegensten Eingeborenenstamm wie in modernen Gesellschaften mit ihrem viel versprechenden Fortschritt.

Nicht vorherzusehende Einflüsse und Neuerungen stürmen auf alle ein. Sie bieten nie gekannte Befriedigungen und Belohnungen und lassen das bewährte System von Verlustausgleich für verlorene Autonomie im Licht neuer Angebote erblassen.

Bei jedem Aufenthalt bei den Saraguro-Indianern erleben wir den Aufprall der westlichen Zivilisation, der diesem Stamm unaufhaltsam seine bisherige Integrität zerstören wird, es sei denn, seine Mitglieder finden einen Weg, eine neue Integrität zu schaffen: eine Integrität, die nicht von der Anpassung an die bestehende Ordnung auf Kosten der Autonomie des Individuums, sondern von voll entwickelten Personen getragen wird, die zu freiwilliger und wirksamer Kooperation bereit sind.

Während des Sommerkurses nahmen wir alle Mahlzeiten bei unseren Gastgebern ein. In der fensterlosen Küche zieht durch das durchlässige Dach der Rauch des Herdfeuers träge ab und auf dem holprigen Steinboden finden Tisch und Bank nur mit Mühe einen Platz zum Geradestehen. Hier können nicht alle acht Mitglieder der Familie zusammen mit uns Gästen gleichzeitig sitzen. Wir versuchten also unsere Gastgeber zu überzeugen, die Kinder zuerst essen zu lassen. Doch das ging vollkommen gegen ihre Gewohnheit: Die Großen – einschließlich des zwölfjährigen Sohnes, der schon zum Familienunterhalt beiträgt – haben absoluten Vorrang, und die Kleinen, die noch nichts leisten, müssen warten. »Sonst werden sie verwöhnt und wollen nicht frühzeitig arbeiten.« Wir konnten als Gäste gegen diese Sitte nichts einwenden und waren gezwungen, alle unsere Mahlzeiten in Gegenwart der kleinen Kinder einzunehmen, die jede Reise unseres Löffels vom Teller zum Mund mit Wimmern und sehnsüchtigen Blicken begleiteten.

Sobald eine Saraguro-Frau einen Säugling zu pflegen hat, ist es für das größere Kind mit ihrer liebevollen Zuwendung vorbei. Sie gibt ihm das Notwendigste mit betont brüsken Bewegungen, verschließt sich systematisch seinen Bitten und reagiert erst mit deutlicher Ungeduld, wenn das Protestgeschrei allzu groß wird. Bei seinen Abenteuern in freier Natur hat schon das kleinste Indianerkind größte Freiheit. Zu Hause wird es nicht auf gutes Benehmen trainiert, entbehrt dafür aber jeglicher Bereicherung durch von Menschen geschaffene Stimuli. Es kennt keine Spielsachen und nur die notwendigste verbale Ansprache. Versucht solch ein Kind, in der Nähe der Eltern aus einem alten Karton oder ein paar rostigen Büchsen Elemente für ein Spiel zu schaffen, wird es meist ausgeschimpft und fortgejagt. Mit vier bis fünf Jahren hören diese Kinder meist auf, um Zuwendung und Verständnis der Umwelt zu kämpfen. Sie verstecken sich, wenn sie etwas für sich selbst spielen wollen, und mit etwa sechs Jahren sind sie bereit, sich einer Vielzahl von Pflichten zu unterwerfen, die für das Überleben der Familie und des Stammes notwendig sind. Die praktische Arbeit in der Gemeinschaft von Familie und Stamm erfüllt nun das aufgestaute Bedürfnis nach Interaktion mit Dingen und Menschen. Eine traditionelle Schule mit einem Lehrer, der sich den ganzen Morgen um die Kinder kümmert, Papier, Bleistift und ein armseliges Schulbuch scheinen nach langer Dürre Schlüssel zu einer besseren Welt zu sein. Eine gewisse Hoffnungslosigkeit und das Gefühl, dass das Leben nicht so erfüllt ist, wie es sein könnte, wird bei den Erwachsenen an Festtagen durch Alkohol eingeschläfert.

Bei unserem ersten Besuch in Saraguro im Jahr 1983 gab es in den Indianergemeinschaften noch kein elektrisches Licht. Inzwischen durchkreuzen Hochspannungsleitungen die Landschaft. Aus den Häusern hört man laute Radiomusik, die von politischer, kommerzieller oder religiöser Propaganda abgelöst wird. Hier und da erscheinen die ersten Fernsehantennen auf den Dächern der Lehmhütten. Das Fernsehen trägt die frohe Botschaft vom neuesten Automodell, von Cornflakes, elektrischen Mixern und Deodorants in eine Gesellschaft, die sich notdürftig von Mais und Käse ernährt, die ihre traditionelle Kleidung aus Wolle herstellt, die von eigenen Schafen stammt, von Frauen und Mädchen im Sitzen und Laufen mit primitiven Spindeln gesponnen und von den Männern auf einfachen Webstühlen mit der Hand gewoben wird. Gleichzeitig wird die Landschaft durch ein Netz neuer Straßen erschlossen – nicht so sehr, um die Lebensbedingungen der Bevölkerung zu verbessern, als vielmehr zur Erschließung von Mineral- und Ölfunden im Hinterland. Denen, die sich bisher ohne Frage ihrer Gemeinschaftsorganisation und ihren Traditionen unterworfen hatten, wird nun ein scheinbares Paradies präsentiert, ein Paradies voller blitzender Gegenstände, der Liebe auf dem Fernsehschirm und technischer Einrichtungen, die harte körperliche Arbeit überflüssig machen. Alle aufgestauten unbefriedigten Bedürfnisse wallen plötzlich auf: Hier ist ihre Erfüllung in Reichweite gerückt! Nur wenige verstehen, dass es Scheinerfüllungen sind. Immer mehr junge Leute verlassen den Stamm und suchen ihr Glück in der Stadt. Sollten sie zurückkommen, haben sie meist die Kraft verloren, das schwere Leben wieder aufzunehmen. Vielleicht ist das genannte Beispiel unserer städtischen Erfahrung zu fern, als dass es die menschliche Anfälligkeit für Ersatzbefriedigungen in unserer eigenen Situation zu verdeutlichen vermöchte. Aber auch wir kennen das Gefühl von Umbruch und Unsicherheit inmitten einer an Fortschritt und Veränderung gewöhnten Gesellschaft. Auch wir erleben, dass selbstverständliche Sitten und gesellschaftliche Belohnungen für entbehrte persönliche Entfaltung ihre Bedeutung verlieren, die Schranken alter Tabus durchbrochen sind, dass Erzieher ratlos vor dem Dilemma stehen, entweder durch das Anziehen der Schrauben dem alten System künstlichen Halt zu geben oder aber neue Wege zu suchen.

Menschen mit guter Schulbildung leben häufig in der Illusion, dank ihres logischen Denkens für die Lösung von Problemen ausreichend gewappnet zu sein. Der Zustand unserer Welt zeigt uns, dass wir diese scheinbare Sicherheit in Frage stellen müssen. Wir merken, dass logisches lineares Denken Probleme nicht löst – dass dafür vielmehr vernetztes Denken notwendig ist. Das aber lernen wir nicht durch Schulbildung, sondern durch Interaktion in offenen Systemen – und zwar am leichtesten in der spezifischen sensiblen Periode, der Adoleszenz. Vernetztes Denken wird bei gebildeten Menschen oft unbewusst durch Ideologien ersetzt. Dass weder Ideologien noch lineares logisches Denken ausreicht, grundlegende Probleme zu erfassen und zu lösen, erfahren wir unmittelbar in der Familie.

Der größte Umsturz der gegenwärtigen Generationen betrifft wahrscheinlich die Rolle der Frau, ihre Beziehung zum Mann und zum Kind. Räumte man ihr früher das Recht ein, die Probleme des Lebens mit weiblicher Logik, also mehr intuitiv als rational zu lösen, so wird von ihr, seit auch sie ebenso viele Jahre wie ein Mann zur Schule geht, Kopfwissen und »no nonsense« erwartet. Das jahrelange Stillsitzen in der Schule (Mädchen sind darin viel angepasster als Jungen) hat außerdem durch innere Verkrampfungen ihre Geburtswege verengt. Natürliche, fließende Geburten, die bei Mutter und Kind gegenseitige Sensibilisierungsprozesse auslösen, werden dadurch erschwert. Eine spontane, körpernahe und vertrauensvolle Beziehung zwischen Mutter und Kind kommt kaum noch zustande. Angelerntes Wissen und der Rat von Spezialisten ersetzen den Mutterinstinkt. Der Mangel an Intuition wird durch den Drang zum Kontrollieren und Programmieren wettgemacht. Statt in einen persönlichen Prozess einzusteigen, der durch direkte persönliche

Beziehung und Beteiligung die Tür für eine neue Art des Lernens öffnet, verlegt sich die rationale Mutter darauf, den Lernprozess des Kindes zu dirigieren.

Die moderne Mutter hat ihr intuitives Vertrauen ins Leben und seine Wachstumsprozesse irgendwo auf dem Weg ganz oder teilweise verloren. Darum bemüht sie sich doppelt, in der Erziehung ja nichts falsch zu machen, und lenkt das Kind nach ihrem eigenen Verständnis. Sie ersetzt die natürliche, nicht an Bedingungen geknüpfte Zuwendung durch bewusste Förderung des Kindes, ergeht sich in wohlmeinenden Aufmunterungen, die für gewöhnlich die sensorische und motorische Autonomie des Kindes in Frage stellen:

»Guck doch nur, was dir die liebe Tante gebracht hat! Das wird dir aber gefallen!«

»Hörst du, wie wunderbar der schöne Vogel singt. Das klingt fast wie die Orgel in der Kirche.«

»Schmeckt das nicht fein? Hm, noch ein Löffelchen für den Papa, dann noch eins fürs liebe Schwesterlein.«

»Kletter nur auf den Baum. Das kannst du bestimmt. Du musst keine Angst haben, es passiert sicher nichts.«

Solche Weisungen hören wir überall, wo Erwachsene es mit Kindern gut meinen. Wenn wir etwas genauer hinsehen, stellen wir allerlei fast unsichtbare Bewegungen, unbewusste Impulse der Erwachsenen fest, mit denen sie Kinder von etwas abhalten, sie auf etwas hinweisen, sie hierhin schieben und dorthin ziehen möchten.

Nicht etwa autoritär oder grob, sondern ganz fein und unmerklich versuchen wir, das Kind zu leiten. So ersetzen wir langsam, aber sicher seine eigene innere Absicht durch unsere Führung, seinen Willen durch unseren Willen. Es bekommt zu spüren, dass wir die Dinge zuerst sehen und hören, dass es sich auf unser Urteil verlassen kann, dass es in unserer Hand liegt, seine Fehler vorauszusehen, so dass es sie dann nicht bereuen oder seine »Unartigkeit« nicht bestraft werden muss. Sein Bedürfnis nach unserer Zuwendung ist verantwortlich dafür, dass ein Kind sich von uns sein Recht auf sensorielle und motorische Autonomie stehlen lässt. Es nimmt in Kauf, die Welt durch unsere Brille zu sehen, unser Weltbild als sein eigenes anzunehmen. Der Erwachsene befriedigt durch die Art der Zuwendung sein eigenes Bedürfnis, die eigene versteckte Lebensangst durch die »erfolgreiche Erziehung« des Kindes einzudämmen. Kaum bemerkt er das geringste Lerninteresse des Kindes, so führt er es gleich einen Schritt weiter und treibt es ein ganz klein wenig voran. Sagt ein Kind: »Guck mal, ein Vogel«, so berichtigt die liebevolle Mutter: »Ja, es ist ein gelbschwarzer Vogel. Der heißt Soundso. Das ist ein Männchen. Schau nur gut hin, dann siehst du vielleicht das Weibchen in der Nähe ...«

Sorgfältig vergleichen wir den Fortschritt unseres Kindes mit dem seiner Altersgenossen. Im Notfall suchen wir einen Spezialisten auf. Der kennt bestimmt Mittel, unser Kind möglichst schnell der allgemeinen Norm anzugleichen.

Wer versteht schon, warum ein Kind bei so viel Zuwendung und Aufmerksamkeit Zeichen von Unlust zeigt, sich über Langeweile beschwert, so viele Dinge zum Glücklichsein braucht, oft wegen Kleinigkeiten weint und wütend schreit: »Du liebst mich nicht!« Was das Kind in diesen Jahren vor allem braucht, ist wirkliche Zuwendung, Körperkontakt sowie eine Umgebung, die genügend seiner Entwicklungsebene entsprechende Stimuli enthält – dazu unsere interessierte, aber nichtdirektive Aufmerksamkeit für seine Interaktion mit dieser Umgebung. Unsere Direktivität bedeutet für das Kind Manipulation. Schon von klein auf beginnt es, unsere mehr oder weniger subtile Manipulation auf gleiche Weise zu beantworten.

Verstehen wir die Entfaltung des Kindes als Wechselwirkung zwischen natürlichen Bedürfnissen und einer ihnen entsprechenden Umgebung, so stoßen wir auf die Tatsache, dass die konkrete Umgebung nie unendlich weit, sondern durch feste Grenzen bestimmt ist. In Beziehungen, die durch bewusste

»Förderung«, Beeinflussung und letztendlich Manipulation gekennzeichnet sind, gibt es dagegen keine festen Grenzen. Ein jeder probiert, wie weit er es mit dem andern treiben kann, bis er seine eigenen Manipulationskünste ins Feld führt.

Für Erwachsene, die in ihrer Kindheit nicht in ihrer Autonomie respektiert wurden, ist die Vorstellung fester Grenzen für Kinder oft ein rotes Tuch. Sie selbst sind noch im Prozess, sich von erlittener Bevormundung zu befreien. Für die Kinder, die sie nun aufziehen, wünschen sie sich eine Alternative unbegrenzter Freiheit. Sie können einfach nicht verstehen, wie das Setzen fester Grenzen mit der Erfüllung der authentischen Bedürfnisse zu vereinbaren ist, und glauben, dass wir uns selbst widersprechen, wenn wir zum Beispiel anraten, die Familie zu regelmäßigen Mahlzeiten am Tisch zu vereinen und, wenn ein Kind nicht essen will, ihm nicht irgendwann später etwas anderes zu kochen. Feste Grenzen gehören zu unseren grundsätzlichen Lebensbedingungen, auch wenn unsere Möglichkeit, uns darin zu entfalten, unvorstellbar weit sein mag. Unser Körper ist für einen begrenzten Lebensraum geschaffen, in dem trotz gewisser Variationen feste Gesetzmäßigkeiten sein Funktionieren bestimmen. Wollen wir diesen Lebensraum mit einem andern vertauschen, müssen wir uns entsprechend ausrüsten und die Grundelemente mit uns nehmen, die dort fehlen. Auf den Mond müssen wir zum Beispiel Sauerstoff, Nahrung und einen speziellen Anzug mitnehmen.

Das Kind ist – so wie jeder Mensch – auf jeder Entwicklungsstufe durch die Beschaffenheit und den Zustand seiner Instrumente begrenzt, mit deren Hilfe es mit seiner Umwelt in Interaktion treten kann. Durch zunehmende Lebenserfahrung und mehr oder minder harte Arbeit lernt es die Gesetze und Grenzen seiner Welt kennen und entwickelt eben dadurch die Schärfe und Wirksamkeit seiner Instrumente und mit ihnen sein Verständnis. In einer konkreten Welt setzt es seine innere Anlage in die Wirklichkeit um. Es kann über sie ohne Grenzen nichts lernen.

Daraus ergibt sich in der Praxis, dass wir Erwachsenen, sobald wir es mit Kindern zu tun haben, an unsere Grenzen stoßen, nämlich eben dadurch, dass wir selbst mit Grenzen nicht umgehen können. Dieser Umstand ist die Ursache unserer Schwierigkeiten mit uns selbst und mit anderen. Und nun zeigen uns Kinder, dass unsere Interaktion mit ihnen, wenn wir Grenzen nicht respektieren, einen Eingriff in ihre Autonomie bedeutet.

Bei unserer Aufgabe, dem Kind eine Umwelt zu ermöglichen, in der so weit wie möglich seine Bedürfnisse befriedigt werden, sollten die Grenzen so klar sein, dass wir nicht ständig vorausgreifen und dazwischenfahren müssen.

Ein Erwachsener, der Grenzen nach Gutdünken verrückt, verwirrt das Kind und sich selbst. Das geschieht immer, wenn ein Erwachsener die Grenzen seiner eigentlichen Rolle übertritt und, statt Teil der Umgebung und Vorbild zu sein, das Kind hierhin und dorthin leitet, seine innere Wirklichkeit nicht in Betracht zieht – kurz: es manipuliert.

Ein Kind, das am eigenen Leib erfährt, was Manipulation heißt, manipuliert seine Umwelt ebenso. Verletzen wir sein Grundrecht auf Autonomie, tut es eben mit uns das Gleiche. So gibt es bald ein schönes Schauspiel gegenseitiger Manipulation: »Noch ein Löffelchen für die Oma« wird mit Umwerfen des Bechers beantwortet, »Schlaf bald, sonst kommt der schwarze Mann« mit dem Ruf nach Wasser, wenn man glaubt, das Kind schlafe bereits.

Die Erfindungskraft des Kindes ist immer raffinierter als unsere eigene. Je älter Kinder werden, umso mehr beteiligen sie sich an der Festsetzung von und dem Experimentieren mit Grenzen. Bei uns fühlen sich Kinder im Vorschulalter und in den ersten Primarschuljahren sicher mit den festen Grenzen, die »von oben« gegeben sind. Wenn sie voll in die operative Etappe hineinwachsen, beteiligen sie sich in der wöchentlichen Vollversammlung mit großem Interesse an der Diskussion über Hausregeln, die sie reformieren und immer wieder revidieren, so wie es ihrem Erleben entspricht. Dabei beobachten wir, dass Kinder, die von zu Hause keine festen Grenzen kennen, auch in dieser Aufgabe große Schwierigkeiten haben und sich eher auf Manipulationskünste und Versteckspiel verlegen. Bleiben wir doch einmal fest, so gibt es ein großes Geschrei. Meist kommen wir nur mit heiler Haut davon, wenn wir dafür heilige Versprechen ablegen: Wenn du lieb bist, kaufe ich dir ein Eis, eine neue Pistole.

Manipulation und Ersatzbefriedigungen sind eng miteinander verknüpft. Doch sie bringen neue Probleme – ein ungutes Gefühl in der Magengegend, einen schalen Geschmack im Mund, schließlich ein mieses Lebensgefühl.

Unser ganzes Leben mit Kindern ist von den Fäden gegenseitiger Manipulation wie ein Netz durchzogen. Wir glauben, die Dinge dadurch fest in der Hand zu haben, merken aber nicht, dass das Leben durch seine Löcher entwischt. Zu Hause und in der Schule ersetzen wir bedenkenlos das von innen gesteuerte Kontrollsystem des Organismus durch ein System von Belohnungen und Strafen. Handelt ein Mensch gemäß seiner inneren Natur, die immer Harmonie mit allem Lebendigen einschließt, so fühlt er sich lebendig – von innen her froh. Er hat »seine Arbeit gut gemacht«: Das bedeutet beim Kind nicht so sehr eine äußere beachtliche Leistung, sondern dass es »sich selbst geformt hat«. Gelingt ihm eine selbstgesetzte Aufgabe nicht, so »weiß« es das sehr gut. Es lässt die Sache vielleicht für den Augenblick, doch kommt es wieder zu ihr zurück und lässt nicht locker, bis das Problem gelöst ist.

Wird das Kind von außen dirigiert, so wird, da seine innere Entscheidung außer Funktion gesetzt ist, auch sein inneres Kontrollsystem nach außen verlegt. Es hängt nun von Belohnungen ab, Freude zu empfinden, und von Strafen, zur Korrektur seiner Handlungen angehalten zu werden. Manipulationen aller Art kommen nicht nur zwischen Kindern und Erwachsenen vor. Sie sind ebenso zwischen Erwachsenen zu beobachten. Grobe Manipulation wie feine, die man nur mit einem gut ausgeprägten Spürsinn wahrnimmt. So erleben wir, dass allmählich eine ganze Gesellschaftsordnung auf diese Weise funktioniert.

Geraten wir selbst in den Prozess, in dem wir beginnen, unsere Beteiligung an dem allgemein akzeptierten System infrage zu stellen, merken wir mit Schrecken, dass wir selbst mehr, als wir glaubten, von der Mechanik gegenseitiger Manipulation geprägt sind. Vielleicht entdecken wir, dass wir aufblühen, wenn andere Leute unsere Bemühungen anerkennen, dass wir uns ein klein wenig mehr Mühe geben, wenn wir den Blick anderer auf unserer Arbeit spüren, dass wir uns andererseits frustriert fühlen, wenn unsere Bemühungen nicht entsprechend anerkannt werden

Wer Kinder nicht direktiv erziehen will, muss Kritik von zwei Seiten erwarten: von denen, die eine Gefahr darin sehen, »nicht anpassungsfähige Individualisten« heranzuzüchten, und von denen, die Kindern »absolute Freiheit«, ein Paradies auf Erden ohne jegliche Grenzen, ermöglichen möchten. Versuchen wir, diese doppelte Problematik in einen lebendigen Zusammenhang zu setzen und daraus gewisse Schlüsse zu ziehen. Eine gesunde Zelle z.B. passt sich ohne Schwierigkeiten der Funktion eines Organs an – eine kranke aber hat die Tendenz, sich zu isolieren und allerlei wilde Gewächse zu bilden, die mit der Zeit störend oder gefährlich werden. Gesunde Organe, obwohl voll verantwortlich nur in ihrem Bereich, helfen dem ganzen Organismus, seine Aufgaben zu erfüllen. Der ganze Organismus und alle seine Teile hängen also letztendlich von der Kraft und Gesundheit ihrer Zellen ab.

Übertragen wir das Bild auf die Gesellschaft, fragen wir uns, wie sie auf die Dauer harmonisch leben soll, wenn die Individuen nicht harmonisch sind, wie sie Krisen schöpferisch angehen soll, wenn ihr eine genügende Zahl schöpferischer Individuen abgeht.

In Lateinamerika wie in anderen Entwicklungsländern, die immer deutlicher die Lasten einer disharmonischen Welt tragen, wird viel von Krisenbekämpfung gesprochen. Die Entwicklungsländer bemühen sich, auf manche Weise bei dieser Bekämpfungsarbeit mitzuhelfen. So bekommen wir hier immer noch Ladungen von DDT, um die Malariagefahr zu kontrollieren, massive Impfungsprogramme, um die Kindersterblichkeit zu vermindern: gefährliche oder weniger gefährliche Bekämpfungsmittel aller Art. Ein Regierungsprogramm versucht zum Beispiel, in großem Umfang Vorschulkindern, die in Slumvierteln und weit entlegenen Gegenden ohne die nötigste Pflege dahinwelken, bessere Wachstumsbedingungen zu schaffen. Viele Mütter müssen hier wegen der immer stärker um sich greifenden Krise zum Unterhalt der Familie beitragen. Früher mochten sie ihre kleinen Kinder aufs Feld mitgenommen haben, doch die traditionelle Landwirtschaft macht modernen Methoden immer mehr Platz. So müssen die Mütter ihre Kinder oft zu Hause lassen, um das Notwendigste zum Leben herbeizuschaffen.

Dank neuer Hilfsprojekte versuchen staatliche Organe mit internationaler Unterstützung, solchen Kindern nicht nur ein Minimum an Ernährung und Hygiene zu ermöglichen. Sie schaffen Zentren, in denen sie durch Techniken »früher Stimulierung« vor dem emotionalen Dahinsiechen gerettet werden sollen. Diese Programme wurden ursprünglich nach höchstem wissenschaftlichem Standard und genauer Kenntnis der Entwicklungspsychologie ausgearbeitet. Ihr Ziel ist es, Eltern und Pfleger für die Bedürfnisse der kleinen Kinder zu sensibilisieren und Umgebungen für sie zu schaffen, die sowohl ihr körperliches als auch ihr psychisches Wachstum fördern. In den Händen von Dienststellen, die nicht nach den Gesetzen persönlicher Entwicklung, sondern denen schneller Resultate und sichtbaren Erfolgs handeln, wo Politiker und Beamte beweisen wollen, dass sie ihre wohl bezahlten Stellungen verdienen, hat sich auch dieses bestens konzipierte Projekt in ein »technisches Programm zur Kinderpflege« verwandelt. Die Pflegestellen sollen nach Manualen arbeiten, welche eine »optimale Zuwendung« nach genauem Plan für jede Stunde des Tages und für jeden Tag des Jahres vorschreiben. Die Stundenpläne geben an, wie die Motorik und alle Sinne der Kinder von der ersten Woche ihres Lebens an stimuliert werden sollten.

Die lokalen Leiter des Projektes können mit Stolz beweisen, dass die Kindersterblichkeit in ihren Zentren eindeutig gesunken ist. Das ist gut zu verstehen, weil wir wissen, dass menschliche Zuwendung für ein kleines Kind von gleicher Bedeutung ist wie Nahrung und Kleidung und die Chancen seines Überlebens mitbestimmt. Im Licht der Problematik von »Abhängigkeit und Autonomie«, die bei wahrer menschlicher Entwicklung im rechten Gleichgewicht stehen müssen, empfinden wir trotzdem mehr Besorgnis als Erleichterung bei diesem Beispiel erfolgreicher Krisenbekämpfung. Gleicht es nicht allzu sehr den Impfungsprogrammen, die Krankheitserreger massiv bekämpfen, das natürliche Immunsystem einer Bevölkerung aber auf gefährliche Weise schwächen?

In Armenvierteln im Norden von Quito, wo wir vor Jahren die Betreuerinnen von sechs Kinderhorten im nichtdirektiven Ansatz angeleitet haben, sind inzwischen so positive Resultate erzielt worden, dass kein Zweifel mehr besteht: Auch nichtdirektive Zuwendung stärkt die Lebenskraft der Kinder, aber ohne die negativen Begleiterscheinungen, die meist erst später bemerkbar werden. Es ist ja richtig, dass die Entwicklung des Kindes mit einer reichen Stimulierung zusammenhängt. Sind die Angebote aber nicht neutral genug und ist der Organismus in seiner Antwort nicht frei, können sie eine potenzielle Gefahr für seine Integrität werden. Er verliert an Gleichgewicht und natürlicher Sicherheit. In diesem Zustand erlebt er die wohl dosierte Stimulierung als Überstimulierung, die eine automatische Erhöhung innerer Abwehrmaßnahmen zur Folge hat. Dieser Schutz verhindert das tiefe Eindringen von Stimuli in einen Organismus, der gerade andere lebenswichtige Prioritäten hat. Gleichzeitig isoliert diese Notmaßnahme den Organismus gegenüber anderen Stimuli, die für ihn zugänglich und notwendig wären. Das Resultat ist paradoxerweise ein Zustand von Unterstimulierung und Langeweile!

Erfahrungen, die den Körper zwingen, seinem inneren Entwicklungsplan zuwiderzuhandeln, werden als schmerzlich empfunden und müssen blockiert werden, wenn ein allgemeines Übergreifen des Schmerzes vermieden werden soll. Im Jahr 1978 erhielten drei Wissenschaftler den Lasker-Preis für ihre Entdeckung der Endorphine, Produkten des menschlichen Körpers, die dem Opium verwandt sind. Seit jener ersten Entdeckung konnte man bisher 39 derartige Endorphine – innere Betäubungsmittel und Stimulanzien, unter ihnen auch Alkohol – unterscheiden. Im menschlichen Gehirn wurden den Endorphinen entsprechende Rezeptoren entdeckt, in die jede selbst erzeugte Droge hineinpasst wie ein Schlüssel in sein Schlüsselloch. Dieses wunderbare Schutzsystem ist offenbar dazu geschaffen, dem Organismus besonders starken Schmerz ertragen zu lassen, so wie es auf natürliche Weise während der Geburt in dem Augenblick geschieht, wenn der Kopf des Kindes austritt.

Befindet sich ein junger Organismus häufig in Situationen, die seine inneren Bedürfnisse nicht respektieren und darum schmerzlich sind, muss die Natur immer häufiger ihre Notmittel einsetzen, bis sie schließlich zur Gewohnheit werden. Der Organismus lebt fast ununterbrochen unter dem Einfluss innerer Drogen. Dieser Dauerzustand wird für ihn ganz normal – er lebt in einer Art Dämmerzustand oder in Überspannung, die sich mit Erschlaffung und Abgespanntheit ablöst. Ein solchermaßen betäubter Organismus empfindet es als Erleichterung, wenn ihm von außen ähnliche Mittel angeboten werden, wie er sie notgedrungen häufig produzieren muss. Er ist in Gefahr, für sein Wohlbefinden von Alkohol oder Drogen abhängig zu werden, weil er sich längst an die Wirkung seiner eigenen Endorphine gewöhnt hatte. Dagegen wehrt sich ein Organismus, der nicht von Endorphinen überschwemmt ist, gegen die Wirkung künstlicher Drogen. Sie bedeuten für ihn Fremdkörper, die ihm Unwohlsein und Übelkeit bereiten.

Viele Fragen, die bisher von psychologischen Interpretationen offen gelassen wurden, beginnen sich durch biologische und neurologische Forschungen zu klären. Sie geben interessante Diskussionsthemen ab, doch scheint es hier wichtiger zu sein, praktischen Nutzen aus ihnen zu ziehen, indem wir unsere alltäglichen Probleme im Umgang mit Kindern aus neuen Perspektiven anzugehen suchen.

Probleme in Haus und Schule

Zusammen mit Eltern und Lehrern besprechen wir regelmäßig unsere alltäglichen Probleme und versuchen, aus Praxis und Reflexion neue Einstellungen und damit neue Wege fürs Zusammenleben zu eröffnen. Anfangs herrscht besonders bei Eltern die Haltung vor, dass Erziehung eben zu den »Pflichten« des Erwachsenen gehöre. Wir sind gewohnt, im Erfüllen unserer Pflichten Vorschriften zu folgen. Viele Erwachsene, die sich in Sachen Erziehung nicht genügend gebildet fühlen, zeigen guten Willen, die fehlenden Kenntnisse einzuholen, und bitten um genaue Weisungen und Rezepte in der Hoffnung, sie auf möglichst viele Situationen anwenden zu können.

Es vergeht keine Familienberatung, kein Vortrag oder Kurs, ohne dass wir auf die Problematik der »Rezepte für Kindererziehung« zu sprechen kommen. Fast ausnahmslos finden wir volle Zustimmung, dass sie bei zwischenmenschlichen Beziehungen tatsächlich fehl am Platze sind. Aber anschließend bittet dann doch oft ein Gesprächspartner: »Ich weiß, dass es keine Rezepte gibt, aber sag mir doch… Was soll ich machen, wenn mein Kind …?«

Einmal, nach einem Wochenendkurs, kam eine Mutter freudestrahlend auf mich zu und sagte: »Ich glaube, ich habe heute verstanden, dass es hier um etwas ganz Einfaches geht. Wenn ich dieses einfache Grundprinzip in mir klären kann, brauche ich keine Ratschläge mehr, dann kann ich eigentlich alle Fragen aus mir selbst heraus beantworten.«

Wenn ich nun auf den folgenden Seiten erzähle, wie wir in unserer Praxis an spezifische Situationen herangegangen sind und wie wir die erlebten Prozesse interpretieren, geschieht dies mit Vorbehalt: Ich möchte gerne unsere Erfahrung mitteilen, aber niemand kann letztlich fremde Erfahrung zur Basis seines Handelns machen. Da wir Erwachsenen schulgeschädigt sind, haben wir Angst, Fehler zu machen, denn Fehler sind strafbar. Doch bei allen lebendigen Prozessen ist das Fehlermachen und -korrigieren ausschlaggebend für jede Entwicklung. Wir können zwar Ratschläge in unsere persönliche Situation einbeziehen, sie helfen uns aber nur, wenn wir gleichzeitig unser eigenes Gefühl vertiefen, unsere Beobachtung verstärken und unsere Urteilskraft schärfen. Um Missverständnisse zu vermeiden – ich meine damit natürlich nicht, dass es sinnvoll ist, alles herauszulassen, was ich gerade so fühle. Die Grundlage unserer Urteile bleibt für mich bei allen möglichen Varianten die lebensfördernde Umgebung, in der sich ein heranwachsender Mensch entwickeln kann. Zum wichtigen Bestandteil dieser Umgebung gehören wir Erwachsenen – nicht durch das, was wir wissen (selbst, wenn es Wissen über Kindererziehung ist), sondern durch unser Sein.

Sein zum Erziehen

Immer wieder versuchen wir, die Bedeutung unseres eigenen Seins aus verschiedenen Perspektiven klar zu machen. Einem Elternpaar fiel es besonders schwer, dies zu begreifen. Sie ließen nicht von der Vorstellung ab, dass die Familie eine Organisation sei, in der Rechte und Pflichten für jeden nach Gesetzen definiert sind und wo es für jede Situation eine gültige Vorschrift geben müsse. Die Rolle der Eltern sei es, die Kinder zu deren pünktlicher Befolgung anzuhalten. In meiner Not, dieses Schema zu durchbrechen, verfiel ich auf den folgenden Vergleich: Die Rolle des Erwachsenen ist es, wie ein Flugplatz »immer da zu sein«. Der Flugplatz hat alles bereit, was die Flugzeuge zum Fliegen brauchen, zum Beispiel Treibstoff, Mechanikerdienste, Radar, Proviant, Flugkarten, Radioverbindung, erste Hilfe, Feuerwehr – lauter Dienste, die man vom Boden aus leisten kann. Das Kind ist der Pilot und muss lernen, sein Flugzeug auf eigene Verantwortung zu steuern. Versäumt der Bodendienst irgendein Detail, kann er damit Flugzeug und Pilot in Gefahr bringen. Der Pilot ist vielleicht ein Neuling. Er muss noch viele Probeflüge machen, bevor er voll verantwortlich ist. Aber der Flugplatz greift nicht ein, um ihm beim Steuern zu helfen. Seine Aufgabe besteht darin, einfach da zu sein – immer bereit, immer voll ausgerüstet. Er wartet, bis es Zeit zum Abfliegen und Landen ist. Ist seine Landebahn lang genug, beim Abheben und Landen gefährliche Manöver zu vermeiden? Ist er in der Lage, Notmaßnahmen zu ergreifen, wenn das Wetter schlecht ist, die Maschine einen Schaden hat oder der Pilot eine Dummheit begeht? Ist die Feuerwehr ausfahrbereit, wenn es brennt? Denn ein Flugplatz leistet seine Dienste, ohne mit Erklärungen oder Vorwürfen Zeit zu verlieren. Er tut einfach alles, um höchste Sicherheit zu geben.

Die Eltern in der Sprechstunde wurden nachdenklich. Sie zweifelten plötzlich, dass sie für solche Aufgaben genügend ausgerüstet seien. Zum Glück konnte ich sie trösten. Dieser Vergleich sollte nur die Grundhaltung der Erwachsenen verdeutlichen. Menschen sind keine Maschinen – unsere Wirklichkeit transzendiert selbst die komplizierteste Mechanik. Mit der rechten Haltung und dem Bewusstsein von Lebensprozessen gibt es für uns viele Möglichkeiten zur Regeneration, wenn wir uns jeder Situation in ihrer vollen Problematik stellen. Wenn wir als Erwachsene im Umgang mit Kindern nicht alles perfekt machen, brauchen wir uns trotzdem nicht zu ängstigen, dass die Kinder deswegen »tödlich abstürzen«. Ihre Flugversuche sind lebendige Prozesse, ihre Flugmaschinen Organismen, die fähig sind, eigene und fremde Fehler zu korrigieren und Bruchschäden zu heilen. Diese Heilungsprozesse werden eben durch die lebendige Natur des Organismus möglich, und wir können nur lernen, mit ihm zu kooperieren.

Weinen und Lachen

Wie jeder Heilkundige weiß, ist das gute Funktionieren der Ausscheidungsprozesse einer der wichtigsten Faktoren für das Wohlbefinden des Organismus. Wer kann schon garantieren, dass er immer das Richtige isst, nie mit Giftstoffen in Berührung kommt? Wir könnten nie unbesorgt leben, wenn wir nicht auf unsere Ausscheidung vertrauten. So können wir auch nicht garantieren, dass Kinder, die uns anvertraut sind, nie leiden, dass wir alle ihre Bedürfnisse erfüllen können, wir oder andere nie einen Fehler mit ihnen begehen. Es ist unvermeidlich, dass sie – im Umgang mit uns oder ihrer sonstigen sozialen Umwelt – immer wieder »Giftstoffe« aufnehmen und irgendwie damit fertig werden müssen. Irgendwie – oder können wir doch etwas für sie tun?

Die Antwort ist einfach, aber nicht immer leicht für uns selbst: Herzhaftes Lachen und herzerweichendes Weinen sind die natürlichsten Ausscheidungsmechanismen des Menschen. Beide sind Kindern leicht zugänglich. Wenn die Tränen strömen, befreit sich der Körper von Schlacken und Giftstoffen, die sich vielleicht jahrelang angesammelt haben. Tränen bedeuten für die emotionale Gesundheit dasselbe wie Urin für den physischen Körper. Wenn ein Mensch weinen kann und die Tränen reichlich fließen, werden Spannungen und Blockierungen gelöst und der Organismus kann sich der Welt wieder auf gelöste Weise öffnen.

Bei uns Erwachsenen braucht es viel, bis wir das natürliche Mittel benützen. Unser Verstand lässt es für gewöhnlich zu solcher Entladung nicht kommen. Bei Kindern ist dieses Abwehrsystem noch nicht voll ausgebildet. Sie können ohne Schwierigkeit lachen und weinen, wenn – wir sie lassen.

Mütter, die während der Schwangerschaft, während und nach der Entbindung nicht zur vollen Sensibilisierung gelangten, haben Schwierigkeiten, das Weinen ihres Säuglings einzuschätzen. Sie sind sich unsicher, ob das Baby gerade wegen Hunger, Kälte oder Hitze, Nässe oder Bauchweh weint, ob es erschreckt oder einsam ist. In einer solchen Situation probiert eine Mutter dieses und jenes aus. Wenn nichts hilft, möchte sie selbst am liebsten mitweinen, entschließt sich vielleicht, den Schreihals in ein entlegenes Zimmer zu verbannen, oder schüttelt ihn, bis er verstummt… Von Anfang an verwechseln wir also das Weinen als Kommunikationsmittel mit Weinen als Spannungslöser. Wir stopfen dem Baby die Flasche in den Mund, wenn es gar keinen Hunger hat, lassen es ein anderes Mal vor Hunger weinen, weil wir glauben, dass es noch nicht Zeit zum Füttern ist. Es dauert nicht lange, dann gebraucht das Kind das Weinen als Druckmittel. Das Kind gewöhnt sich daran, mit Weinen Dinge von uns zu erreichen, da wir nicht sensibel genug sind, seine Bedürfnisse im rechten Moment zu spüren. Wir sind so konfus, dass wir nicht zwischen seinen wirklichen und Ersatzbedürfnissen unterscheiden. So hat es uns mit seiner Weinerei schon am Gängel. Das wird uns natürlich auch bald unangenehm. Nun gehen wir vielleicht zu der Strategie über, sein Weinen zu unterbinden, sobald es ertönt. Wenige Erwachsene haben ein genügend feines Gehör entwickelt, um echtes Weinen zu erkennen.

Das Erkennen dieses echten Weinens und das Verständnis seiner Bedeutung gehören zur »Grundausbildung« für Eltern. Gleichzeitig gehört in unser Erziehungsprogramm, aufmerksam genug zu werden, so dass wir die authentischen Bedürfnisse des Kindes so früh wahrnehmen, dass es sich gar nicht erst aufs Weinen verlegen muss. Ist das Übel schon eingerissen, kann es auch mal nötig sein, fest zu bleiben, wenn das Kind mit Weinen einfach alles erreichen will. Rennt es nun mit aller Kraft gegen unsere »Härte« an, kann es zu einer echten Entladung kommen. Zuerst ist es ein Wutgeschrei – nach und nach verwandelt es sich dann in ein »echtes« Weinen, das eine Menge neuen und alten Schmerzes hinauswäscht.

Es ist wichtig zu verstehen, dass wirkliches Weinen, das zur Reinigung alten Schmerzes dient, nur zustande kommt, wenn das Kind sich sicher und in diesem Zustand akzeptiert fühlt. Unser schlimmster Fehler wäre, ein Kind, das sich durch Weinen entlädt, alleine zu lassen oder es gar fortzuschicken. Wann immer das Kind es zulässt, sollten wir es beim Weinen auf dem Schoß und in den Armen halten. Manche Kinder sind noch so voller Abwehr, dass sie auch die Mutter fortstoßen, wenn sie weinen. Es hat keinen Sinn, darüber böse zu werden und verletzt das Feld zu räumen, denn der Schmerz stammt eben aus früheren Situationen, in denen die Mutter das Rechte nicht traf. Will die Mutter jetzt eine bessere Beziehung ermöglichen, sollte sie so nah beim Kind bleiben, wie dieses es erlaubt, und aus respektvollem Abstand ihr Verständnis kundtun. Wenn der Konflikt vorüber ist, sollte sie liebevollen Körperkontakt ermöglichen, bis das Kind sich mit ihr sicherer fühlt und auch wieder bei ihr weint.

Ein kleines Kind, das zum Beispiel beim Spielen hinfällt, schaut herum, sieht vielleicht kein bekanntes Gesicht und steht allein auf, ohne zu weinen. Nach ein paar Schritten entdeckt es die Mutter und – beginnt ein großes Geschrei. Solch »kindisches Benehmen« ist leicht zu erklären, wenn wir die inneren Schmerzmechanismen berücksichtigen. Der Schmerz dieses kleinen Unfalls war sicher nur gering. Das Kind konnte also allein damit fertig werden. Fühlt es sich aber durch die Nähe der Mutter sicher genug, wagt es, die Schleusen zum Reservoir seines »großen« Schmerzes zu öffnen, nämlich zu all den Leiden und Spannungen seines Lebens, die es bisher unter Kontrolle gehalten hatte. Ein Erwachsener, der in einem solchen Augenblick versteht, was im Kind vorgeht, hält seine Arme bereit; er streichelt das Kind und sagt höchstens: »Weine nur. Ja, ja, das tut weh.« Normalerweise beobachten wir eine andere Version dieses alltäglichen Geschehens: »Ist doch gar nichts passiert! Siehst du, man sieht nicht mal Blut.« »Kleine Jungen sind tapfer.« »Guck mal, da kommt ja die liebe Tante. Die hat dir sicher etwas mitgebracht!« Oder aber: »Pass doch besser auf, dann passieren dir solche Sachen nicht.« Besonders Mütter neigen dazu, sich in solcher Situation beim Schmerz des Kindes anzustecken und in einem Schwall von Worten eine ganze Ladung eigener Spannungen loszulassen!

Eltern, bei denen für lange Zeit solche oder ähnliche Reaktionen normal waren, sollten sich nicht wundern, wenn ihr Kind einen langen Prozess des gründlichen Ausweinens durchmacht, sobald man ihm die Gelegenheit dazu gibt. Vielleicht gibt ihnen der Gedanke Kraft, dass sie sich damit viele andere Probleme ersparen, weil das Kind lernt, die Giftstoffe seines Gefühlslebens auszuscheiden. Doch viele Erwachsene beklagen sich: »Ich kann das Weinen des Kindes nicht aushalten. Es dreht mir das Herz im Leibe um. Am liebsten würde ich mitweinen!« Das macht deutlich, dass das Weinen des Kindes uns mit unserem eigenen alten Schmerz in Kontakt bringt.

Der innige Kontakt mit dem Kind während des echten Weinens erfüllt sein altes Bedürfnis in befriedigender Weise. Allmählich fühlt es mehr Sicherheit, dass es um seine Rechte nicht zu feilschen braucht. Auch uns macht der engere Kontakt zu dem Kind sensibler für seinen jeweiligen Zustand. So kommen wir in einen Prozess gegenseitiger Öffnung. Das Kind verlernt allmählich, sein Weinen als Waffe zu benutzen, und entwickelt neue Kommunikationsmittel. Dieser Lauf der Dinge scheint vielleicht einleuchtend und einfach. Das mag zutreffen, wenn wir das weinende Kind zu Hause im Arm halten, wo uns niemand stört. Wenn wir mit anderen Leuten zusammen sind, wird die Sache schon schwieriger. Ein weinendes Kind? Welche Schande! Kann die Mutter es nicht endlich zum Schweigen bringen? Strafende Blicke, böse Gesichter, gute Ratschläge stellen uns vor die Entscheidung: Wer ist wichtiger? Das Kind oder die Leute? Wenn unser Chef bei uns zu Besuch ist, darf das Kind dann auch noch weinen?

Das Weinen verbindet uns mit dem eigenen, aber auch mit dem Leiden anderer Menschen. Das Lachen dagegen stärkt unsere Individualität inmitten einer Situation, die ihre Integrität bedroht. Beide sind Mechanismen zur Entladung von Spannung – zwei Seiten der gleichen Medaille.

Bei den Totenwachen in Ecuador, die nach alter Tradition von vielen Besuchern die ganze Nacht hindurch und bis zur Beerdigung gehalten werden, finden wir Lachen und Weinen in gutem Einvernehmen. Das Ritual wechselt zwischen Gebeten und lautem Weinen und Perioden, in denen Getränke und Essen gereicht werden. In diesen Pausen ist es Brauch, einen Witz nach dem andern zu erzählen, und lautes Gelächter umgibt den Toten, der hier aufgebahrt ist. Wir verstehen, dass das Weinen Ausdruck von Verlust und Schmerz ist. Aber auch das Lachen hat hier seinen Platz: Es stärkt unsere persönliche Sicherheit, wo die Nähe des Todes sie am krassesten in Frage stellt.

Besonders Kinder, die zu verkrampft sind, um liebevollen Kontakt mit einem Erwachsenen zu dulden, lassen sich gern abkitzeln. Sie fordern uns direkt dazu heraus, genießen schon die Vorwarnung: »Wart nur, gleich pack ich dich!« Schließlich entladen sie ihre Spannungen in ausgiebigem Lachen, das den ganzen Körper schüttelt. Es kann lange dauern, bis diese Kinder Vorwände finden, sich auch in den Armen eines Erwachsenen von Herzen auszuweinen.

Auch in der traditionellen Schule oder bei feierlichen Gelegenheiten, wo eigentlich gutes Benehmen erwartet wird, treffen wir die Tendenz, innere Spannung durch Lachen zu erleichtern. Je mehr es verboten ist, umso weniger gut kontrollierbar scheint oft das Verlangen zu sein. Lachanfälle sind ansteckend, durch äußere Umstände nur teilweise zu erklären. Ernsthafte Erwachsene fühlen sich ihnen gegenüber hilflos wie bei einem Naturereignis. Normalerweise ist es ja nur erlaubt, über einen gewollten Witz des Lehrers zu lachen – oder andere auszulachen. Lachen ohne solchen Anlass wird als »unreif und dumm« erklärt – von reifen und intelligenten Erwachsenen, wie sich leicht versteht!

Albernes Lachen oder ewiges Wimmern und Plärren, Winseln und Zetern, durch das Kinder etwas durchsetzen möchten, sind beides Zeichen mangelnden Gleichgewichtes und auf Dauer weder für sie noch für die Umgebung von Nutzen. Weinen oder Lachen sind nur reinigend und heilend, wenn sie aus dem tiefen Inneren kommen und mit starken metabolischen Reaktionen verbunden sind. Es ist also besser, dem steten Jammern eines Kindes mit etwas Festigkeit zu begegnen – nicht mit wortreichen Erklärungen, sondern mit fester Stimme und wenigen Worten: »Jetzt nicht. Ich will jetzt nicht«, oder etwas Ähnlichem. Geben wir dem Kind das Gefühl, dass wir es nicht ablehnen, sondern nur klar bei unserem Nein bleiben, lernt es allmählich verstehen, dass wir es trotzdem lieb haben, auch wenn wir nicht auf seine Quengeleien eingehen. In der ersten Zeit führt unsere feste Haltung vielleicht direkt zum wirklichen Weinen, das alte Spannungen löst.

Eine Menge alten Schmerzes ist bei Kindern zu erwarten, denen die Einheit des Lebens von Anfang an zerbrochen ist, weil ihre Eltern sich nicht wirklich liebten oder ihre Beziehung in die Brüche ging. Doch woher stammen die Spannungen, der Mangel an seelischem Gleichgewicht selbst bei Kindern, die ein vorbildliches Zuhause haben? Nehmen wir ein paar typische Situationen als Beispiel, um vielleicht darin allgemeine Probleme des Umgangs mit Kindern zu entdecken.

Kinder sind anders

Neben dem offensichtlichen Unterschied an Körpergröße und Lebenserfahrung gibt es grundsätzliche Unterschiede zwischen Erwachsenen und Kindern, die vielen Missverständnissen zugrunde liegen. Solange das Kind klein ist, gibt es keinen anderen Ausweg, als dass der Erwachsene diese Unterschiede berücksichtigt. Mit anderen Worten: Der Erwachsene muss aufhören, seine Art zu sein auf das Kind zu projizieren, und stattdessen für die Eigenart des Kindes aufmerksam werden. Tatsächlich ist es dem Kind in diesem Entwicklungsstadium unmöglich, dem Erwachsenen die Aufgabe der Rücksichtnahme abzunehmen. Es mag sich aus Notwendigkeit anpassen, aber das bedeutet, dass es sich »einwintert«, bevor es selbst zur Reife gekommen ist. Der kindliche Zustand, der unseres besonderen Verständnisses und unseres Schutzes bedarf, setzt voraus, dass sich dieser Organismus von unserem in vielfacher Hinsicht unterscheidet:

Zunächst einmal entbehrt es jeglichen wirklichen Zeitverständnisses. Dieses wird erst ganz allmählich entwickelt. Das bedeutet, dass es besonders für kleine Kinder sehr schwer ist, warten zu müssen. Die häufig von Erwachsenen vertretene Idee, dass man das Kind »das Warten lehren soll«, ist so irrig, als wollte man den Magen des Kindes durch Hungern lehren, keinen Hunger zu haben. (Fastenübungen haben ihren Platz im Leben von Erwachsenen, aber nicht von Kindern.) Authentische Bedürfnisse der Kinder sollten wir also nach Kräften so schnell wie möglich befriedigen. Im Notfall hilft vielleicht ein unmittelbares Zeichen, dass wir sein Bedürfnis bemerkt haben, doch nur dann, wenn das Kind schon die Sicherheit gewonnen hat, dass wir, wenn immer möglich, für seine Bedürfnisse da sind. Bei Kindern, die gewohnt sind, häufig ohne triftigen Grund hingehalten zu werden, löst unser »Ja gleich« die Reaktion aus: »Nie hat jemand Zeit für mich.«

Wollen wir das Verlangen eines Kindes nicht erfüllen, ist es besser, ihm das sofort zu sagen. Dabei fühlt das Kind unsere Aufmerksamkeit, die ihm ebenfalls ein wirkliches Bedürfnis ist. Kinder, deren unaufmerksame oder unbewusste Eltern die Befriedigung ihrer Bedürfnisse häufig auf die lange Bank schieben oder diese mechanisch ohne echtes Einfühlen befriedigen, sammeln so viel Spannung an, dass sie unbewusst dazu neigen, ausgerechnet im denkbar ungünstigsten Moment ihre Wünsche anzumelden. Es ist, als suchten sie eine neue Bestätigung für ihre Überzeugung, dass man sie immer zurückweist. Bringen wir jedoch wirkliches, liebevolles Interesse auf und verkürzen Wartezeiten so weit wie möglich auf ein absolutes Minimum, gewinnt das Kind Vertrauen in unsere Zuverlässigkeit. Es lässt sich im echten Notfall durch einen Blick, eine Berührung oder ein Wort beruhigen und wartet ohne Protest, bis wir abkömmlich sind.

Eine weitere Eigenheit des kleinen Kindes, die wir beachten lernen müssen, um Spannungen zu vermeiden, ist seine Unfähigkeit, zwischen innen und außen, subjektivem und objektivem Erleben zu unterscheiden. Das kleine Kind fühlt sich eins mit der Welt, besonders aber mit den Menschen, die es liebt. Es ist überzeugt, dass wir uns ebenso eins mit ihm fühlen und dass wir immer wissen, was es gerade denkt, fühlt oder im Schilde führt. Viele Ausbrüche seiner Ungeduld stammen aus dieser Weltanschauung. Unsere gut gemeinten Versuche, es zum Erzählen zu bringen: »Na, was hast du heute im Kindergarten gemacht?«, können einen ehrlichen Schock verursachen. »Wie kann meine Mutter so etwas fragen? Das muss sie doch schon wissen!«

Im Vorschulalter lebt das Kind noch in ständiger Verwechslung zwischen innen und außen. Es empfindet sich als Urheber äußeren Geschehens, auch wenn dies den Tatsachen nicht entspricht. Dieser Zustand des Kindes ist der Grund für viel Freude, wenn die Umwelt froh und harmonisch ist. Doch er ist ebenso Grund für unendliches Leid, wenn die Welt traurig und voller Kampfesstimmung ist. Eltern, die sich streiten, sollten sich also erinnern, dass ihr kleines Kind überzeugt ist, dass es selbst an diesem Streit die Schuld trägt. Diese Last ist für das Kind unerträglich. Wiederholt sich diese Situation häufig, kann das Leiden seine emotionale Entwicklung erschweren. Vor kurzem schüttete ein neunjähriges Mädchen sein Herz bei mir aus: Sie könne nie froh sein, weil sie doch immer am Streit der Eltern schuld sei (ihre Eltern neigen dazu, in jeder Situation einen Grund zum Streiten zu finden)! Hier haben wir ein eindrückliches Beispiel, wie die Unreife von Erwachsenen das Reifen der Kinder behindert.

Erwachsene, die selbst ständig unter Stress leben, wenden einen großen Teil ihrer Aufmerksamkeit ihrer eigenen inneren Problematik zu. Sie sind also oft »nicht ganz da«, selbst wenn den äußeren Umständen nach kein besonderer Anlass zu gespaltener Aufmerksamkeit besteht. Es ist also nicht verwunderlich, dass ihnen die versteckteren Bedürfnisse eines kleinen Kindes entgehen. Steht solch ein Erwachsener vor der Alternative, einem Kind Aufmerksamkeit zu schenken oder seinen eigenen Bedürfnissen zu folgen, zieht das Kind in der Regel den Kürzeren. Wir sehen also Eltern, Pflegepersonal, Lehrer oder Besucher in Gegenwart von Kindern ungehemmt miteinander schwätzen, ja sogar von den Kindern selbst über deren Köpfe hinweg reden, als hätten sie keine Ohren. Erinnern sie sich zwischendurch der Gegenwart der Kinder, kompensieren sie vielleicht ihren Mangel an Intuition durch überschwengliche Worte und Gesten. Sie unterbrechen ohne Gewissensbisse die Tätigkeit der Kinder, es entgeht ihnen, worauf ein kleines Kind gerade seine Aufmerksamkeit lenkt, sie dirigieren es nach ihrem Gutdünken, lenken es von dem ab, was ihm gerade wichtig war – kurz, benehmen sich nicht selten wie Elefanten in einem Porzellanladen, statt eine wachstumsfördernde Umgebung für Kinder zu schaffen.

Gerade gestern beobachtete ich im Kindergarten einen (sehr gebildeten) Vater mit seiner vierjährigen Tochter. Sie waren vor den anderen Kindern gekommen, um ein Transportproblem zu besprechen. Das kleine Mädchen machte sich mit Eifer über das Sortieren von Samen her. Der Vater dagegen entdeckte ein Montessori-Material zum Unterscheiden von Geräuschen. Er schüttelte das Zeug begeistert vor den verdutzten Augen seiner Tochter hin und her und regte sie zur Aufmerksamkeit an: »Sieh doch nur, wie das klingt! Sieh doch nur, wie das klingt!« So fühlen wir intelligenten Erwachsenen uns berufen, Kinder zu motivieren …

Emmi Pikler beschreibt in ihren Büchern das Bedürfnis kleiner Kinder, mit ihrem eigenen Körper nach eigenem Vermögen und Rhythmus so umzugehen, dass sie ihre Motorik und Wahrnehmung in ihrer eigenen Zeit erarbeiten und aufbauen. Sie zeigt an vielen Beispielen, wie sehr ein Organismus ein Leben lang mit Schwächen kämpfen muss, wenn er gerade in dieser ersten Periode Leistungen nicht im eigenen Rhythmus und Tempo, sondern nach der Vorstellung von Erwachsenen hervorbringen musste. Sie beschreibt, wie es zum Beispiel dem Rücken durch mangelndes Schlängeln erschwert wird, seine Symmetrie, und wie es dem Kind durch das Herumführen an der Hand beim Laufenlernen erschwert wird, sein rechtes Verhältnis zur Schwerkraft zu entwickeln, so dass es beim Gehen auf die Unterstützung der Augen angewiesen ist. Aus dieser ersten Lebensphase stammen unzählige Rückenprobleme, überanstrengte Augen und Spannungen in verschiedenen Körperteilen, deren natürliche Funktionen durch Mangel an Autonomie schon am Anfang des Lebens gestört wurden. Dabei drängt sich uns natürlich auch die Frage auf, inwieweit Menschen, die physisch nicht sicher auf ihren Beinen sind, in ihrem Leben einen festen Stand und ein gesundes Gleichgewicht finden können.

Es ist nicht leicht, Erwachsenen ihre ständige Tendenz zum Vorwegnehmen, Dirigieren und Dazwischenfahren bewusst zu machen. In Erwachsenenkursen probieren wir es mit einem kleinen Versuch am eigenen Leib: Ein Freiwilliger wählt aus einer Reihe von Gegenständen denjenigen aus, den er am liebsten bekommen möchte. Dieser Gegenstand wird an das Ende eines Teppichs gestellt und der Erwachsene gebeten, sich wie ein Baby in einiger Entfernung davon auf den Bauch zu legen. Dann soll er sich vorstellen, dass er noch ganz klein ist, noch nicht kriechen kann, aber den Gegenstand durch Schlängelbewegungen erreichen will. Er konzentriert sich also, bewegt sich mit großer Anstrengung nach vorne und kommt gerade ein wenig voran. In diesem Augenblick passiert etwas Erstaunliches: Der Gegenstand wird dem Baby plötzlich in die Hand gedrückt.

Was ist passiert? Alle Anstrengung umsonst? Eine Überrumplung?

Geschieht so etwas beim Kleinkind immer wieder, erscheint es ihm bald nicht mehr notwendig, eigene Anstrengungen zu machen. Immer wieder wird die Ordnung der Dinge durcheinander gebracht. Das Kind erwartet nun wunderbare Geschehnisse, wird mutlos, wenn etwas nicht sofort gelingt. Die eigene Absicht scheint weniger wichtig als die Übermacht derer, die unser Wachstum behüten sollen. Die Wirklichkeit ist durch das unbewusste Handeln der Erwachsenen verzerrt, und dem wachsenden Organismus wird die Arbeit erschwert, ihre Gesetzmäßigkeiten zu entdecken und in dieser Entdeckungsarbeit Sicherheit und Befriedigung zu erlangen. Es ist ein gewohnter Anblick, Erwachsene zu einem Kind, das gerade hingefallen ist, hinlaufen und es schnell hochreißen zu sehen. Auch dies ist ein typisches Beispiel, wie wir unsere Aufgabe, ein Kind in einer misslichen Lebenslage zu trösten, unbewusst mit dem Eingreifen in seine Motorik verwechseln. Setzten wir uns neben das weinende Kind, trösteten es mit Streicheln (dabei können wir feststellen, ob es sich ernstlich verletzt hat) und passenden Worten, so könnte das Kind seinem Bedürfnis nach reagieren – vielleicht richtet es sich alleine auf und setzt fort, was es gerade begonnen hatte, oder es nimmt unseren Trost gerne an und sucht die ihm gemäße Lage, in der es aus vollem Herzen weinen und sich trösten lassen kann.

Zwischen den beiden Extremen: »ein Kind allein lassen« (es verlassen) und »sein Problem lösen«, liegt das Gebiet, in dem sich echte Entwicklungsprozesse ergeben. Leider wird es von »erziehenden Erwachsenen« so selten betreten, dass wir es beinahe als Niemandsland bezeichnen können. In dieser Zone sind wir beim Kind, wir begleiten es, wir sind einfach da. Wir gehen nicht weg, ermuntern das Kind auch nicht mit dem üblichen »Das kannst du schon« zur Selbstständigkeit, motivieren es nicht, greifen seinen Ideen nicht voraus, lenken es nicht ab, unterstützen es, wenn nötig und erwünscht, in seiner Aktivität und setzen – wenn dies erforderlich ist – Grenzen, damit alle Beteiligten sich wohl fuhlen können.

Bei einem unserer Elterngespräche lag ein viermonatiges Baby neben seiner Mutter auf dem Sofa. Während die Mutter, die mit mir über ihre siebenjährige Tochter sprach, nicht verstehen konnte, warum das Mädchen sich immer an größere Kinder hänge und allein keine Initiative zeige, zog sie das Baby ständig an den Ärmchen zu sich hoch und ließ es dann wieder aufs Sofa sinken. Das war eine offenbar unbewusste Handlung, die wahrscheinlich dem Wunsch entsprang, das kleine Kind nicht unbeachtet zu lassen, während wir über die große Schwester redeten. Als ich die Mutter darauf hinwies, was sie da mit dem Baby machte, war sie erstaunt. Sie hatte es nicht einmal bemerkt! Dann legte sie das Baby auf meine Anregung hin auf ihrem Schoß in eine bequeme Lage, aus der es die Mutter und alles ringsherum gut beobachten konnte. Sofort zeigte das Kind Wohlbehagen. Es rekelte sich, schaute mit Interesse den Bewegungen seiner Gliedmaßen zu, beobachtete dann mit gleicher Konzentration das Gesicht der Mutter, suchte zu erfassen, woher meine Stimme kam. Dabei verweilte sein Blick bei den Blumen auf dem Tisch. Fast eine Stunde lang konnten wir unser Gespräch in Ruhe fortsetzen.

Viele beschäftigte Mütter beklagen sich, dass sie niemals Ruhe vor ihren Kindern haben. Sie kleben an ihnen wie die Kletten, sobald sie etwas für sich selbst tun wollen. »Ich kann nicht einmal in Ruhe auf die Toilette gehen, schon trommelt dieses Kind gegen die Tür«, stöhnte die erschöpfte Mama eines zweijährigen Jungen. Warum bestehen Kinder oft darauf, dass man etwas für sie tut, was sie »ganz gut allein erledigen könnten«? Warum erfassen sie mit einem sechsten Sinn jede Stress-Situation, um ausgerechnet jetzt etwas von der Mutter zu verlangen? Warum fahren sie dazwischen, wenn Besuch kommt, trödeln gerade dann, wenn man es eilig hat?

Nachdem unsere Buchhalterin jeden Tag etwas blasser und erschöpfter zur Arbeit erschienen war, schüttete sie uns endlich ihr Herz aus. Seit vielen Monaten habe sie keine Nacht durchgeschlafen. In den letzten Wochen wache ihre einjährige Tochter mindestens zehnmal in der Nacht auf und brauche die Mutter. Wie soll man da nicht müde sein!

Die Kleine war beim Gespräch zugegen. Sie war gerade im Begriff, laufen zu lernen, aber sie war nie gekrabbelt, hatte sich nie allein an einem Gegenstand hochgezogen, nie allein ein Hindernis überwunden. Sie war durch die eifrige »Hilfe« der Erwachsenen vom Liegen und Sitzen direkt zum Laufen übergegangen. Während die Mutter also mit uns sprach, zog das kleine Mädchen unentwegt an der Hand der Mutter, weil es hierhin und dorthin geführt werden wollte. Erreichte sie das Ziel ihrer Wünsche, gab sie durch Jammern zu verstehen, dass man ihr einen Gegenstand reichen sollte. Unter diesen etwas schwierigen Gesprächsumständen versuchten wir der Mutter klar zu machen, dass ihr Kind seine wache Zeit offenbar ständig überstimuliert verbringe. Es lebe aufgrund der ständigen Hilfe anderer Menschen über seine eigene Kapazität. Das bedeute für das Kind ständige Abhängigkeit und schließlich ein Gefühl von Unsicherheit, weil es seine eigenen Probleme nicht selbst lösen könne. Es lerne frühzeitig, zur Befriedigung seiner Bedürfnisse seine Umgebung zu manipulieren, statt das eigene innere Vertrauen zu entwickeln. Die häufige Überstimulierung sei Ursache für einen undefinierbaren Schmerz im Organismus der Tochter, der ihren Schlaf störe. Da die Mutter tagsüber ja auch ihre Probleme löse, erwarte das Kind rechtmäßig das Gleiche von ihr in der Nacht…

Die Mutter nahm sich die Sache zu Herzen. Für sie und ihren Mann, der bisher nichts dabei gefunden hatte, das Kind zu führen und zu leiten, kam nun eine schlimme Woche. Sie konzentrierten ihre Kräfte darauf, nicht mehr auf das andauernde Verlangen des Kindes nach Hilfeleistungen einzugehen, ihm aber dafür ganz bewusst mit liebevoller, aber nicht »pflichtgemäßer« oder durch Manipulation erzwungener Zuwendung beizustehen. In dieser Woche verbrachte das Kind jeden Tag ein bis zwei Stunden mit wütendem Schreien, das allmählich in erlösendes Weinen überging. Dann fing es »von unten« an – es lernte zu krabbeln, sich alleine aufzusetzen, aufzustellen, sich an Möbeln oder Hosenbeinen festzuhalten und nach Sachen zu greifen. Es dauerte noch ein paar Wochen, bis es allein laufen konnte. Während dieser ungeheuren Anstrengungen ruhte es immer wieder aus, spielte friedlich mit Gegenständen, die es sich selbst herbeigeschafft hatte, und suchte die Nähe der Mutter, um sich von ihr kosen zu lassen, aber nicht mehr, um sie herumzukommandieren. Schon in der zweiten Nacht dieses neuen Abenteuers schlief das Mädchen zum ersten Mal durch!

Solange die Grundbedürfnisse des Kindes nicht geklärt und gesichert sind, gibt es wohl keine Situation des täglichen Lebens, die nicht zum Konflikt führen könnte. Vom Aufstehen bis zum Schlafengehen, unter der Woche und am Wochenende, wegen der Geschwister oder aus Mangel an Geschwistern, in reichen und armen Familien, zu vieler oder zu weniger Spielsachen wegen. Es ist immer die gleiche Problematik mit verschiedenen Vorzeichen. Eltern erscheinen in der Sprechstunde und möchten gern für jedes Problem ein Mittel, so wie sie zum Arzt gehen, um sich nach ein paar Untersuchungen ein Rezept geben zu lassen.

Wenn solche Eltern ihre Klagen losgeworden sind und ihre Hand nach dem Rezept ausstrecken, folgt ein kritischer Moment im Verlauf des Gespräches. Nun hängt alles davon ab, ob sie bereit sind, über ihren eigenen Schatten zu springen, so dass sie einmal die Situation aus einem neuen Blickwinkel heraus betrachten, der ihnen erlaubt, nicht nur ihre eigene, sondern auch die Lage des Kindes zu sehen. Auf diese Weise erfassen sie, wenn alles gut geht, die Bedeutung der Umgebung des Kindes, in der die Erwachsenen eine so wichtige Rolle spielen und mit der sie in ständigem gegenseitigem Austausch leben. Wenn Erwachsene durch diese neue Perspektive auch sich selbst in einem neuen Licht erblicken und sich fragen, was in ihnen anders werden könnte, damit die Umgebung des Kindes sich verbessert, ist wirklich der entscheidende Schritt zu einem neuen Anfang getan. Es ist der Beginn eines Prozesses, in dem wir lernen können, dass es »Falschmachen« oder »Richtigmachen« im Umgang mit Menschen eigentlich nicht gibt, dass wir aber üben können, dem Wechselspiel von inneren und äußeren Zuständen Aufmerksamkeit zu widmen, um so das Anwachsen von Problemen in unserer Umgebung zu verhindern.

Die meisten Probleme spielen sich in erster Linie zwischen Mutter und Kind ab. Oft hören wir den Vater verächtlich reden: »Ich verstehe überhaupt nicht, warum sie (er zeigt auf seine Frau) so viele Schwierigkeiten hat. Da muss sie wohl selbst schuld sein. Ich habe überhaupt keine Probleme mit den Kindern. Ich spiele mit ihnen, wenn ich nach Hause komme, und ansonsten gehorchen sie mir aufs Wort. Nur mit ihr zetteln sie wegen lauter Kleinigkeiten Streit an.« Die Mutter fühlt sich unter dieser Kritik meist hilflos. Sie verteidigt sich höchstens, dass der Vater eben nicht den ganzen Tag mit den Kindern zu kämpfen habe wie sie. Doch das ist nicht die ganze Wahrheit. Das Grundproblem liegt darin, dass das Kind mit der Mutter – nicht mit dem Vater – lange Zeit in vollkommener Symbiose gelebt hat. Seine Entwicklung ist durch das allmähliche Loslösen von ihr gekennzeichnet. Wo ist die feine Trennungslinie zwischen notwendiger Behütung, die Sicherheit gibt, und der Kunst des Loslassens, ohne die Konflikte unvermeidlich sind? Wenn sich der Vater dieses Doppelproblems der Mutter bewusst wird, kann er ihr eine große Stütze in diesem Prozess werden, und beide könnten zusammen, als Eltern, wachsen.

Unter den Indianermüttern in Saraguro kam im letzten Sommer das Problem zur Sprache, dass viele größere Kinder sich gegen das Abstillen sträuben. Wir analysierten mit ihnen, in welchen Situationen sie ihre Kinder in der Regel berühren. Sie zählten auf: »Beim Stillen, beim Füttern, wenn wir sie bei der Arbeit in Haus und Feld auf dem Rücken tragen und wenn wir wollen, dass sie einschlafen oder zu weinen aufhören.« Diese Liste zeigt deutlich, dass auch bei den Indianern, die ihren Kindern noch viel mehr Körperkontakt zukommen lassen als andere Volksgruppen, diese Zuwendung meist im Interesse des Erwachsenen geschieht, damit er besser seinen Erwachsenenpflichten nachgehen und schnell seine Ruhe haben kann. Selten nur beobachten wir, dass Indianermütter ihr Kind »aus reiner Zuneigung« (die nicht zu verwechseln ist mit der, genau besehen, respektlosen emotionalen Überschüttung von Kleinkindern) umfassen. Wenn das Baby weint, gibt die Mutter ihm schnell die Brust in der Hoffnung, dass es nun bald wieder still ist. So bleibt die Brust der wichtigste Körperkontakt, da diese Mütter ihre Kinder sonst kaum berühren. Es ist also nicht verwunderlich, dass diese Kinder den einzigen innigen Kontakt mit der Mutter möglichst lange behalten wollen.

Ein Sprichwort besagt, es sei die Rolle des Vaters, die Kinder vor der übermäßigen Behütung der Mutter zu beschützen. In Familien, in denen auch die Erwachsenen noch alte Kindheitsbedürfnisse zu erfüllen suchen, kann dieser Standpunkt statt zu gegenseitiger Unterstützung zu einem nie endenden Machtkampf führen, der alle in Parteien aufspaltet und den Frieden des Hauses gefährdet. Kinder spielen die Eltern gegeneinander aus, um erst einmal aus dem Unfrieden Nutzen zu ziehen. Doch auf die Dauer ziehen sie, wie alle anderen Beteiligten, den Kürzeren. Sie lernen von den Eltern, dass schwierige Situationen offenbar nicht dazu dienen, für alle befriedigende Lösungen zu finden, sondern dass es vielmehr darum geht, zu beweisen, wer Recht hat. So werden alle um den Lohn ihrer Bemühungen gebracht, an Schwierigkeiten zu reifen.

Stress-Situationen

Der menschliche Reifeprozess wird, wie bei Kindern so auch bei Erwachsenen, durch konkrete Handlungen in konkreten Situationen ermöglicht und öffnet früher oder später die Türen für ein neues Verständnis. Die meisten konkreten Situationen sind alltäglich und banal. Hin und wieder gibt es Gelegenheit, in besonders kritischen oder gefährlichen Lagen unsere Kräfte zu messen. Kurz vor den Mahlzeiten fühlen sich unzählige Mütter mit kleinen Kindern besonders »gestresst«. Sie haben alle Hände voll zu tun und ausgerechnet in diesem Augenblick braucht das Baby Pflege. Auch der Vater ist müde und gereizt. Hat er nicht ebenso Anrecht auf schnelle Bedienung? In solch gespannter Stimmung klingelt bestimmt auch noch das Telefon oder der Nachbar klopft an die Tür. Wer hat jetzt wirklich erstes Recht?

In solch alltäglichen kritischen Momenten kann ein Vater Gold wert sein, der sich erst einmal des ungeduldigen Babys annimmt, bis die Mutter die Kartoffeln abgegossen hat, oder der es auf sich nimmt, ohne Vorwürfe die überkochende Suppe vom Feuer zu nehmen, wenn seine Frau gerade das Kind wickelt. Das alltägliche Leben besteht aus vielen Kleinigkeiten. Werden wir kleiner Probleme gewahr und fangen sie auf, bevor sie sich zu Katastrophen auswachsen, und benutzen wir sie nicht als Gelegenheit, unserem Ärger Luft zu machen, so schaffen wir eine Atmosphäre, in der wir Schwierigkeiten ohne Gefahr miteinander besprechen können. Manchmal kann ein Vater mit größerer Objektivität unterscheiden, wann die Mutter Direktivität mit Liebe verwechselt. Bei gutem Einvernehmen kann er sie auf diese Tendenz so aufmerksam machen, dass sie dies als Unterstützung, nicht als Kritik empfindet.

Es ist jedoch wichtig, Differenzen nicht in Gegenwart der Kinder auszuhandeln, bevor sie groß genug sind, an Familienberatungen aktiv teilzunehmen. Kinder, die in einer Meinungsverschiedenheit der Eltern zu Entscheidungen herangezogen werden, bevor sie dafür reif sind, geraten doppelt in Bedrängnis. Behandeln wir sie über ihre Kapazität hinaus wie ältere Kinder und übertragen ihnen Verantwortlichkeit, um uns selbst zu entlasten, erschweren wir damit ihren – und unseren eigenen – Reifeprozess!

Die Gewissheit, dass Vater und Mutter in Harmonie leben, ist eine der wichtigsten Bedingungen einer Umgebung, welche die Grundbedürfnisse der Kinder erfüllt. Das Kind trägt in jeder seiner Zellen das Erbe von Vater und Mutter zugleich. Es fühlt beide als Einheit in sich. Bei Streit fühlt es den Konflikt, als würde er in seiner eigenen Brust ausgetragen. Es ist eine harte Wahrheit: Häufig streitende Eltern können von vornherein die Grundbedingungen für ein harmonisches Wachstum des Kindes nicht erfüllen! Es ist unvermeidbar, dass es die Spannung, unter der es zu leben gezwungen ist, irgendwie loszuwerden sucht: am häufigsten, indem es selbst ständig Anlässe zum Streiten sucht.

Aggressive Kinder sind immer solche, die schlechte Erfahrungen in ihrem Leben gemacht haben. Die für sie verantwortlichen Erwachsenen waren jedenfalls nicht imstande, ihnen Sicherheit für die Erfüllung ihrer Grundbedürfnisse zu geben. Eines der aggressivsten Kinder, die jemals in unsere Schule kamen, war der zehnjährige Diego. Seine Eltern waren schon vor seiner Empfängnis im Scheidungsprozess. Die Mutter »manipulierte« die Schwangerschaft in der Hoffnung, ihren Mann zum Bleiben zu bewegen, doch ohne Erfolg. Mit zwei größeren Kindern und dem Neugeborenen blieb sie allein und musste nun arbeiten gehen. Das Baby kam in einen staatlichen Kinderhort, wo es kaum die notwendigste Pflege bekam. Als Diego drei Jahre alt war, wollte sein Vater wieder heiraten. Er überredete seine Braut, sein Kind nach der Heirat in den neuen Haushalt aufzunehmen. Kaum verheiratet, verwandelte sie sich in die sprichwörtliche böse Stiefmutter. Dazu machte Diego nach seinem schlechten Start besondere Schwierigkeiten. So verfügte sie, dass er von seinem Zimmer nur ins Bad, in die Küche und in den Garten gehen, nicht aber die anderen gemeinsamen Räume betreten durfte. Der Vater zog den Frieden mit seiner Frau dem Wohlergehen seines Kindes vor. Er schenkte ihm heimlich viele Spielsachen, um sein schlechtes Gewissen zu beschwichtigen.

Als Diego in die Schule kam, konnte er nicht still sitzen und erntete dafür häufige Verweise, die allmählich in Körperstrafen ausarteten. Der Schulpsychologe verschrieb Beruhigungsmittel, doch das Kind wurde immer unberechenbarer. Schließlich erbarmte sich eine kinderlose Tante ihres Neffen. Mit Einverständnis ihres Mannes nahm sie ihn in ihr Haus. Die Wochenenden sollte er abwechselnd mit seiner Mutter, mit dem Vater und mit seiner Tante verbringen. Die Leiden des Kindes waren nun ein wenig gemildert, aber sein Leben blieb zerrissen, sein Benehmen in einer disziplinorientierten katholischen Schule wurde immer schlimmer. Schließlich hörten die neuen Pflegeeltern von einer »neuartigen Schule, in der Kinder nicht stundenlang still sitzen müssen«, und brachten uns den Neffen – ein Kind, das Schularbeiten hasste, seine neue Freiheit zunächst mit kämpferischem Spiel im Freien nutzte und das täglich für lange Perioden die ausschließliche Aufmerksamkeit eines Erwachsenen beanspruchte, um Verzweiflungsausbrüche in geborgener Atmosphäre geschehen zu lassen. Der geringste Anlass diente dazu, in Diego die Konflikte seines Lebens auszulösen und ihn darin zu bestätigen, dass »die ganze Welt« gegen ihn sei. Feste Grenzen gaben viele Gründe zum Weinen in den Armen eines Anteil nehmenden Erwachsenen. So wuchs allmählich das Vertrauen. Das Leben begann, außer vielem Schatten auch seine lichten Seiten zu zeigen. Nach wenigen Monaten zeigte Diego immer weniger Aggression und immer mehr sein eigentliches Bedürfnis nach Liebe. Im zweiten Jahr kam auch ein wenig von seinem natürlichen Wissensdurst hervor, der anscheinend seit langem verschüttet war. Der Heilungsprozess ist immer noch langsam. Nach den Wochenenden, die er bei seiner Mutter oder seinem Vater verbringt, erscheint er in der Schule blass und zu neuen Untaten aufgelegt, akzeptiert aber Grenzen besser als früher. Seine Pflegeeltern empfinden die allmähliche Veränderung als wohltuend. Diego ist nun zärtlich mit ihnen. An den Samstagen bereitet es ihm Freude, ihnen das Frühstück im Bett zu servieren! Offenbar ist dies aber nicht ein Zeugnis überschwänglichen Wohlgefühls, sondern eher des Dranges, sich ihre Zuneigung zu sichern. Die Sommerferien verbrachte Diego abwechselnd mit verschiedenen Verwandten. In der ersten Schulwoche war er wieder vollkommen unbändig und wirr, überschritt ständig die Hausregeln, obwohl er offenbar froh war, zurückzukommen.

Ganz gleich, welche Probleme uns Kinder machen, gehen wir in unserer Arbeit grundsätzlich davon aus, dass das Benehmen jedes Kindes seine beste Antwort auf die Umgebung ist, in der es herangewachsen ist. Jedes Kind hat vom Zeitpunkt an, da es gezeugt wurde, seinen genetischen Plan in sich, der es ihm erlaubt, ein ganzer Mensch zu werden. So setzt sich das Kind mit seiner Umgebung auseinander, um seinen Plan irgendwie – direkt oder auf Umwegen – zu erfüllen. (Wir haben immer wieder erlebt, dass dies auch für »behinderte« Kinder gilt, wenn wir sie nicht an ihrer besonderen Art der Interaktion mit der Umgebung hindern.)

Diego ist ein eindrückliches Beispiel, wie sehr die Unsicherheiten der ersten Lebensjahre eine tiefe Lebensangst hervorrufen, die sich in Spannung, Aggressivität, Schüchternheit, Konzentrationsmangel, Phlegma oder Hyperaktivität auswirken kann. Diese Art von Problemen wird offenbar bei 90 Prozent aller Kinder beobachtet, die einer Trennung oder Scheidung der Eltern ausgesetzt waren. Ihr Organismus ist durch solche Problematik sichtlich überlastet. Der Boden ist ihnen unter den Füßen weggezogen, und sie brauchen besondere Hilfe, um aus diesem latenten Zustand: »Was kommt wohl als Nächstes«, herauszufinden und neues Vertrauen in die Welt und in sich selbst (denn sie fühlen sich ja mitverantwortlich für jeden emotionalen Missklang) wiederzufinden.

Für die Lehrer einer Schule, in der versucht wird, wenigstens für einige Stunden am Tag eine gefahrlose, heilsame und lernfreundliche Umgebung zu schaffen, ist ein Fall wie Diego eine schmerzliche Mahnung, dass unsere Arbeit mit den Kindern eigentlich nie genügt. Nicht nur, dass wir an uns selbst immer wieder einen Mangel an Sensibilität entdecken, der uns hindert, im kritischen Moment bestmögliche Unterstützung zu geben. Wir werden uns außerdem bewusst, dass wir den Eltern mehr Aufmerksamkeit schenken müssen, als uns oft neben der normalen Schularbeit lieb sein mag. Der Versuch, Einfluss auf die häusliche Umgebung der Kinder zu nehmen, ist aber die logische Folge unserer Überzeugung, dass Kinder durch Interaktion mit ihrer Umwelt wachsen und lernen.

Durch unermüdliche Arbeit mit den Eltern sehen wir dann, wie langsam und in welch kleinen Schritten bei den Erwachsenen das Bewusstsein wächst, dass ihre konkreten Probleme mit Kindern eine Herausforderung für sie selbst und eine Chance bedeuten, das eigene Leben zu erweitern. Der erste Schritt dazu ist, statt zu klagen oder Schuldige zu suchen, sich für neue Lösungen zu öffnen. Dieses Öffnen erlaubt, dass neues Licht auf eine Situation fällt, so dass wir sie plötzlich aus eigener Einsicht klären können.

Ein häufiges Problem, das wir nur beklagen können, wird durch eingeleitete Geburten und Kaiserschnitte verursacht. Oft merken Eltern erst später, dass sie sich in einer Lage, die ihnen selbst unkontrollierbare Sorge bereitet, von übermächtigem ärztlichem Wissen in die Enge treiben ließen. Wer wagt es schon, einem Arzt zu widersprechen, der mit wissenschaftlichen Erklärungen Gefahren ausmalt und Entscheidungen rechtfertigt? Es wird geschätzt, dass in den meisten Ländern der Erde 60 Prozent aller Kaiserschnitte und eine ähnliche Zahl eingeleiteter Geburten unnötige Eingriffe in natürliche Prozesse sind. Ob sie nun wirklich notwendig gewesen sind oder nicht: Wir sollten unsere Energie hinterher nicht mehr durch Grübeleien oder schlechtes Gewissen aufzehren. Stattdessen finde ich es wichtig, dass wir den schwierigen Start des Kindes in unser Bewusstsein einbeziehen und versuchen, die Betreuung möglichen Schwierigkeiten anzupassen.

Wir beobachten bei solchen Kindern häufiger als bei anderen, dass sie am Morgen besondere Schwierigkeiten haben, den neuen Tag zu beginnen. Das kann zu kritischen Situationen führen, denn gerade am Morgen geht es in den meisten Familien am eiligsten zu. Der Tag steht wie eine Hürde vor uns, die vielen Leuten Respekt einflößt. Viele Menschen sind am Morgen von einer heimlichen Sorge befallen, ob sie den Anforderungen dieses Tages gewachsen sind. In diesem Zustand ist es schwierig, die ersten Handgriffe fließend und gelöst zu tun. Vielmehr führt die Angst, sich zu verspäten oder etwas zu vergessen, zum Hetzen. Wir treiben die Kinder: »Beeil dich doch, in fünf Minuten musst du aus dem Haus sein.« Manche Kinder mögen diese Morgenstimmung vertragen, aber solche, die z.B. schon bei der Geburt gehetzt worden sind, wollen nun gar nicht spuren. Sie kommen schlecht aus dem Bett, trödeln herum, nörgeln am Essen oder an den Kleidern und fangen wegen nichts und wieder nichts zu weinen an. Ein schlecht begonnener Tag hat geringe Chancen, glücklich zu verlaufen. Bevor wir es merken, haben wir mit solch einem Kind – und mit uns – ein Dauerproblem. Die eigentliche Ursache liegt in seinem unbewussten Unbehagen beim Beginn der Dinge, denn seine erste Initiative, sein Eintritt in diese Welt, wurde ihm verpatzt. Zusammen mit anderen Eltern, deren Kinder – so wie unser zweiter Sohn – durch eingeleitete Geburt auf die Welt kamen, erlebten wir eine erstaunliche Besserung der morgendlichen Stimmung und damit unserer gesamten Beziehungen durch ein einfaches Mittel: Wir opferten ein wenig von unserem wohlverdienten Schlaf und widmeten die ersten zehn oder fünfzehn Minuten ausschließlich dem Sorgenkind. Abwechselnd setzten wir uns an sein Bett, berührten es sanft, wenn es noch schlief; streichelten es, wenn es schon wach war. Kein »Aufstehen«, »Schnell machen« oder »Zeit zum Frühstücken«. Nach dieser Prozedur deckten wir das Kind noch einmal zu, als könne es noch lange im Bett bleiben, und gingen an die eigene morgendliche Routine. Sobald das Frühstück bereit war, rief ich die ganze Familie, und bald erschien unser Sohn, gewaschen, angezogen und in bester Stimmung, voller Schwung und Ideen für den Tag, am Tisch.

Je größer er wird, desto seltener meldet er tagsüber Ansprüche an. In unserem Haus, das fast ständig von Leuten überflutet ist, muss er sein Bedürfnis nach ausschließlicher Zuwendung oft zurückstellen. Doch am Abend braucht er wieder seine Zeit – eine Geschichte und ein Gespräch über die Ereignisse des Tages, einen Kuss, eine Umarmung, noch einen Kuss…

Das Erwachsenwerden ist nicht nur Angelegenheit der Kinder, sondern auch der Erwachsenen. Beide werden unbewusst sowohl durch die unerfüllten Bedürfnisse der Vergangenheit wie auch durch die Bedürfnisse der Gegenwart zum Handeln oder zur Untätigkeit getrieben. Ein Erwachsener, der in einer Situation nur das in Betracht zieht, was gerade vor Augen ist, lebt etwa wie ein Kind in seiner operativen Etappe: Es kann bestenfalls logische Schlüsse aus gegenwärtigen konkreten Situationen ziehen, aber sie noch nicht mit komplexeren Wirklichkeiten in Verbindung bringen. Wenn wir Erwachsenen lernen, uns der Gründe für besondere Schwierigkeiten eines Kindes und der qualitativen Unterschiede zwischen Kindern und Erwachsenen bewusst zu werden, verwandeln sich die konkreten Situationen unseres Lebens in ein Übungsfeld, auf dem wir unsere Urteilsfähigkeit allmählich ausweiten. Statt Probleme aus unseren bisherigen Kenntnissen und aus eigener Sicht anzugehen, beziehen wir die Wirklichkeit anderer in unsere Erwägungen mit ein. Viele Konflikte bleiben uns durch eine solche Erweiterung des Bewusstseins erspart!

Einer der wichtigsten Unterschiede zwischen Kindern und Erwachsenen ist, wie oben erwähnt, unser unterschiedliches Zeitgefühl. Kaum ein Elterngespräch vergeht, ohne dass Konflikte zur Sprache kommen, die ihre Ursache in diesem Unterschied haben. Wachsen und Sichentfalten sind die dringlichsten Aufgaben der Kindheitsjahre. Alles, was das Kind tut, gehorcht darum dem Rhythmus eines Prozesses, der Zeit braucht und sich nicht ohne schwerwiegende Folgen beschleunigen oder antreiben lässt. David Elkind beschreibt in seinem Buch »Das gehetzte Kind« die gefährlichen Wirkungen auf das Lebensgefühl einer ganzen Generation von Kindern und Jugendlichen, die durch die stressgeladene, gehetzte Umgebung unserer Zivilisation verursacht sind.

Erwachsene, die Verantwortung für Kinder tragen, sollten also eine Bestandsaufnahme machen, in welcher Weise sie selbst von der Spannung und Unruhe betroffen sind, die so charakteristisch für unsere Welt sind, dass wir sie bereits als normal empfinden. Eine Familie oder Schule, die neue Wege sucht, sollte vor allem auf das Recht des Kindes auf einen eigenen Lebensrhythmus Rücksicht nehmen. Das bedeutet keineswegs, dass es hier keine Zeit gibt, sondern vielmehr, dass kindliche Bedürfnisse, dank der Erweiterung unseres Verständnisses, im Vorhinein mit berücksichtigt werden. In der Familie und Schule lernen wir, Situationen vorauszusehen, mehr Zeit zu geben, damit Kinder nicht gehetzt werden. Wenn Pünktlichkeit wichtig ist, sollten wir es rechtzeitig ankündigen und das Kind die Folgen tragen lassen, wenn es sich der echten Notwendigkeit nicht beugt.

Eltern beschreiben mir voller Sorge, dass jeder Morgen für sie zur Hölle werde, weil das Kind herumtrödele. Sie mahnen, stoßen und ziehen, schimpfen und helfen. Es ist, als hätte das Kind keine Ohren, als genieße es sogar den Aufruhr, den es durch seinen passiven Widerstand hervorruft. Wir raten in solchem Fall, sicherzustellen, dass am Morgen für alles genügend Zeit gegeben wird, so dass dem langsamen Rhythmus des Kindes Rechnung getragen ist. Statt andauernd zur Eile anzutreiben, ist es besser, das Kind den Kindergarten oder Schulbeginn wirklich verpassen und die Konsequenzen dieses Ereignisses kennen lernen zu lassen. Denn nur durch konkrete Erfahrungen – nicht durch unsere wortreichen Erklärungen – lernt ein Kind, verschiedene Faktoren der Wirklichkeit in sein Leben einzubeziehen.

Andererseits sollten wir ihm behilflich sein, sich auf ein unangenehmes Ereignis, das noch in der Zukunft liegt, einzustellen. Wenn wir zum Beispiel am Abend fortgehen wollen, sollten wir vorher – mindestens schon am Morgen – davon sprechen: »Heute Abend haben wir eine Einladung. Du kannst leider nicht mitkommen. Die Nachbarin wird bei dir bleiben.« Das Kind hat dann genug Zeit, erst einmal gründlich zu protestieren. Wir geben ihm Recht, dass unser Fortgehen für es schrecklich sei. Notfalls darf es weinen und zetern. Wir erklären seinen Schmerz nicht mit Erwachsenenlogik fort, begrüßen vielmehr die Gelegenheit eines Gefühlsausbruchs, der die gegenwärtige missliche Lage zum Anlass nimmt, viele kleine Frustrationen herauszulassen. Doch unsere Annahme seines Schmerzes ändert nichts an unserem Entschluss: »Wir müssen fort und du bleibst hier.«

Wenn alle bösen Gefühle zum Ausdruck gekommen sind, beruhigt sich das Kind zusehends. Im Laufe des Tages kommt die Sache öfter zur Sprache, doch nun kann man in Frieden besprechen, wie es den Abend mit der Nachbarin gestalten wird. Vielleicht sind wir enttäuscht, wenn das Kind es dann kaum erwarten kann, bis wir endlich fort sind…

Essensprobleme

Ein Problem, das bei Diskussionen mit Eltern selten fehlt, hat mit dem Essen zu tun. Wir hören von Kindern, die »überhaupt nicht« oder zu viel essen oder am Essen herummäkeln. Die einen essen zu langsam, die andern zu schnell oder wollen keine Tischsitten annehmen. Wenn man die Litanei der Eltern hört, kommt man zu dem Schluss, dass der Familientisch eines der größten Schlachtfelder der Welt sei! Kinder mit Essensproblemen irgendwelcher Art scheinen ihre Schwierigkeiten aber zu Hause zu lassen. In der Schule beobachten wir, dass gerade solche, die sich zu Hause aufs Fasten verlegen, hier einen gesunden Appetit zeigen. Sie rühren zwar oft nicht an, was sie von zu Hause mitgebracht haben, stürzen sich aber mit Heißhunger auf das Schulfrühstück oder tauschen ihre Brotzeit mit anderen Kindern. Sie schreiben sich so oft wie möglich in die Küchenliste ein und kochen zusammen mit ihren Freunden zwar nicht so kultivierte Mahlzeiten wie ihre Mütter, aber mit dem herrlichen Aroma persönlicher Unabhängigkeit!

Zusammen mit den Eltern, besonders den Müttern, versuchen wir, den häufigen Problemen rund ums Essen auf den Nerv zu fühlen. Die Ursachen mögen auf den ersten Blick unterschiedlich sein, reduzieren sich aber letztendlich auf die Lebensangst der Mutter. Ihre Unfähigkeit, neuen Situationen mit Vertrauen zu begegnen, überträgt sich automatisch auf die Art, wie sie ihr Kind pflegt. Ihr Bedürfnis, zu kontrollieren oder sich selbst und der Umwelt den Beweis ihrer Kompetenz zu erbringen, die Angst, etwas falsch zu machen, all dies mag dazu beitragen, dass die Ernährung der Familie von Spannungen begleitet ist. Manche Mütter versuchen, diesen Bann zu brechen. Sie bemühen sich um Entspannung in den kritischen Momenten. Andere tun nur so, als kümmere es sie nicht mehr, ob das Kind isst oder nicht, und leiden heimlich. Die Fortschrittlichsten werfen alle festen Mahlzeiten über Bord. Wer Hunger hat, soll sich selbst etwas zurechtmachen. So umgeht man scheinbar das alte Autoritätsproblem, das sich in der eigenen Kindheit am Familientisch aufgetürmt hat.

Es mag zu viel von einer Mutter verlangt sein, sich der Problematik ihres eigenen Lebensgefühls zu stellen, um zum Beispiel das Essensproblem ihres Kindes zu lösen. Es kann aber hilfreich sein, ein paar Grundsätze der Ernährung zu verstehen, zum Beispiel, dass kein Kind, in dessen Zuhause genügend Essen zur Verfügung steht, je an Hunger stirbt, auch wenn es hier und da ein paar Tage fastet. (Ausnahmen von dieser Regel sind nur solche Kinder, die schon vor der Geburt so viel gelitten haben, dass sie ohne jeden Lebenswillen auf die Welt kamen.) Diese Überzeugung gibt der Mutter vielleicht die Kraft aufzuhören, das Kind mit Gewalt oder durch Tricks zum Essen zu bewegen.

Zweitens kann es sie beruhigen, wenn sie versteht, dass Kinder nicht bei jeder Mahlzeit ein wissenschaftlich ausgewogenes Gleichgewicht von Nährstoffen zu sich nehmen müssen, um gesund zu bleiben. Beobachtungen an kleinen Kindern, die aus einem breiten Angebot ihr Essen selbst aussuchen durften, zeigen eher an, dass solch ein Gleichgewicht sich über einen längeren Zeitraum – bis über drei Wochen hinweg – spontan herstellt.

Schließlich ist es wichtig, zu verstehen, dass nicht in erster Linie das ernährt, was man isst, sondern was man tatsächlich assimiliert. Auch wenn eine wohlmeinende Mutter die vorgeschriebene Anzahl von Kalorien, Vitaminen und Mineralen in den Mund ihres Kindes befördert, kann sie nicht ermessen, wie viel Heil oder Unheil sie gestiftet hat. Schließlich ist der Organismus des Kindes selbst in der Lage, seine Ernährung zu regulieren. Doch die ängstliche Einmischung von außen verwirrt den inneren Radar und gibt dem Problem eine ganz andere Richtung – nämlich die der Selbstbehauptung.

Das Bedürfnis nach Ernährung ist so grundlegend, dass es zum Dreh- und Angelpunkt für alle anderen Bedürfnisse überhaupt werden kann. Wenn wir bei einem Menschen das Essen kontrollieren, ist er in Gefahr, zu unserem Sklaven zu werden. Kein Wunder also, dass Kinder so viel Theater ums Essen machen!

Andererseits spüren auch kleine Kinder bald, dass sie ihre Mutter durch ihr Herumkaspern mit dem Essen manipulieren können. Die ganze Problematik der Beziehung von Mutter und Kind, die sich zwischen den Polen Abhängigkeit und Autonomie abspielt und sich aus der Direktivität der Erwachsenen nährt, kann ein Kind veranlassen, die Mutter hier an ihrem schwächsten Punkt zu treffen. Der sicherste Weg, Essensprobleme mit Kindern zu beseitigen, ist also, nicht nur am Tisch, sondern in jeder Lage dem Kind Gelegenheit zu geben, seine motorische und sensorische Autonomie wiederzugewinnen.

Streit oder schlechte Stimmung am Tisch ist der größte Feind eines guten Appetits. Unser Organismus hat ein ganzes Programm bereit, das es ihm erlaubt, auf Gefahren zu reagieren und gleichzeitig die eigene Integrität zu bewahren. Zu diesem Programm gehört das Einstellen der Verdauungsarbeit – das Essen »bleibt stecken«, bis die Gefahr vorüber ist. Erst dann nimmt das Verdauungssystem seine Arbeit wieder auf.

Viele Erwachsene haben längst verlernt, auf die Signale ihres Organismus zu hören. Sie essen vielleicht umso mehr, je angespannter sie sind. Kinder dagegen verweigern das Essen, wenn ihnen der Appetit vergangen ist. Nach Beendigung der Krise – etwa eine halbe Stunde nach der regulären Mahlzeit – bekommen sie meistens Hunger. Auf diesen Umstand baut eine blühende Industrie, die unsere Häuser mit leckerem Tütenessen versorgt. Es ist »neutrales« Essen, unbelastet von der emotionalen Belastung unserer menschlichen Beziehungen

Die Stimmung am Tisch ist ebenso wichtig – oder sogar noch wichtiger – wie die Qualität des Essens, das wir in uns hineinlöffeln. Für Kinder, die an einem konfliktreichen Familientisch aufwachsen, wird es ein Leben lang schwer sein, beim Essen wirklich entspannt zu sein, dabei spontan zu fühlen, was und wie viel ihnen bekommt. Zu viel, zu wenig oder das Falsche essen, sich an Diätpläne halten, die von Spezialisten ausgearbeitet wurden, gesundes Essen zum Lebenszweck erheben, Magengeschwüre operieren – dies alles sind nur verschiedene Aspekte des gleichen Problems, dessen Wurzeln in grundsätzlichen zwischenmenschlichen Beziehungen zu finden sind. Eltern, die daran arbeiten, Harmonie am Familientisch zu schaffen, berühren damit eine ganze Kette von sozialen Fragen, mit der unsere Umwelt offenbar schlecht zurande kommt. Das gemeinsame Essen abzuschaffen mag uns vor neuen Spannungen bewahren, es verhindert aber, dass wir uns alten Problemen stellen und aufhören, uns von ihnen beeinträchtigen zu lassen.

Streit und Eifersucht

Konflikte zwischen Kindern sind in vielen Besprechungen ein unvermeidliches Thema für Eltern und Lehrer. Wie sollen wir uns dazu stellen? Welche Haltung einnehmen?

Die Ankunft eines neuen Geschwisterchens – wenn auch noch so gut vorbereitet und scheinbar froh erwartet – verursacht zum Entsetzen der Eltern alle Arten von Eifersuchtsbezeugungen bei den älteren Kindern. In manchen Fällen nehmen sie gefährliche Ausmaße an und zwingen zu direktem Eingreifen. Oft sind solche Konflikte versteckt und darum nicht leicht zu identifizieren. Sicherlich ist es hilfreich für Eltern, zu akzeptieren, dass Eifersucht in irgendeiner Form unvermeidlich ist. Wenn wir sie als eine Art Naturereignis in Betracht ziehen und annehmen, vergeuden wir weniger Energie damit, sie fortzuerklären oder mit ihr Versteck zu spielen.

In vielen Familien geht es gegen die Moral, negative Gefühle offen zu zeigen. Das macht Eltern, die ihre Kinder in schwierigen Situationen unterstützen wollen, gerade diese Aufgabe schwer. Das Kind geht mit seinem Problem »unter die Erde«

und wirft von dort allerhand Schmutz auf. An der Oberfläche unterhalten wir uns mit dem größeren Kind auf liebevolle Weise: »Wie süß das Baby ist! Wie herrlich, so ein Brüderchen zu haben!« Die Wirklichkeit aber ist, dass hier ein Eindringling dem ersten Kind, das bisher Mittelpunkt ihrer Zuwendung gewesen ist, die ungeteilte Liebe der Eltern entzieht. Manche Eltern sorgen dafür, dass nicht nur das Baby, sondern auch das größere Kind Geschenke bekommt. Das ist gut gemeint, kann aber nie die ganze Tragweite der Tragödie aufwiegen: »Wenn ich nicht mehr der Wichtigste bin, lieben sie mich nicht mehr.« Das Denken und Fühlen des Vorschulkindes ist vom Absoluten bestimmt – es kann mit Relativem noch nichts anfangen.

Die subjektive Wahrheit des Kindes lautet: »Alle Liebe oder gar keine.« Mit freundlichen Erklärungen können wir daran nichts ändern, wohl aber durch den Respekt vor seiner kindlichen Weltsicht. Es ist also gesünder, dem größeren Kind, statt es zu brüderlicher Liebe anzuleiten, Gelegenheit zum offenen Protest zu geben (die notwendige Grenze ist, Handgreiflichkeiten gegen das Baby zu unterbinden). Gleichzeitig braucht das größere Kind nun besonders intensive Zuwendung und die Sicherheit, dass es selbst auch wie das Neugeborene geliebt wird, wann immer es dessen bedarf. Unsere Ermahnungen: »Du bist groß; große Kinder machen das nicht mehr. Große Kinder benehmen sich aber anders«, ziehen den Konflikt erst recht in die Länge. Wir sollten die älteren Kinder auch nicht unnötig mit Verantwortungen für das Baby belasten. Bestehen sie selbst darauf, bei der Pflege zu helfen, dürfen wir das nicht ausnützen, weil es uns selbst die Arbeit erleichtert, sondern müssen verstehen, dass die Pflege des Babys auch für größere Kinder immer noch ein Spiel ist, das sie nach eigenem Gutdünken jederzeit abbrechen.

Manche Mütter haben große Schwierigkeiten, die Lage des größeren Kindes bei der Ankunft eines neuen Babys richtig einzuschätzen. Ein drastischer Vergleich hilft manchen Müttern, sich in ihr Kind einzufühlen: »Stellen Sie sich vor, dass Ihr

Mann eine andere Frau ins Haus bringt und von Ihnen auch noch verlangt, dass Sie sie liebevoll behandeln sollen! Wie würden Sie sich da fühlen?« Die Antworten lauten etwa: »Ich würde ihr die Augen auskratzen« oder »Ich würde mich davonmachen«. Genauso fühlt sich das ältere Kind bei der Ankunft des neuen Babys!

Konflikte zwischen Geschwistern, Verwandten, Schulkameraden oder unter Nachbarn sind nicht nur alltäglich, sondern auch notwendig und häufig nicht zu vermeiden. Durch sie werden Kinder in konkreten Situationen mit anderen als ihrem eigenen Gesichtspunkt konfrontiert. Sie stoßen mit dem Willen und den Ansichten anderer Kinder zusammen wie ein kleines Kind, das seinen Kinderwagen gegen eine Wand fährt und sich ärgert, weil sie seinem Ansturm nicht weicht.

Erwachsene fühlen sich in Gegenwart streitender Kinder verunsichert und fahren ihre altbewährte Waffe zur Verteidigung des eigenen Friedens ins Feld. Sie setzen ihre Vernunft zur Lösung der Zwistigkeiten ein und erwarten von den Kindern, das Gleiche zu tun. In manchen Familien oder ganzen Kulturen ist Streiten von vornherein ein Tabu. Eine thailändische Nachbarin, deren Kinder mit unseren spielten, entzog den ihren die Ausgeherlaubnis für mehrere Wochen, wann immer es zum Streit kam. Ich konnte sie nie dazu überreden, den Kindern die Gelegenheit zu geben und sie experimentieren, Fehler begehen und aus ihren eigenen Konflikten lernen zu lassen.

Das Üben mit den Gesetzmäßigkeiten der materiellen Welt ist unerlässlich, damit Kinder sie allmählich verstehen lernen. Das Gleiche gilt für die viel komplexeren sozialen Wirklichkeiten. Wir tun also den Kindern keinen guten Dienst, wenn wir ihr Leben so organisieren, dass Konflikte mit anderen Kindern vermieden werden. Wie viele Erwachsene merken spät, dass sie zwischenmenschlichen Problemen nicht recht gewachsen sind. Sie leiden ständig unter Missverständnissen (»Aber das habe ich gar nicht so gemeint«), lassen sich von fremdem Geschwätz oder übler Nachrede beleidigen oder können sich über die einfachsten Dinge nicht einigen. Wenn das Leiden schlimm genug ist, suchen sie vielleicht Zuflucht in einem Selbstsicherheitstraining oder Ähnlichem mehr. Sie versuchen dann, die dort gelernten Techniken auf die Situationen des Alltags anzuwenden. Das mag ein gewisser Schutz sein, aber es löst nicht unser eigentliches Wachstumsproblem, nämlich »unbewaffnet« und mit offenen Sinnen voll in der Gegenwart zu leben und jeden Augenblick lernbereit zu sein.

Können wir also gar nichts tun, wenn Kinder sich streiten? Sollen wir einfach fortlaufen, wenn sie sich die Köpfe einschlagen, sich an den Haaren ziehen oder sich beschimpfen oder wenn eine Horde von Kindern über einen Kameraden herfällt?

Versuchen wir, ein paar typische Situationen zu untersuchen, um zu verstehen, ob und wie wir helfen können, damit Kinder aus ihren Schwierigkeiten wirklich etwas lernen können. Dabei müssen wir gewisse Unterschiede machen.

Kinder, die überhaupt nur streiten und ständig Konflikte fabrizieren, sind voller Schmerz. Wir kennen vielleicht seine Ursachen nicht – eine schwierige Geburt, Krankheiten, Operationen, Uneinigkeit der Eltern, deren Blindheit für die authentischen Wachstumsbedürfnisse – meistens Probleme, an denen wir jetzt nichts mehr ändern können. Das Kind lebt unbewusst in »Feindesland« und findet darum unzählige Anlässe zum Kämpfen. Für Kinder dieser Art gibt es nichts Besseres, als sich in Sicherheit ausweinen zu können. Das ist leicht zu erreichen, wenn wir ihren Aggressionen mit großer Festigkeit Grenzen setzen. Wir vermeiden dabei Strafpredigten, Anschuldigungen, Erklärungen. Stattdessen unterbinden wir ihr Streiten mit wenigen klaren Worten – notfalls stellen wir uns auch zwischen die streitenden Kinder. Dadurch richtet sich die ganze Wut gegen uns. Behalten wir genügend Ruhe und Festigkeit, dauert es meistens nicht lange, bis die bösen Worte sich in Tränen auflösen und sich solch ein Kind bei uns ausweint.

Wie ich vorher erwähnte, haben wir in unserer Arbeit die Entscheidung getroffen, Kinder nicht ändern zu wollen, damit sie sich besser anpassen, sondern zu versuchen, Einfluss auf die Gestaltung der Umgebung zu nehmen, mit der die Kinder sich auseinander setzen, mit der sie vielleicht seit langem kämpfen oder in der sie sich zu ducken gelernt haben. Wir sehen unsere Aufgabe darin, dafür zu sorgen, dass sich ein Kind respektiert fühlt, nicht aber, an ihm herumzudoktern. Um dies zu erreichen, müssen wir ein Verständnis für grundsätzliche Bedürfnisse entwickeln, die dann nach Entwicklungsetappen und von einem Kind zum anderen ihre Akzente verändern.

Außer liebevoller Zuwendung, der Grundbedingung für harmonisches Wachstum, braucht jedes Kind ein Minimum an privatem Lebensraum. In Kindergarten und Schule sind die Schließfächer für die Kinder erstaunlich wichtig. In jeder Vollversammlung hören wir die Klage eines Kindes, dass »jemand an seinem Fach herumgespielt« habe. In der aktiven Schule haben wir keine festen Sitzplätze für die Kinder. Sie benutzen für ihre Arbeiten die Tische, die gerade frei sind. Doch es gilt die Regel, dass sich niemand uneingeladen in Arbeit oder Spiel eines Kindes einmischen darf. Es ist Aufgabe der Erwachsenen, ein Kind, das selbst nicht stark genug dafür ist, in diesem Recht zu unterstützen. Im Gelände haben die Kinder Bäume und Büsche zu »Höhlen«, »Häusern« oder »Clubs« ausgebaut. Sie basteln sich Treppen, Falltüren, Lichtanlagen, Tische, Stühle und Regale, verschönern ihre Wohnstätten mit Gardinen, Abwasseranlagen aus alten Röhren, Waschanlagen für die große Wäsche, fegen und ordnen ihre »Häuser« und verzieren sie mit Blumensträußen. Hier werden Freundschaften geschlossen und gebrochen, Territorien mit Geschossen aus Eukalyptussamen verteidigt, Leitern von einem Baum zum andern gezimmert, um Besuche abzustatten. Das Abgrenzen von Räumen und das Erarbeiten von diplomatischen Abmachungen nimmt einen Ehrenplatz im Curriculum einer aktiven Schule ein!

Wir Erwachsenen haben aus respektvoller Entfernung immer ein wachsames Auge auf das lebhafte Treiben in Bäumen und Büschen. Wir hören auf die Art der Geräusche, beobachten die Bewegungen, bestehen darauf, dass Werkzeuge und Geräte der Schule am Ende des Morgens an ihren Platz zurückkommen. Wenn uns die Stimmung verdächtig vorkommt, machen wir einen Spaziergang rund um das Spielgelände. Meist genügt den Kindern der Anblick unserer besorgten Gesichter, um aggressives Verhalten einzudämmen. Hin und wieder geschieht es, dass zwei Gruppen miteinander ernsthaften Krach bekommen und sich nicht alleine zu helfen wissen. Dann suchen sie uns von sich aus auf und verlangen nach einem Erwachsenen, der ihnen beisteht.

Auch im engsten Haus sollte jedes Kind wenigstens eine Ecke haben, die ganz allein ihm gehört, wo es seine Schätze aufbewahren und vor Eindringlingen sicher sein kann. Wenn ein Kind spielt, braucht es die Sicherheit, dass ihm ein gewisser Umkreis zusteht, in den niemand, auch nicht das liebe kleine Brüderchen, ohne seine Zustimmung einbrechen darf. Es ist die Pflicht der Erwachsenen, diese Grenzen fest abstecken und garantieren zu helfen.

Manchmal haben Eltern mit uns heftig darüber diskutiert, dass man Kinder von klein auf zum Teilen aller Spielsachen anleiten müsse. Sie meinen, dass sie dadurch sozial denken lernen und vor den Gefahren der Habsucht bewahrt bleiben. Alles Spielzeug wird zum Gemeingut erklärt, und niemand hat ein Recht auf Privatbesitz. Sie wundern sich dann, dass Kinder, die so zu den höchsten Idealen erzogen werden, bald umso versessener auf Eigentum werden. Dafür gibt es eine Reihe von Gründen. Hier nur der wichtigste.

Das kleinere Kind ist noch unfähig, klar zwischen Subjekt und Objekt, innen und außen zu unterscheiden. Es identifiziert sich vollkommen mit Gegenständen und Menschen, die ihm gerade wichtig sind. Das bedeutet, dass eine Sache ihm nicht gehört, sie mit ihm vielmehr eins ist. Kein Wunder also, dass sich das kleine Kind verzweifelt an einen unscheinbaren Gegenstand oder einen Menschen klammert, der ihm weggenommen wird!

Die einfachste Art, einem Kind das Teilen »beizubringen«, ist also paradoxerweise, ihm das uneingeschränkte Besitzrecht über eine gewisse Anzahl von Gegenständen einzuräumen, was nicht bedeutet, dass wir es mit Spielsachen überschütten müssen! Das leuchtet uns leichter ein, wenn wir uns vorstellen, wir hätten gerade nicht genügend Essen für uns selbst. Ausgerechnet jetzt kommt Besuch, und wir sind in einem ernsthaften Dilemma. Wir sollten ihn zum Essen einladen, unsere kärgliche Mahlzeit mit ihm teilen. Das fällt uns unter diesen Umständen schwer. Auch wenn wir sonst Besuch gerne empfangen, schauen wir ihn jetzt mit schiefen Augen an. Wenn wir dagegen für heute und auch für die nächsten Tage genug Essen haben, ist es uns eine Freude, jemanden einzuladen. Es ist doch viel angenehmer, in Gesellschaft als allein zu essen…

Die Wachstumsbedürfnisse der Kinder ändern sich mit jeder neuen Etappe und ihre Dringlichkeit entspricht dem Bedürfnis nach Ernährung. Solange wir sie nicht kennen und respektieren, tragen wir unbewusst dazu bei, dass Kinder uns mit ihrem Streiten das Leben sauer machen.

Bevor wir also einem Kind wegen seiner Streitsucht Vorwürfe machen, müssen wir die Möglichkeit erwägen, dass wir selbst oder die weitere Umgebung Ursache für manches negative Verhalten sind. Das trifft nicht nur auf Eltern zu, die miteinander streiten und offensichtlich darin Modell für ihre Kinder sind. Auch wenn wir uns in dieser Hinsicht hüten, respektieren wir vielleicht weniger, als wir glauben, die wirklichen Bedürfnisse der Kinder, und ohne es zu merken, verkehren wir unser trautes Heim dadurch in ein Territorium, in dem sich Kriegszustand und Waffenstillstand abwechseln.

Während ich das schreibe, schreit gerade ein dreijähriger Indianerjunge, weil seine Mutter sich ein paar Meter von ihm entfernt hat. Seit der Ankunft seiner kleinen Schwester ist er nicht mehr geherzt oder liebevoll umarmt worden. Nun verliert er die Mutter nicht gern aus den Augen, denn er leidet ständig an akutem Liebesentzug. Entschwindet sie aus seinem Blick, überwältigt ihn die Angst, dass er nun vollends verhungern müsse. Solange sie bei ihm ist, ernährt er sich von den kleinen Zeichen ihrer – wenn auch mürrischen – Zuwendung. Dieses Kind lebt in ständigem Krieg mit seinen fünf Geschwistern. Es genügt, dass eines von ihnen mit dem Ellbogen an seinen Teller stößt, um es zum Schreien und Toben zu bringen.

Kinder im Zustand unbefriedigter Bedürfnisse machen aus jeder Mücke einen Elefanten, um den es sich dann zu streiten lohnt. Wenn es keinen günstigen Anlass gibt, zetteln sie Streit aus heiterem Himmel an. Das sind die gefürchteten »Teufelchen«, die andere beißen, zwicken, ihnen blitzartig mit der Schaufel über den Kopf schlagen oder ihnen ein Bein stellen. Wenn ein anderes Kind weint, sind sie fasziniert, wie andere auf Schmerz reagieren. Dieses Verhalten ist besonders eindrucksvoll bei Kindern, die durch Krankheit physischen Schmerz erleiden mussten, operiert oder von einer Zwangsuntersuchung zur anderen geschleppt wurden. Sie »studieren« nun den Schmerz am Beispiel anderer. Die gleiche Wirkung hat psychischer Schmerz, der durch traurige Familienverhältnisse verursacht ist.

Schon nach den ersten, noch ungeschickten Versuchen, unser eigenes Verhalten in Bezug auf die Bedürfnisse von Kindern zu ändern, bemerken wir in unserer Umgebung eine erstaunliche und erfreuliche Verringerung ernsthafter Streitfälle. Unser Wille, Frieden mit Kindern zu schließen, statt sie zur Annahme unserer Erwachsenenbedürfnisse zu motivieren, schafft einen friedlichen Raum, eine Art gepflegten Garten. Hier bedarf es nicht vieler Verbote oder Warnungen. Jeder fühlt, dass man nicht auf die Blumen treten oder Pflanzen willkürlich ausreißen sollte. Es ist ein Ort, der zum Respekt und zur Vorsicht einlädt.

Mit der Zeit haben wir es dann meistens nur noch mit Konflikten zu tun, in die Kinder geraten, weil sie erst allmählich lernen müssen, mit ihrem eigenen und dem Willen anderer umzugehen, ihren Standpunkt vom Standpunkt anderer zu unterscheiden und beide zu respektieren. Auch dabei kann es hoch hergehen. Als Erwachsene müssen wir nun gut beobachten lernen, um den Zustand jedes Kindes und seine Stärke zu ermessen. Das können wir nur, wenn wir nah genug am Spielfeld bleiben, um zu verstehen, was da vor sich geht, aber nicht so nah, dass wir zum Hindernis für den Verlauf des Spieles werden. Das erfordert viel Geduld und manchmal Mut, denn in der Hitze des Gefechtes wird mancher Schmutz aufgewirbelt. Ein ängstlicher Erwachsener zieht schnell die Trillerpfeife und bläst das Spiel ab. Wenn wir nicht lernen, mit dem Bedürfnis der Kinder nach sozialem Lernen umzugehen, geben wir dieser Regung schnell nach und machen der Sache mit einem Machtwort oder einer kräftigen Drohung ein Ende.

Wenn Kinder Geige oder Klavier spielen lernen und dabei zahlreiche Missklänge produzieren, sind wir viel toleranter. Wir schätzen das künstlerische Endprodukt und erdulden darum die Unannehmlichkeiten, die das Üben mit sich bringt. (Auch die Verschmutzung unserer Städte ertragen wir mit erstaunlichem Großmut, eben weil wir Autos und sonstige Fabrikprodukte nicht gerne entbehren möchten.) Anders mit dem kindlichen Experimentieren in Konfliktsituationen. Sie verunsichern uns schnell, so dass wir uns die Ohren zuhalten oder diese Konflikte machtvoll unterbinden, uns mit Ratschlägen einmischen oder wie ein Deus ex Machina Lösungen aus der Höhe unserer Allmacht bereithalten. Das kann zweierlei bedeuten: Entweder wir verstehen nicht, wie Kinder zu wirklichem Verständnis sozialer Zusammenhänge gelangen, oder wir haben selber kein wirkliches Verständnis von ihnen und können das Endprodukt der kindlichen Anstrengung darum nicht richtig einschätzen.

Beide Schwierigkeiten lernen wir allmählich überwinden, indem wir Kinderstreit als Lernsituation für uns selbst begreifen.

Aus angemessener Entfernung lernen wir zu unterscheiden, ob ein Streit in Wut, Handgreiflichkeiten und Tränen auszuarten droht und für die Kinder so viel Stress mit sich bringt, dass er mehr Schaden als Nutzen verspricht. In diesem Fall verlassen wir unseren Beobachterposten und betreten das Spielfeld, das in Gefahr ist, sich in ein Schlachtfeld zu verwandeln. Dabei brauchen wir immer noch nichts zu sagen. Unsere Haltung allein zeigt an, dass wir entschlossen sind, für das Einhalten von Hausregeln zu sorgen und Grenzen zu setzen. In dieser Lage versuchen manchmal die Kinder, uns als Schiedsrichter einzusetzen. Jedes will zu Worte kommen, beschuldigt den andern, der aber das Gegenteil behauptet. Vielleicht haben wir den Konflikt von Anfang an verfolgt und wären in der Lage, eine gerechte Lösung vorzuschlagen. Oder aber wir wissen selbst nicht, wer hier eigentlich Recht hat. Letztendlich ist das auch nicht notwendig, denn unsere Aufgabe ist hier nur, als Sicherheitsgarant zu dienen. Am besten setzen oder knien wir uns zwischen die aufgebrachten Kinder, legen eventuell unseren Arm um sie und sorgen dafür, dass jedes ohne Unterbrechung seinen Standpunkt vorbringen kann. Wir reflektieren einfach, was jedes sagt: »Du sagst, dass du das Auto zuerst gehabt hast.« – »Du sagst, dass er es dir geliehen und dir dann wieder weggenommen hat.«

Das Hin und Her widersprüchlicher Behauptungen kann lange oder nur kurz dauern. Es wird jedenfalls gespickt sein von dynamischen Beispielen kindlichen Denkens, das logische Verbindungen und Schlüsse im erwachsenen Sinn noch nicht beherrscht. Es ist auch nicht unsere Angelegenheit, die Kinder durch unsere Logik aus ihrem unfertigen Zustand zu führen und sie etwa zu einer Lösung zu überreden, die alle Gesichtspunkte vereint. Es wird nicht mehr und nicht weniger von uns verlangt, als dass sich die Kinder durch uns genügend geschützt wissen und dass sie ohne Angst alles sagen können, was ihnen auf dem Herzen liegt. Mit Verblüffung erleben wir dann immer häufiger, dass sie unverhoffte Lösungen finden, die uns selbst niemals in den Sinn gekommen wären! Mit neuem Elan setzen sie ihr Spiel dann wieder fort. Mit der Zeit gewinnen sie immer mehr Sicherheit, ihre Angelegenheiten ohne fremden Beistand zu regeln. Doch sie wissen, dass sie mit uns rechnen können, wenn sie uns wieder brauchen, aber auch, dass wir uns nicht ungebeten in ihre Angelegenheiten einmischen. Dieses grundlegende Vertrauen hat einen positiven Einfluss auf unser gesamtes Verhältnis und wird sich früher oder später einmal in wirklich kritischen Situationen, spätestens durch ein positives Verhältnis zu unserem herangewachsenen Kind, mit Zinseszins auszahlen.

Kurz vor den Sommerferien sah ich, dass eine Gruppe von elf- bis zwölfjährigen Mädchen und Jungen, in ein angeregtes Gespräch vertieft, zusammen auf dem Rasen saßen. Mein erster Impuls war, sie dort allein zu lassen. Doch plötzlich entschied ich mich, näher zu treten und zu fragen, ob ich genehm sei. Sie tauschten untereinander viel sagende Blicke aus, und ein Mädchen meinte mit Entschiedenheit: »Gut, wenn du wie Momo bist.« Ich verstand, dass ich zwar zuhören, aber nichts sagen sollte, und verbrachte nun eine lehrreiche Stunde. Diese Kinder hielten ohne jegliche Leitung eine spontane gruppendynamische Sitzung ab. Sie versuchten, zusammen das Problem einer Kameradin zu lösen, die sich »von niemandem geliebt« glaubte. Dafür nahmen sie sich die Mühe, einander mitzuteilen, wie sie sich gegenseitig sahen und wie sie sich in Gegenwart des anderen fühlten. Ich spürte, dass hier ein wichtiger Schritt in ihrer Entwicklung unternommen wurde. Nach jahrelanger Erfahrung im Lösen von Problemen in konkreten Spielsituationen hatten sie nun das Bedürfnis, zu einem allgemeinen Verständnis ihrer Beziehungen zu kommen.

Die Beziehung von Haus und Schule

Einesteils wäre es uns am liebsten, wenn alle Kinder schon vom Kindergarten an im »neuen System« wären und dann allmählich den Schulprozess durchmachten. Andererseits glauben wir auch, dass es für kleine Kinder nichts Besseres gibt als das Elternhaus und dass frühes Eintreten in eine große Gemeinschaft für sie eine übermäßige Belastung ist. Das würde jedenfalls stimmen – wenn Eltern heutzutage nicht selbst von verschiedenen Seiten so unter Druck stünden, dass ein ideales Eingehen auf die Bedürfnisse der Kinder selten möglich ist; wenn die Lebensumstände der Familie so wären, dass Kinder wie in alten Zeiten an der Arbeit der Eltern teilhaben könnten; wenn die Vorstellungen der Eltern über die optimale Entwicklung der Kinder der Wirklichkeit entsprächen; wenn ihr Verhältnis zum Kind das nötige Gleichgewicht zwischen materieller und emotionaler Abhängigkeit und der Autonomie des Kindes begünstigte; wenn Kinder vielseitige Möglichkeiten zum Umgang mit anderen Kindern verschiedener Altersgruppen hätten; wenn...

Bei nur wenigen Eltern sind all diese Bedingungen auf ideale Weise vereint. Vielmehr stellen wir uns auf eine intensive und geduldige Arbeit ein, um die Erwachsenen über das Interesse an ihren Kindern dazu zu bewegen, sich bewusst zu werden, wie komplex ihr eigenes Leben geworden ist, seitdem sie Kinder in die Welt gesetzt haben.

Aktiver Kindergarten und Schule erscheinen anfangs gerade als die Orte, an denen Kinder zunächst Probleme, die sich aufgrund der andauernden Manipulationen zwischen Eltern und Kindern aufgestaut haben, herauslassen. Es scheint heilsam, dass Kinder in einer neuen Situation mit der Existenz fester Grenzen als Rahmen für größtmögliche Entscheidungs- und Bewegungsfreiheit vertraut gemacht werden. Diese Erfahrung bewirkt deutliche Veränderungen im Benehmen des Kindes, was sich früher oder später auch zu Hause bemerkbar macht und die meisten

Eltern zu neuen Fragestellungen zwingt. Der Bumerang kommt dann zum Kindergarten oder zur Schule zurück und ermöglicht uns, auf echte Fragen der Eltern einzugehen. Grundbedingung für diesen Prozess ist es aber, dass Erzieher und Lehrer selbst von der Wichtigkeit emotionaler Bedürfnisse ganz durchdrungen sind. Das klingt wie eine Utopie in unserer gegenwärtig für normal akzeptierten Situation: Pädagogen fühlen sich verantwortlich, Kindern etwas beizubringen. Wir geraten in schreckliche Konflikte, wenn wir unsere Aufmerksamkeit von einer »Lernsituation« abwenden müssen, um uns einem emotionalen Problem zuzuwenden. Nicht nur das: Wut oder Tränen von Kindern rütteln zu sehr an unserer eigenen Fasson. Wie gerne würden wir sie im Keim ersticken und uns der »eigentlichen Arbeit« zuwenden. Beginnen wir aber, den Umgang mit Emotionen ernst zu nehmen, öffnen sich viele Schleusen, und Konfliktsituationen werden ausgelebt. Wir geraten selbst in einen ungeahnten Lernprozess hinsichtlich des Setzens lebensschützender Grenzen. Dadurch ändern sich Beziehungen zwischen Kindern und Erwachsenen und zwischen Kindern untereinander auf dynamische Weise. Auch dies fordert zunehmend unsere Aufmerksamkeit.

Ab und zu kommt es vor, dass ein Kind trotz unserer Unterstützung unfähig ist, Grenzen und andere Menschen zu respektieren. Andrés besteht darauf, andere schlagen zu dürfen, wann immer es ihm passt. Während der Prozedur, in der die betroffenen Kinder in Gegenwart des Erwachsenen den anderen die Meinung sagen, grinst er nur und freut sich noch über all die Aufmerksamkeit, die ihm durch seine Missetaten zuteil wird. Es kommt also zu keinem Abkommen zwischen den Kindern, das allen Sicherheit verspricht. In solch einem Fall werden wir zur Autorität: »Du darfst andere nicht schlagen. Beim nächsten Mal verlierst du dein Recht auf freies Spiel. Dann musst du den Rest des Morgens an meiner Seite bleiben.« Tritt dieser Fall wirklich ein, wird Andrés reumütig und verspricht das Blaue vom Himmel, aber wir bleiben fest. Während er »unter Arrest« mich hierhin und dorthin zur Betreuung der anderen Kinder begleitet, kann ich eine neue Beziehung zu ihm herstellen. Er merkt, dass ich nur etwas gegen sein Benehmen, aber nichts gegen ihn selbst habe. Das kann sein Gefühl so verändern, dass ich ihn noch vor Ablauf des Morgens nach feierlichen Versprechungen freilasse.

In einem extremen Fall von Verstoß gegen die wichtigsten Hausregeln, die Sicherheit für alle Kinder garantieren müssen, damit das Zusammenleben nicht zum Stress wird, kündigen wir an, dass solch ein Kind nicht wieder zur Schule kommen darf, bis seine Eltern zusammen mit ihm die Sache mit uns besprechen. In den zehn Jahren des Bestehens unserer Schule ist das zweimal vorgekommen. Allein die Ankündigung dieser Möglichkeit hat sonst Wunder gewirkt, weil schwierige Kinder normalerweise aus schwierigen Häusern kommen und lieber in der Schule als zu Hause sind...

Oft trifft es sich, dass konfliktbeladene Kinder auch Eltern haben, die eine alternative Schule nicht aus persönlicher Einsicht gewählt haben, sondern mehr, um die Kinder loszuwerden, in der Hoffnung, wir würden mit ihnen besser fertig werden als sie selbst. Solche Eltern bitten auch selten freiwillig um eine Unterredung, um ihre häuslichen Probleme zu besprechen. Oft sind sie »furchtbar beschäftigt«, sie vertragen sich untereinander nicht, und ihre Kinder waren nur ein »Unfall« oder wurden in die Welt gesetzt, »weil Kinder nun mal dazugehören«. In den wöchentlichen Lehrerbesprechungen entscheiden wir hin und wieder, Eltern zum Gespräch einzuladen, von denen wir den Eindruck haben, dass sie mit den Problemen ihrer Kinder »Vogel Strauß« spielen.

Elterngespräche verschaffen uns einen kleinen Einblick in die verschiedensten Lebensumstände, mit denen es Kinder zu tun haben. Danach können wir ihnen in der Schule mit besserem Verständnis und größerer menschlicher Zuwendung neu begegnen. Diese Gespräche helfen uns, mehr aus konkreten Situationen als aus theoretischem Wissen Schlüsse zu ziehen. Sie bedeuten also »aktive Erziehung« auch für Erwachsene: die Möglichkeit, Wirklichkeit von vielen verschiedenen Seiten her kennen zu lernen. Dabei wird es uns niemals langweilig, auch wenn Eltern trotz aller äußeren Umstände anscheinend immer mit den gleichen Problemen kommen. Allmählich geht uns auf, dass die meisten ihrer Schwierigkeiten aus einer eingefleischten Gewohnheit herrühren, auf Situationen so zu reagieren, wie »ich nun mal bin«, statt in ihnen eine Chance zum Wachsen und Lernen zu sehen. Besonders Mütter neigen dazu, in kritischen Momenten die Frustrationen ihres ganzen Lebens mit vielen Worten herauszulassen. Aus dem Bedürfnis, eigene Spannungen loswerden zu wollen, reagieren sie mit Predigen, Selbstmitleid, Drohungen oder Erklärungen. Sie können nicht verstehen, warum ihre Kinder sie dann nicht mehr ganz ernst nehmen, wenn sie größer werden.

Väter reagieren auf Konfliktsituationen meist anders. Manche verschanzen sich hinter ihrer Arbeit oder der Zeitung, bis die Luft wieder rein ist. Andere geben eine kurze Demonstration ihrer Macht und brüsten sich, »mit Problemen schnell fertig zu werden«. Andere bewahren sich ihren häuslichen Frieden, solange sie daheim sind, dadurch, dass sie von den Problemen ablenken und Versprechungen machen. Ideal wäre aber, Vater und Mutter würden sich gegenseitig helfen, den Kindern wirkliche Unterstützung zu bieten, und durch die Konfliktsituationen zu einem echten Lernprozess führen. Wir Erwachsenen müssen daran arbeiten, zu verhindern, dass Kinder allmählich zur Überzeugung gelangen, von ihren Erzeugern keine verständnisvolle Unterstützung erwarten zu können, und den Kampf um die Aufmerksamkeit und das einfühlende Verständnis der Eltern aufgeben. In diesem Fall suchen sie selbst mit ihren Problemen fertig zu werden, suchen Stärke im Umgang mit Kameraden oder Führung durch Idole. Sie passen sich von außen eindringenden Werten an, um von den Gleichaltrigen angenommen zu werden und nicht auf ihre Unterstützung verzichten zu müssen. Je älter die Kinder werden, umso schwieriger ist es unter diesen Umständen für Eltern, einen neuen Anfang zu machen und echte Verantwortung für ihre Kinder zu übernehmen.

Die ersten Anzeichen solchen Auseinanderlebens entdecken wir, wenn sich schon ganz kleine Kinder in Konfliktsituationen von ihren Eltern nicht berühren lassen. Stellen wir uns vor, dass sie eine notwendige Grenze setzen oder das Kind aus irgendeinem anderen Grund weint. Ein Kind, das noch Vertrauen zur Mutter oder zum Vater hat, kennt keinen besseren Sicherheitshafen als die Arme des geliebten Erwachsenen. Trotzdem fliehen schon kleine Kinder vor dieser Möglichkeit, sich in Sicherheit auszuweinen. Eltern sind dann je nach Temperament umso wütender und unbewusst im eigenen Stolz verletzt. In ihrer Not erfinden sie aber Maßnahmen, die das Vertrauen noch mehr untergraben. Warum aber wehren sich Kinder gegen körperliche Berührung, obwohl sie danach dürsten? – Ihre Lebensgeschichte ist voller schmerzlicher Erfahrungen, die in ihrem Organismus aufbewahrt sind. Es ist, als berührten wir sie an einer offenen Wunde. Auch eine Liebkosung empfinden sie darum als unerträglichen Schmerz. Es ist nicht leicht fur Eltern, sich der Wahrheit zu stellen, dass ihr eigenes Unverständnis zu diesem Zustand geführt haben könnte. Manche verschließen sich darum der Möglichkeit, neue Wege zu probieren, ihr schwieriges Kind so zu behandeln, als sei es krank und pflegebedürftig, mit Geduld die Schmerzausbrüche zu ertragen und ihnen nicht durch Tricks auszuweichen. Eltern lernen, dass Konsequenz und feste Grenzen alte Schmerzmechanismen auslösen. Sie müssen entscheiden, ob sie diese Gelegenheit zum Ausweinen benützen wollen, um selbst das Unterstützen in Stress-Situationen zu lernen und eine neue Beziehung zum Kind zu ermöglichen.

Eltern suchen Rat für die verschiedensten Probleme: Da gibt es Kinder, die nicht baden oder sich die Zähne putzen, abends nicht ins Bett wollen, frech, vorlaut, ungehorsam, unordentlich sind, alles kaputtmachen, alles haben wollen, was sie sehen, stehlen oder lügen, zu Hause nicht helfen, nicht vom Fernseher wegzubringen sind, zu schüchtern oder zu unruhig sind, ins Bett machen, unerklärliche Ängste haben...

Manche der Probleme lösen sich bald, wenn die Grenzen klar gezogen werden und die Erwachsenen bereit sind, dem Kind die notwendige Unterstützung dafür zukommen zu lassen. Die Vorstellungen über Reinlichkeit und Ordnung mögen von Familie zu Familie unterschiedlich sein. Doch sie sollten innerhalb der Familie klar umrissen und mit Festigkeit eingehalten werden. Solange die Kinder klein sind, helfen wir ihnen beim Aufräumen. Später sind sie für alle Spielsachen verantwortlich, die sie herumliegen lassen. Vor oder während des Spieles erinnern wir sie an diese Abmachung. Bei Beendigung eines Spiels oder zu einer gemeinsam vereinbarten Zeit müssen Familienräume wieder frei von Zootieren, Raumschiffen oder Zugschienen sein. Das Kinderzimmer hingegen kann dehnbareren Regeln unterworfen sein. Kinder brauchen zu Hause Freiräume, aber auch die klare Erfahrung, dass jedes Familienmitglied ähnliche Rechte besitzt und dass die absolute Freiheit im Respekt vor den Bedürfnissen der anderen ihre Grenzen hat. Nur wenn einem Kind diese Zusammenhänge durch Erleben – nicht durch Erklärungen – in den ersten Lebensjahren klar geworden sind, hat es feste Grundlagen, um dann später kreativ »mit den Regeln zu spielen«, neue Regeln durch Verhandeln zu schaffen und mit ihnen zu experimentieren, statt sie gehorsam »von oben« anzunehmen: ein wichtiger Prozess, ohne den niemand seinem Egozentrismus entwächst und zu echtem Respekt und Eigenverantwortung reift.

Ein moderner Vater, der seinem achtjährigen Sohn nicht schaden wollte, fragte mich ängstlich, ob es erlaubt sei, ihn ins Bad zu schicken, wenn er zu sehr stinke. Der gleiche (allein erziehende) Vater hat keine Bedenken, das Kind für Tage und Wochen allein bei einem nicht sehr liebevollen Dienstmädchen zu lassen, wenn er mit seiner Freundin verreisen will. An diesem Beispiel können wir vielleicht die Wechselwirkung zwischen dem Erfüllen authentischer Bedürfnisse und der Sicherheit im Grenzensetzen ablesen.

Wenn Kinder in einem gewissen Alter zu beschäftigt sind, um sich mit so profanen Handlungen wie dem Duschen abzugeben, kann es notwendig sein, ein Minimum an Sauberkeit zu verlangen. Dabei kann es hilfreich sein, wenn wir das Ablaufen der Frist im Voraus in Erinnerung rufen.

Von festen Mahlzeiten (ohne Essenszwang!) war schon im Zusammenhang mit dem Bedürfnis nach Zeitorientierung die Rede. Kleine Kinder bekommen oft vor der Zeit Hunger. Es schadet nichts, ihnen einen Teil der Mahlzeit, der schon bereitsteht, vorweg zu geben. Damit vermeiden wir, dass ein Kind sich über Schleckereien hermacht, die eigentlich Nachtisch sein sollten, oder dass es bis zur Essenszeit so überhungert ist, dass es unruhig wird. Der Harmonie der ganzen Familie förderlich ist es, fünfzehn Minuten vor dem Essen Bescheid zu geben, so dass jeder sich darauf einstellen kann. Mit dieser einfachen Praxis ist es uns seit vielen Jahren gelungen, dass alle, einschließlich der Besucher, gut gelaunt und gleichzeitig am Tisch sitzen. Das vereinfacht die Organisation und bringt so gute Stimmung, dass auch jemand, der keinen Appetit hat, einen Happen nimmt, um die fröhliche Runde nicht zu verpassen.

Solange die Kinder kleiner sind, bedeutet die Schlafenszeit auch eine feste Grenze. Nicht nur, weil sie lange genug schlafen müssen, sondern auch, weil die Erwachsenen nach einem Tag voll ständiger Bereitschaft ein wenig ruhige Zeit für sich selbst benötigen. Der Schlafenszeit sollte nach Möglichkeit eine kurze Periode besonderer Zuwendung vorausgehen – eine Geschichte, ein wenig Erzählen und Sichumarmen, gemeinsame Musik, je nach Geschmack. Manchmal wissen wir im Voraus, dass unser Abendprogramm dieses friedliche Zusammensein nicht erlauben wird. So bürgerte es sich bei uns ein, dass eine Gutenachtgeschichte auch schon am Nachmittag erzählt werden kann, wenn es nicht anders geht. In unserem Haus, in dem es tagsüber von Kindern wimmelt, empfinden wir es als Notwendigkeit, nach acht Uhr abends auf ruhige Beschäftigungen umzuschalten. Die Kinder gehen zwar nicht mehr früh ins Bett, aber sie selbst bevorzugen schon stille Spiele und Arbeiten nach einem Tag mit viel Bewegung und Abenteuern.

Uns Erwachsenen ist es zum Bedürfnis geworden, nach einem aktiven Tag zusammenzusitzen, bei einer Tasse Tee oder einem Glas Bier Gedanken auszutauschen und den Tag ausklingen zu lassen. Das geschieht zwar oft erst nach Mitternacht, ist aber über die Jahre das Opfer an Schlaf wert. In diesen Stunden der Gemeinsamkeit und Verständigung wächst allmählich das Kapital an Harmonie und friedlicher Atmosphäre, das der ganzen Familie zugute kommt.

Den Eltern fällt also die Verantwortung zu, eine Umgebung zu schaffen, in der Harmonie und Respekt im täglichen Umgang zur Wirklichkeit werden, so dass das Setzen notwendiger Grenzen eine logische Folge wird. Wir verlangen also von Kindern nicht, dass sie sich besser benehmen als wir selbst, sondern können sie notfalls daran erinnern, dass bei uns zu Hause Anschreien oder Schimpfworte nicht gerade Mode sind.

Harmonie kommt aber nicht von allein, sondern muss immer wieder bewusst hergestellt werden. Die Erwachsenen müssen die Entscheidung treffen, auf welchem Grundton sie das Zusammenklingen in der Familie aufbauen wollen. Es ist unmöglich, einen reinen Akkord auf einem unreinen Grundton aufzubauen. Von außen dringen viele Einflüsse in die Familie, die die Saiten zu verstimmen drohen. Es bedarf ständiger Achtsamkeit und gegenseitiger Hilfe, um notfalls zum friedlichen Grundton rechtzeitig zurückzufinden, bevor das ganze Orchester disharmoniert.

Erwachsene, die gerade von der Arbeit heimkommen, sind häufig sehr müde, verärgert oder bedrückt. Sind das beide, Vater und Mutter, gleichzeitig, fällt eine Riesenlast auf die Kinder. Es ist niemand da, um die Gefahr abzuwehren, und die Probleme der Außenwelt dringen ins Haus, ohne dass ihnen jemand die Schärfe nimmt.

Immer weniger Frauen arbeiten noch ausschließlich als Hausfrau. Doch selbst diese sind sich ihrer Rolle als »Stimmungsfilter« meist nicht bewusst. Im Anblick seiner umwölkten Stirn ist wohl ihre erste Regung, dass der Mann kein Recht habe, seinen Ärger nach Hause zu bringen. Ihre erste Reaktion mag sein, ihrerseits sofort alle häuslichen Schwierigkeiten aufzutischen, sozusagen als Beweis, dass man es schließlich auch schwer habe, aber kein Hahn danach krähe. Eine wohlmeinende Ehefrau verbeißt sich zwar für den Moment ihren eigenen Kummer, doch überhäuft sie den Heimkehrer mit eindringlichen Fragen: »Erzähl doch, was ist wieder losgewesen? War der Chef wieder unmöglich? Hattest du Krach mit den Kollegen? Schlechte Geschäfte?«

Sie fühlt sich ihrerseits verstimmt, wenn all ihre Anteilnahme nichts anderes einbringt als ein undifferenziertes Gegrummel oder eine abwehrende Handbewegung. Für schlechte Stimmung, die ein Familienmitglied von außen einschleppt, gibt es kein besseres Mittel als häuslichen Frieden und die Bereitschaft, zunächst Grundbedürfnisse zu erfüllen – ein wenig Zurückhaltung; ein Teller liebevoll zubereitete Suppe; eine Übergangszeit lang der Schutz vor häuslichen Sorgen – also das Gefühl, dass es einen Zufluchtsort vor den Problemen der Welt gibt. Hier braucht man nicht zu kämpfen, sich nicht zu rechtfertigen, hier kann man erst mal zu sich kommen. Langsam kann man sich wieder auf Harmonie einstimmen, fühlt sich dann auch stark genug, sich für häusliche Schwierigkeiten zu interessieren.

Wenn beide Eltern draußen arbeiten, bedarf es doppelter Wachsamkeit und gegenseitigen Beistands, sich in der notwendigen Filterarbeit gegenseitig zu helfen. Ohne sie wachsen Kinder trotz materieller Sicherheit unbehütet auf, überlastet von

Problemen der Erwachsenen, denen die Kraft fehlt, dem Nachwuchs einen geschützten Raum zu schaffen. Diese natürliche Aufgabe, die eigene Nachkommenschaft zu behüten, illustrieren wir Eltern hier in Ecuador gerne mit einem typischen Bild aus den tropischen Gegenden des Landes: Eine Henne spaziert mit ihren Küken durchs Feld. Plötzlich sieht sie sich einer Schlange gegenüber, die ihre Kinder bedroht. Sie stellt sich dem Kampf mit unerwarteter Wut und vertreibt den Feind.

Wenn eine Henne so mutig sein kann, warum sind wir Eltern oft so ängstlich, unsere Kinder vor Verwandten, Bekannten, vor Fremden oder staatlichen Hoheitsansprüchen zu schützen? Wenn wir uns diese Aufgabe nicht zutrauen, sind unsere Kinder gezwungen, Sicherheit anderswo zu suchen oder sich selbst zu verteidigen, einen Schutzwall um sich zu errichten, in den auch Eltern kaum noch einzudringen vermögen.

Es scheint eine positive Entwicklung der modernen Zeit, dass Männer neben ihren traditionellen Fertigkeiten aufgrund der beruflichen Mitarbeit ihrer Frauen auch solche Tugenden entwickeln, die früher allein dem weiblichen Geschlecht vorbehalten schienen. Indem sie einen Teil häuslicher Verantwortungen übernehmen, erscheint es nur als natürlich, dass auch sie zartes Einfühlungsvermögen üben und im zwischenmenschlichen Bereich tätig werden, wo es oft keine messbaren Resultate gibt. Doch diese Entwicklung kann für die Frau die Versuchung bedeuten, ihre spezifische Funktion als »Nährboden« weniger wichtig zu nehmen und den Grundsatz »gleiches Recht für beide« mit einer Einebnung von Unterschieden – Emanzipation zum Mann statt Entwicklung zur Frau – zu verwechseln. Daraus folgt aber eine Gleichberechtigung auf Kosten der vollen Entwicklung der latenten Anlagen der Frau, die durch differenzierte biologische Prozesse ihre feinsten intuitiven Fähigkeiten freisetzt – ihren »inneren Fühler«, der auch in konfusen Situationen seine Sicherheit nicht verliert, wenn logische, sprachgebundene Beziehungen versagen.

Für den »guten Ton« eines Hauses also tragen die Erwachsenen die Verantwortung, die aus eigenem Willen die Familie gegründet haben. Wie »fein« die Umgangsformen sind, ist dabei wohl weniger wichtig. Unsere Generation hält nicht mehr so viel von säuselnden Stimmen und gespreiztem Finger an der Teetasse. Vielmehr ist der Grundton Ausdruck unseres wirklichen gegenseitigen Respekts und unserer wachsenden Bereitschaft, Bedürfnisse anderer in Betracht zu ziehen. So wächst eine Wirklichkeit, in der notorische Unordnung, Lust am Zerstören und Wehtun und ähnliche Probleme nicht gut gedeihen können. Ein kleines Kind mag in solch einem Zuhause ein Benehmen ausprobieren, das es bei anderen Kindern beobachtet und das es beeindruckt hat. Es genügt aber, »Hier nicht« zu sagen, um die Harmonie des Hauses wiederherzustellen.

Eine friedvolle Atmosphäre, ein trautes Heim, das allen als Zuflucht dient, bedarf unserer ständigen Aufmerksamkeit. Sie werden von allen Seiten bedroht und müssen immer neu verteidigt werden. Gerade in den »besten Familien« wächst der Anteil an Kindern und Jugendlichen rapide, die mit Alkohol, Drogen, vorzeitiger sexueller Aktivität, mit Kriminalität und Selbstmordversuchen in Berührung kommen.

Lügen und Stehlen

Eltern beklagen sich oft, ihre Kinder würden lügen oder stehlen, und sind überzeugt, dass mit den Kindern – nicht aber mit ihnen – etwas nicht stimme. Solange die Kinder klein sind, unterscheiden sie nicht klar zwischen subjektiven und objektiven Wahrheiten oder zwischen Mein und Dein. Wenn die Erwachsenen ihr eigenes Verständnis auf Kinder projizieren, sehen sie nicht die Realität der kindlichen Zusammenhänge. Dann lernen sie selbst nicht unterscheiden, wann das scheinbare Lügen des Kindes dieser natürlichen Unreife entspringt und wann es bereits ein Abwehrmechanismus wird, mit dem es sich vor bedrohlichen Situationen schützt. Sind wir dann nicht selber die Ursache seiner Bedrohung oder haben es selbst einer Lebenssituation ausgesetzt, für die es nicht stark genug ist, ohne ihm entsprechende Unterstützung zu geben? Die Therapie fängt also nicht beim Kind, sondern bei seiner Umgebung an!

Bei allen Kindern, die zu Hause oder in der Schule stehlen, lassen sich Mängel in ihrer Umgebung entdecken. Das leuchtet uns bei den Slumkindern ein, die Hunger leiden und sogar von ihrer Familie zum Stehlen auf die Straße geschickt werden. Doch nimmt die Zahl der »wohl versorgten« Kinder schnell zu, die in den Schulen, zu Hause, in Kaufhäusern oder auf der Straße zu Dieben werden. Ihnen allen gemeinsam ist ein Defizit an Zuwendung und reifem Verständnis für ihre menschlichen Wachstumsbedürfnisse. Erwachsene, die selbst voller innerem Druck sind, ihr eigenes Wachstum mit zunehmendem Wohlstand verwechseln oder es mit Selbstverwirklichungsprozeduren erzwingen wollen, andere, die stumpf geworden sind und auf ein besseres Leben nicht mehr hoffen, solche, die aus lauter Angst vor einer bevorstehenden Katastrophe alle Freude an der Gegenwart verloren haben: Sie alle haben Schwierigkeiten, diejenigen Reichtümer zu schaffen, die aus dem ständigen Geben und Nehmen menschlicher Wärme hervorgehen. Auch reiche Menschen leben dann in einem Slumviertel menschlicher Verarmung und sind unfähig zu erkennen, was ihnen wirklich fehlt.

Handelsgeist

Während viele Erwachsene ihren Nachwuchs mit Geld und Geschenken überhäufen, um sie bei Laune zu halten, versuchen andere, diesem Trend entgegenzuarbeiten. Sie werden vielleicht zu Fanatikern des einfachen Lebens: keine Süßigkeiten, keine unnützen Spielsachen, kein Taschengeld. Kinder aus beiden Gruppen haben wir bei Diebstählen ertappt. Zum Verständnis eines Kindes gehört unserer Erfahrung nach auch, dass es, sobald es mit Zahlen umzugehen beginnt, ein den häuslichen Umständen angemessenes Taschengeld braucht, das ihm ein wenig Unabhängigkeit ermöglicht. Es darf damit herumexperimentieren, sich dumme oder gescheite Sachen kaufen, es sparen oder am ersten Tag vergeuden. Wir klären gleichzeitig, welche seiner Bedürfnisse wir weiterhin aus eigener Tasche bestreiten und welche es sich nun selbst erfüllt, ohne uns darum anbetteln oder mit unseren wechselnden Launen rechnen zu müssen. In einer Familie mit größter persönlicher Freiheit und festen Grenzen erleichtert diese Abmachung vieles ohne die Gefahr möglichen Missbrauchs.

Im frühen Primarschulalter gehen Kinder oft durch eine Phase intensiven Handelsgeistes. Während die Entwicklung kleinerer Kinder der Geschichte der Sammler, Jäger und Ackerbauern analog zu sein scheint, vertiefen sich Sieben- bis Zehnjährige für lange Zeitstrecken in immer neues Kauf- und Tauschspiel. Eltern mit einer Abneigung gegen die Kaufmannsmentalität bekommen es wohl mit der Angst zu tun, dass ihre Kinder auf eine »schiefe Bahn« geraten.

Ich erinnere mich, dass unsere Kinder in diesem Alter allerlei Arbeiten annahmen, um zusätzliches Geld zu verdienen. Unser zweiter Sohn kaufte sich einmal eine ganze Batterie Schlösser, die ihm zu nichts anderem dienten, als wieder verkauft zu werden. Von dem Erlös erstand er nicht minder »unnützes Zeug«, und so immer weiter. In dieser Etappe genoss er es sehr, Geld zu zählen, Gewinne und Verluste auszurechnen, zu spekulieren und Freundschaften mit Kindern und Erwachsenen zu schließen, die sein Hobby teilten. Wir setzten dem Treiben die notwendigsten Grenzen – zum Beispiel verhinderten wir, dass unser Sprössling jeden Besucher überfiel, der sich durch das Gartentor wagte. Außer einer Vorliebe für Mathematik entwickelte er in dieser Phase auch eine beachtliche Menschenkenntnis. Allmählich ebbte seine Handelsbegeisterung ab und machte neuen, aber ebenso intensiven Interessen Platz.

Gehorsam

Große Sorgen bereitet vielen Eltern auch die Frage des Gehorsams. Es ist nicht leicht, Erwachsenen, die selbst in einer autoritären Situation aufgewachsen sind, ihre Rolle im Zusammenhang mit den Bedürfnissen der Kinder klar zu machen und dadurch den Begriff des Gehorsams zu klären. Nur langsam kommen sie von ihrer Fixierung auf die Pole »Gehorsam ohne Widerrede« und »unbeschränktes Recht auf eigenen Willen« ab und nähern sich dem Problem ohne Angst.

In der Schweiz, einem Land, das als demokratisch bekannt ist, besteht ein Gesetz, wonach im Fall einer nationalen Katastrophe oder eines Krieges der höchste General zum Diktator wird. Auch in Schule und Haus gibt es extreme Situationen, in denen absolute Autorität und bedingungsloser Gehorsam ihre Berechtigung haben. Wir müssen sicher sein, dass ein Kind in einer Situation, in der es selbst eine Gefahr nicht erkennt oder sich nicht verteidigen kann, uns auf der Stelle gehorcht. Diesen blinden Gehorsam kann ein Kind nur aufbringen, wenn es uns vertraut, und solches Vertrauen kann nur wachsen, wenn wir unbedingten Gehorsam niemals missbrauchen.

Erwachsene, die selbst an latenter, ihnen meist nicht bewusster Angst leiden, neigen dazu, überall schreckliche Gefahren zu vermuten. Sie leiden an chronischer Sorge, dass »das nicht gut gehen kann«. Ihr ganzes Leben nimmt den Charakter eines Alarmzustandes an. Manche Kinder, die anfangs noch auf das ständige »Pass auf!« und »Achtung!« reagieren, fangen bald an, dem Urteil des Erwachsenen nicht mehr zu trauen oder seine ständigen Warnungen einfach zu überhören. Nun tun sie erst recht, was sie wollen. Die Eltern wundern sich, dass sie schließlich auch dann nicht mehr gehorchen, wenn es tatsächlich nötig wäre!

Solange wir mit Angst auf neue Situationen zugehen, besteht wenig Hoffnung auf eine zufrieden stellende Lösung des Gehorsamkeitsproblems. Wie kaum sonst bei anderen Aufgaben berührt uns die Arbeit mit Kindern an diesem wunden Punkt. Solange wir das Leben der Kinder in vorgeschriebene Bahnen und Programme einzäunen oder unsere Verantwortung für ihre Entwicklung so weit wie möglich an Fachleute übergeben, können wir uns davor drücken, unsere Art, an Unbekanntes heranzugehen, zu ändern. Spezialisten erziehen die Kinder für uns, und wir kooperieren ein wenig, indem wir Hausaufgaben kontrollieren und unsere Unterschrift unter Zeugnisse setzen. Gibt es Probleme, lassen wir Spezialisten die Diagnose stellen und an den Kindern herumdoktern, damit sie nicht aus dem Rahmen fallen. Wir machen uns vielleicht dabei nützlich, indem wir Chauffeurdienste leisten. Auch die Freizeit ist kaum noch unter unserer Verantwortung. Sie wird weitgehend vom Fernsehen oder ähnlichen Einflüssen von außen ausgefüllt. Eltern, die gegen diese Tendenz kämpfen, lassen die Zeit der Kinder durch Sportvereine oder Kulturbetätigungen strukturieren.

Wenn wir uns diesem Schema anpassen, haben wir kaum noch Gelegenheit, unser eigenes Lebensgefühl zu erneuern, indem wir von Situation zu Situation auf authentische Bedürfnisse der Kinder eingehen. Das bringt uns um einen wichtigen Prozess. Statt Umstände vorsorglich zu kontrollieren, könnten wir nämlich lernen, uns in ihnen zu entspannen und dabei wirkliche von eingebildeter Gefahr zu unterscheiden.

Unsere Arbeit mit Eltern besteht weitgehend darin, ihnen in diesem Prozess zur Seite zu stehen. Auch Eltern, die eine neue Erziehung wählen, neigen anfangs dazu, die Nachmittage ihrer Kinder (die ja keine obligatorischen Hausaufgaben kennen) mit Sporttraining, Ballett oder allerlei Kunstunterricht auszufüllen.

Das lassen sich die Kinder eine Weile lang gefallen, aber die meisten bestehen nach willigem Ausprobieren darauf, ihre Freizeit selbst zu gestalten. Sie sind voller Ideen, und die Zeit reicht ihnen nicht, alle zu verwirklichen. Es ist wahr, manche Kinder wünschen sich wirklich irgendeinen Nachmittagsunterricht. Wenn Eltern mit diesem Argument kommen, bitten wir sie, ihre häusliche Situation ehrlich zu analysieren. Wie sind das Lebensgefühl der Eltern und die allgemeine Atmosphäre? Gibt es im Haus und in der Umgebung genügend Dinge, die das Kind interessieren, zu tun? Gibt es andere Kinder? Diese Fragen ermöglichen es uns, die »geeignete Umgebung« unter die Lupe zu nehmen, die wir sicher allen unseren Kindern bereiten möchten – oder zumindest hatten wir das vor, als sie auf die Welt kamen.

Dabei stoßen wir auch wieder auf die Notwendigkeit, Hausregeln für ständig wechselnde Umstände und Interessen der Kinder zu erarbeiten und uns mit den Konsequenzen, die etwaige Nichtbeachtung nach sich zieht, abzuplagen. Diese Aufgabe rührt direkt an die eigenen Unsicherheiten: Wann bin ich Autorität, wann brauchen Kinder Freiheit zum Experimentieren, wann muss man fest bleiben, wann nachgeben?

Die Mutter eines achtjährigen Jungen, der neu in unserer Schule war und eben die Freuden des freien Spiels entdeckte, beklagte sich: »Nun spielt er die ganze Zeit. Bei uns ist es üblich, dass jeder nach dem Essen seinen eigenen Teller wäscht. Das hat er früher ohne Widerrede getan, aber jetzt hört er überhaupt nicht mehr hin, wenn ich auf ihn einrede. Es gibt jeden Tag großen Krach wegen seines schmutzigen Tellers. Finden Sie nicht, dass ich ihn an seine Pflichten erinnern muss?« Sie stieß zunehmend auf taube Ohren, und ihr Fordern wurde so eindringlich, dass der Junge mehrmals den Schulbus verpasste. Ihr angespannter Zustand machte es ihr unmöglich, eine Lösung zu finden. Wir rieten ihr, das Thema »schmutziger Teller« gar nicht mehr anzusprechen, den Teller ungespült an seinem Platz zu lassen und abzuwarten. Am nächsten Tag kam der Junge hungrig zum Mittagstisch und protestierte: »Mein Teller ist schmutzig!« Die Mutter erwiderte lakonisch: »Natürlich, es hat ihn halt keiner gewaschen!« Das leuchtete ihm offenbar ein. Er ging zum Hahn und hatte ihn in zwei Minuten sauber. Diese unscheinbare Erfahrung führte zu einer unerwarteten Lösung einer ganzen Serie alter Spannungen und schließlich zu einem positiveren Verhältnis zwischen den beiden.

In einer aktiven Schule ist das tägliche Zusammenleben so dynamisch, dass wir außer den für alle verbindlichen Grundregeln ständig neue Regelungen für unvorhergesehene Situationen finden müssen. Diese Arbeit wird weitgehend von der wöchentlichen Plenarversammlung aller Kinder und Lehrer geleistet. Hier werden von den Kindern die Verantwortlichen für alle Interessenbereiche gewählt und fragwürdige Vorkommnisse der letzten Woche diskutiert, Klagen gehört, Verwarnungen ausgesprochen und bei dreimaligem Rückfall Strafen verhängt. (Ab und zu kommt es auch vor, dass ein Lehrer auf die Anklagebank kommt!) Anfangs malten sich die Kinder die grausigsten Strafen für ihre Kameraden aus, zum Beispiel Toilettenputzen. Dann merkten sie, dass so etwas jeden mal treffen kann, und einigten sich auf annehmbare Arbeiten wie das Aufräumen der Bibliothek oder der Schülerpresse. Es macht uns großen Eindruck, wie willig selbst die problematischsten Kinder von den Mitschülern verhängte Strafen auf sich nehmen.

Mit Staunen beobachten wir, wie oft Erwachsene Kinder durch Einschüchterungen und allerlei krause Reden zum Gehorchen bewegen wollen. Vor ein paar Tagen traute ich meinen Ohren kaum, als eine Mutter ihrem siebenjährigem Sohn drohte: »Wenn du nicht machst, was ich dir sage, verkaufe ich dich an den Mann, der da gerade kommt.« Eine andere warnt ihre streitende Kinderschar: »Wenn ihr nicht sofort aufhört, übergieße ich euch mit kaltem Wasser!« In diese Kategorie gehört der Spruch vom »Kuckuck«, vom »schwarzen Mann« oder wie sie alle heißen mögen. Es dauert freilich nicht lange, bis Kinder zu der Erkenntnis kommen, dass man Erwachsene nicht sehr ernst nehmen muss. Wollten sie uns alles glauben, könnten sie ja kaum noch in Ruhe leben! Sie hören also immer weniger hin, wenn wir mit ihnen reden. Das ist weniger Ungehorsam als vielmehr ein notwendiger Schutz, nicht nur vor ungeschickten Worten, sondern auch vor dem Tonfall, in dem sich viele Erwachsene mit Kindern zu verständigen versuchen. Unter diesen Umständen ist es kein Wunder, wie müde und ausgebrannt gerade Berufspädagogen häufig von der Erziehungsarbeit werden und dass viele Erwachsene mit Kindern lieber gar nichts zu tun haben möchten.

Fernsehen

Wir müssen uns also nicht wundern, dass Eltern trotz besseren Wissens das Kinderhüten weitgehend dem unermüdlichen Fernseher überlassen. Zwar helfen uns die Kinder immer weniger zu Hause, sie streiten sich untereinander über die Programmwahl, die Familie kommt viel weniger ins Gespräch, die Kinder scheinen nervös und unkonzentriert zu sein. Doch wir finden auch viele positive Argumente: »Das Fernsehen macht Kinder intelligent. Sie lernen schneller sprechen. Sie haben es doch so gern. Ohne Fernsehen wüssten wir nicht, was alles in der Welt vor sich geht. Es gibt doch so gute Kulturfilme. Wenn wir selbst kein Fernsehen hätten, säßen die Kinder ständig bei den Nachbarn…« Die Argumente gegen das Fernsehen sind so schwerwiegend, dass nur zwei Gründe unsere Entscheidung, es abzuschaffen, vereiteln können: Entweder können wir selbst nicht mehr ohne es sein oder es ist uns als Babysitter allzu bequem geworden. Dass Kinder es lieben, obwohl es ihre körperliche und geistige Gesundheit angreift und ihre Interaktion mit einer konkreten Welt durch ein Scheinleben ersetzt, ist durch seine Drogenwirkung zu verstehen. Sie fühlen den inneren Schmerz nicht, der sich in ihrem Leben angesammelt hat. Das Fernsehen gibt ihnen die Illusion, dass sie in Gemeinschaft mit einer Welt leben, die sie in Wirklichkeit in ihren Bedürfnissen nicht annimmt. Wenn Eltern zu der Entscheidung kommen, das Fernsehen abzuschaffen, müssen sie sich also auf unangenehme Entzugserscheinungen gefasst machen.

Langeweile

»Was soll ich tun? Mein Kind langweilt sich!«, ist häufig von Eltern zu hören, die gerade zur aktiven Schule übergewechselt sind. Ihre Kinder haben wenig Erfahrung in spontaner Aktivität. Die Zeit war früher für sie eingeteilt, ihre Initiative durch ständige Anleitungen geschwächt. Was sollen sie nun ohne ein Hausaufgabenprogramm anfangen, wenn man ihnen auch noch vom Fernsehen abrät? Sollen nun etwa die viel geplagten Eltern ihren Kindern die Langeweile vertreiben?

Die Antwort ergibt sich von selbst, wenn wir den Ursprung der Langeweile verstehen und begreifen, wie sie ein erfülltes Leben beeinträchtigt. Sie kann aus zwei geradezu entgegengesetzten Situationen entstehen, die aber den Organismus zu ähnlichen Abwehrmaßnahmen zwingen. Im Fall grober Vernachlässigung, zum Beispiel bei Slumkindern, die tagsüber in ein Zimmer eingesperrt werden, während die Mutter draußen arbeitet, und denen sowohl menschliche Wärme wie auch Gegenstände fehlen, mit denen sie sich befassen können, werden die Sinnestätigkeiten reduziert, um zu großes Leid zu vermeiden. Die Langeweile derjenigen hingegen, die anscheinend »von allem genug oder mehr als genug haben«, entsteht dadurch, dass sich die Erwachsenen der wirklichen Bedürfnisse ihrer Kinder nicht bewusst sind und ihnen durch häufiges Vorgreifen, Unterbrechen oder Ablenken die ursprünglich spontane Aktivität rauben.

Ein gelangweiltes Kind ist voll seelischer Schmerzen. Jede persönliche Entscheidung als Voraussetzung spontanen Handelns setzt den Rückgriff auf die eigenen Gefühle voraus. Das Kind muss die jetzige Situation mit früheren Erfahrungen, die zu seinem augenblicklichen Zustand beigetragen haben, vergleichen. Entscheidungen geschehen in konkreten Situationen im Umgang mit Dingen und Menschen. Wir beobachten in der Schule Kinder, die verschiedene Materialien berühren, Kameraden suchen, mit denen sie eine Aktivität teilen können. Dieses Berühren bringt gelangweilte Kinder in Kontakt mit ihrem Schmerz. Sie fliehen dieses Erlebnis, lassen lieber alles sein – und wieder tritt die Langeweile auf. Überstarke Stimuli von außen können diesen Schmerz übertönen. Aufregende Erlebnisse, Erwachsene, die aufrütteln, motivieren, schöne Versprechungen machen, die Initiative der Kinder durch ihre eigene ersetzen, reißen solch ein Kind zu erstaunlichen Taten mit. Die Eltern solcher Kinder üben viel Druck auf die Lehrer der aktiven Schule aus. Sie wissen doch, dass man »viel aus ihnen herausholen kann, wenn man auf den richtigen Knopf drückt«. Wir sollten aber dieser Versuchung widerstehen, selbst auf die Gefahr hin, das Vertrauen der Eltern zu verlieren. Stattdessen sollten wir warnen: »So wird Ihr Kind abhängig von immer stärkeren Stimuli von außen. Später wird es Probleme haben, seinen eigenen Weg zu finden. Haben Sie Geduld. Mit der rechten Unterstützung kann es nicht mehr lange dauern, bis es eigene Entscheidungen trifft.«

Manche Eltern wollen den Prozess abkürzen. Sie machen dem gelangweilten Kind Vorschläge: »Warum spielst du nicht mit Lego? Lies doch das wunderschöne Buch, das der Opa dir zum Geburtstag geschenkt hat! Oder willst du mir in der Küche helfen? Du könntest auch Klavier üben, malen, Kassetten hören…« Bei jedem Vorschlag wird es dem Kind und uns ein wenig elender zumute. Wie sollen wir diesem Teufelskreis der Langeweile entkommen? Das gelingt nur, wenn wir unserem Impuls, steuernd einzugreifen – ein Impuls, der wahrscheinlich zur Langeweile des Kindes beiträgt –, nicht nachgeben. Wenn es die Situation erlaubt, nehmen wir das Kind vielleicht in den Arm und sagen etwa: »Dir ist langweilig, nicht wahr? Das ist ganz schön blöd.« Vielleicht genießt das Kind diesen unverhofften Kontakt, der es zu nichts verpflichtet, zu nichts motiviert. Vielleicht wird es auch wütend und verlangt: »Ich will, dass du mir einen Vorschlag machst!« Darauf habe ich in einer konkreten Situation einmal geantwortet: »Gut, ich sage dir, was du tun sollst. Du musst mir aber versprechen, dass du wirklich machst, was ich dir sage.« Ein gesundes Kind stutzt vor dieser Konsequenz, und es fallen ihm plötzlich mehrere Sachen ein, die es lieber tun möchte, als sich von uns herumkommandieren zu lassen!

Schlafprobleme

In unserer Liste der häufigsten Elternklagen steht auch die Sorge um das Bettnässen älterer Kinder. Die meisten Eltern haben selbst schon vieles erprobt, bevor sie das heikle Thema bei anderen Leuten zur Sprache bringen. Sie haben das Kind vielleicht vom Arzt untersuchen lassen, abends nichts zu trinken gegeben, es vor Mitternacht zur Toilette geschleppt. Vielleicht lassen sie das Kind auch seine eigene Bettwäsche waschen. Manche versuchten es mit Drohungen und Versprechungen, mit liebevollen Erklärungen oder Moralpredigten, mit Witzen vor anderen Leuten oder gar mit Schlägen.

Oft sind Eltern erstaunt, wenn ihnen im Gespräch bewusst wird, dass die Bettnässerei nicht als isoliertes Problem behandelt werden darf, sondern eng mit der Weise zusammenhängt, wie solch ein Kind die Erfahrungen seines Lebens integriert. Eine Umgebung voller Stimuli, die der Entwicklungsstufe des jungen Organismus nicht entsprechen, Mangel an echter Unterstützung in schwierigen Momenten, chronische Überlastung durch vielerlei Stress und mangelnde Gelegenheit zum Stressabbau: All dies bewirkt, dass sich im Kind ein undefinierbarer Schmerz bildet. Schmerz ist ein Mechanismus, der normalerweise dem optimalen Funktionieren des Körpers dient: Ein schmerzliches Gefühl in der Magengegend bedeutet beim gesunden Menschen Hunger, im Unterleib weist es auf eine volle Blase oder einen vollen Darm hin. Es genügt, das entsprechende Bedürfnis zu befriedigen, um den Schmerz zu beseitigen. Der gleiche Mechanismus gilt auch für alle anderen authentischen Bedürfnisse. Eltern, für die der Umgang mit Kindern eine Lernsituation darstellt und die allmählich sicherer darin werden, authentische Bedürfnisse als solche zu erkennen, vermeiden es, dass sich viele unbefriedigte Bedürfnisse ansammeln und mischen und kaum noch voneinander zu trennen sind. Eine Mutter hingegen, die sich dieser Vorgänge nicht bewusst ist, bietet ihrem traurigen Kind als Zeichen ihrer Zuwendung vielleicht Schokoladeneis an, entweder weil das für sie selbst ein bewährtes Schmerzrezept war oder weil sie unbewusst der hautnahen Berührung mit dem Schmerz des Kindes ausweicht.

Ein Kind, das ständig mit einem undefinierbaren Gemisch aus Schmerzen lebt, die aus unverarbeiteten Erfahrungen und dem Verkennen echter Bedürfnisse entstehen, kann vielleicht das Unwohlsein aufgrund einer vollen Blase nicht von anderen schmerzlichen Gefühlen unterscheiden. Während es schläft, versucht sein Organismus, nicht assimilierte Erfahrungen zu integrieren. Sind sie mit Schmerzen verbunden, so werden sie eins mit dem Unwohlsein aufgrund der vollen Blase. Wenn sie sich entleert, scheint der ganze Körper vom Schmerz befreit.

Ebenso wie dem Bettnässen liegt auch den Alpträumen eine Last schwer zu integrierender Erfahrungen zugrunde. Im Schlaf tritt die Hirnrinde in eine Art Ruhezustand, und so hat der Organismus Gelegenheit, die unverarbeiteten Stimuli des Tages zu verarbeiten. Es ist, als machten wir die Ladentür vor dem Eindringen weiterer Kunden zu, um in Ruhe Buchhaltung und

Briefe zu erledigen und im Geschäft Ordnung zu machen, lauter Beschäftigungen, für die wir im Betrieb des Tages keine Zeit finden. Ohne diese wichtige Arbeit »bei geschlossener Tür« könnten wir den nächsten Tag nicht wieder frisch beginnen.

Hat sich tagsüber allzu viel schmerzliches Material angesammelt, das im Schlaf zur Verarbeitung kommt, gerät der Organismus in einen kritischen Zustand, den wir von typischen Gefahrensituationen her kennen: Hormone werden ins Blut abgegeben, der Körper wird dadurch kampf- und fluchtbereit, das Herz schlägt schneller, der Blutdruck steigt – eine ganze Reihe innerer Reaktionen, die zwar in Gefahrenmomenten von großem Nutzen sind, aber rechtzeitig unter Kontrolle kommen müssen, damit der Organismus nicht zu Schaden kommt. Ein Alarmsignal schaltet rechtzeitig die Hirnrinde zur Verteidigung ein. Sie hat sofort ein Arsenal von Symbolen bereit: Schreckensbilder, die sich mit den schmerzlichen Gefühlserfahrungen verbinden, einen Alptraum, der uns ruckartig in einen konfusen Wachzustand versetzt. Wenn wir selbst oder unsere Kinder häufig so träumen, sollten wir uns fragen, welche Erfahrungen zu einem Schmerzzustand beitragen, der vom Organismus nicht mehr auf natürliche Weise im Schlaf integriert werden kann.

Wenn wir Eltern tagsüber nicht zu einem annehmbaren Gleichgewicht unserer Lebenskräfte kommen und dem Schlaf aus diesem Umstand heraus ein Übermaß an Arbeit zufällt, die er nicht mehr bewältigen kann, ist kaum anzunehmen, dass wir Kindern die notwendige Unterstützung und eine sichere Umgebung zur Integration ihrer Erfahrungen geben können.

Schwierigkeiten identifizieren

In der aktiven Schule müssen wir einen guten Blick für Kinder, die Abweichungen von gesundem, »normalem« kindlichem Verhalten in der vorbereiteten Umgebung aufweisen, entwickeln:

Unfähigkeit, unter dem großen Angebot etwas Interessantes zu finden, Mangel an Konzentration und an der Bereitschaft, sich einer Beschäftigung voll hinzugeben, ständige Konflikte, für die anscheinend keine Lösung zu finden ist, ein Übermaß an sitzenden Beschäftigungen auf Kosten von solchen, die Bewegung und Bewältigung konkreter Situationen erfordern, oder ein Übermaß an reinen Fantasiespielen und Fliehen vor praktischer Arbeit, die konkrete Verantwortungen einschließt; viel Reden und wenig Tun, die Tendenz, Erwachsene und Kinder zu manipulieren, chronischer Mangel an Ausdauer…

In unserer wöchentlichen Lehrerbesprechung erstellen wir Listen von Kindern, die über längere Zeit solche Schwierigkeiten nicht durch die heilende Wirkung der offenen Schule und unsere Unterstützung überwinden. Wir bitten die Eltern zu einem Gespräch, das meistens häusliche Situationen enthüllt, die eine deutliche Überlastung des kindlichen Organismus bedeuten. Diese Gespräche sind oft heilsam für die Eltern. Sie können uns ihr Herz ausschütten und lernen vielleicht, ihre eigene Situation aus einer breiteren Perspektive zu betrachten. Hier und da nehmen sie einen praktischen Rat an. Nicht immer verabschieden wir uns nach einem solchen Gespräch mit dem erleichterten Gefühl, etwas erreicht zu haben, oder mit der Erwartung, dass unsere Ratschläge den Stürmen des Elternhauses standhalten. Besonders heilsam sind die Gespräche jedenfalls für uns Lehrer, denn sie ermöglichen es uns, den Kindern immer wieder neues Verständnis entgegenzubringen.

Ich will diese »Problemkapitel« nicht ohne ein paar Bemerkungen über unser eigenes, das »Lehrerproblem«, abschließen. Erwachsene, die sich für die Mitarbeit an einer aktiven Schule entschließen, haben sicher ein hohes Niveau an Motivation. Es sind Menschen, die zur Erziehungsproblematik bewusst und intensiv Stellung genommen haben. Da alternative Schulen dem Personal oft weniger bezahlen und geringe Sicherheiten auf lange Sicht versprechen, haben wir Lehrer offenbar die Hoffnung auf Befriedigung in der Arbeit über finanzielle Vorteile gestellt. In unserer Schule arbeiten zudem Erwachsene, die Berufserfahrungen auf anderen Gebieten haben oder in einer Regelschule eindeutig frustriert waren. Eine freundschaftliche Zusammenarbeit und informelle Beziehungen zwischen allen Mitarbeitern, einschließlich des Schulleiters, des Aufsichtsrates, der Eltern, des Schulschreiners und aller Angestellten, verdrängt mit der Zeit frühere Gewohnheiten, mit Kollegen zu wetteifern, sich durch steifes Verhalten zu schützen oder persönliche Autorität aufzubauen.

In einem neuen Rahmen kommen wir durch ständige informelle Situationen oft schmerzlich mit den persönlichen Problemen in Berührung. Wir empfinden voller Schmerz, dass unsere Sinne nicht offen genug sind, um alles zu erfassen, was sich durch die spontane Tätigkeit der Kinder rund um uns abspielt. Wir fühlen uns oft unsicher, inmitten des allgemeinen Freiheitsprinzips feste Grenzen zu setzen und ihre Beachtung auch wirklich durchzusetzen. Wir merken manchmal erst hinterher, dass wir uns von schlauen Kindern manipulieren ließen oder wir selbst diese alte Erbsünde begehen. Wir müssen erst allmählich lernen, unsere Seelenruhe zu bewahren, wenn Druck von allen Seiten auf uns zukommt und mehr als zehn Kinder auf einmal etwas von uns wollen. Wir bemerken mit Schrecken, dass wir noch immer akademische Problemlösungen den emotionalen vorziehen, obwohl wir es eigentlich besser wissen sollten. Wenn wir viel über Kinderpsychologie gelesen oder langjährige Erfahrung mit Kindern haben, müssen wir der Versuchung widerstehen, unser Wissen zwischen uns und jede neue Situation zu stellen. Ich hake darum heimlich eine Liste von all dem ab, was ich über das Kind nicht weiß. Diese Beschäftigung dauert so lange, dass meine unbewussten Reaktionen des Vorgreifens verzögert werden... Schließlich bewahren unsere hohen Ideale uns nicht vor der Müdigkeit, die das ständige Instandhalten und Erneuern der vorbereiteten Umgebung mit ihren tausend Kleinigkeiten und das ständige Notieren unserer Beobachtungen mit sich bringen.

Um ein schnelles »Ausbrennen« in der Arbeit zu verhindern, brauchen wir feste Zeiten, in denen wir uns gegenseitig unterstützen. Außerdem können wir nicht ohne ständige Vertiefung des Verständnisses unserer Arbeit auskommen, ohne das wir leicht altbewährten Schablonen verfallen. Diese Arbeit ist doppelt wichtig, weil alternative Schulen natürlicherweise der Kritik all derer ausgesetzt sind, die auf traditionellen programmzentrierten Methoden beharren. Dass ein Lehrer seine Tätigkeit ständig gegen Zweifel und Missverständnisse verteidigen muss, kann sich zu einem beachtlichen psychologischen Druck auswachsen, der zusammen mit den hohen Anforderungen, die er an seine eigene Arbeit stellt, nicht geringen Stress verursacht. Darum erscheint es mir wichtig, dass im Erfüllen fremder Bedürfnisse auch das Bewusstsein der eigenen Bedürfnisse wächst und dass ein persönlicher Freiraum bewahrt bleibt, in dem der Zugang zu persönlichen Kraftquellen mit Liebe gepflegt wird.

Wenn wir nach und nach lernen, Problemen mit Kindern in einer neuen Haltung zu begegnen, rühren wir an ein wichtiges Geheimnis unseres Lebens. Es stellt sich ein neues Gleichgewicht her zwischen Eigeninteresse und dem Interesse an anderen, Eigenliebe und Nächstenliebe. Dieses Gleichgewicht wirkt kleine Wunder: so zum Beispiel, dass unsere täglichen Krisen mit Kindern immer seltener werden.

Die Überwindung des Egozentrismus

Was macht es uns immer wieder so schwer, unsere guten Vorsätze und Einsichten hinsichtlich einer kindgerechten Erziehung in die Praxis umzusetzen? Was hindert uns, in konkreten Situationen ihre verschiedenen Elemente zu erfassen, Zusammenhänge zu erkennen und Urteile zu fällen, die allen Bedürfnissen – denen des Kindes und den eigenen – gerecht werden? Warum bemerken wir Schwierigkeiten oft erst, wenn sie sich zu Krisen ausgewachsen haben? Kurz, was macht uns das Leben schwer und lässt so wenig Raum für Gelassenheit und Spontaneität?

Oft ertappe ich mich bei dem Gedanken, wie gut es mir doch gehen wird, wenn sich einmal die äußeren Umstände geändert haben werden – wenn das Wochenende da oder eine Arbeit erledigt ist, der Zahnarzt mich vom Stuhl entlässt, wenn mich ein lieber Bekannter besucht oder das Wetter sich bessert.

Sind dann aber all diese Bedingungen erfüllt, wundere ich mich, dass das Glück immer noch auf sich warten lässt. Theoretisch ist mir klar, dass mein Lebensgefühl von meiner Fähigkeit, jeden Augenblick voll zu erleben, bestimmt wird. Trotzdem scheint es eine Trennwand zwischen mir und der Gegenwart zu geben. Ich laufe an ihr entlang – einmal in Richtung Vergangenheit, dann wieder in Richtung Zukunft –, immer auf der Suche nach einer offenen Tür zum »eigentlichen« Leben.

Dieser Zustand des Getrenntseins erschwert meinen Umgang mit Kindern und bereitet mir viele Komplikationen in den verschiedensten Lebenslagen.

Stellen wir uns eine Situation vor, die jedem widerfahren kann: Ich will Freunde besuchen, um mit ihnen etwas zu besprechen. Auf dem Weg zu ihnen lege ich mir schon zurecht, wovon ich reden will, um ja nichts zu vergessen. Vielleicht stelle ich mir den Verlauf des Gespräches einschließlich der Gegenreden meiner Freunde vor. Noch mit meinem inneren Dialog beschäftigt, komme ich an und stelle fest, dass schon anderer Besuch vor mir eingetroffen ist. Ich fühle mich leicht verwirrt, auf unerklärliche Weise in meinem Selbstgefühl getroffen, obwohl ich dafür keinen triftigen Grund erkennen kann. Schließlich konnten meine Freunde nichts von meiner Absicht, sie zu besuchen, wissen. Natürlich haben sie außer mir noch mehr Freunde und Bekannte. Trotzdem bleibt ein bitterer Geschmack der Enttäuschung. Die gesamte Situation wird davon eingefärbt. Soll ich lieber gleich das Feld räumen und meinen Besuch vertagen? Gehe ich trotzdem hinein und rutsche auf dem angebotenen Stuhl herum wie jemand, der sich fehl am Platz fühlt, tausche ein paar höfliche Worte aus und verschwinde bei der erstbesten Gelegenheit? Unterbreche ich das Gespräch der hier Versammelten, nehme meine Freunde beiseite und versuche zu besprechen, was ich mir vorgenommen habe? Oder kann ich mich entspannen und mich der unerwarteten Situation mit ein wenig Neugierde öffnen, vielleicht einen unerwartet angenehmen Abend verbringen oder, falls es mir nach einer angstfreien Einschätzung der Lage ratsam erscheint, ohne Spur von Verärgerung meinen Heimweg antreten?

Die letztgenannte Lösung gelingt denjenigen, deren Bedürfnis nach Selbstverteidigung und -behauptung gering ist, die die Situationen ohne Behinderung durch persönlichen Egozentrismus erleben können. Dagegen gehen Menschen mit einem hohen Grad an Egozentrismus die Problematik des Umgangs mit Menschen auf andere Weise an. Wir könnten sie grob in zwei scheinbar sehr gegensätzliche Gruppen einteilen:

Die Vorsichtigen ziehen aus jeder neuen unvorhergesehenen Situation den Schluss, dass es besser sei, solchen Situationen aus dem Weg zu gehen. Sie bauen daher ihren Schutzwall noch ein wenig höher. Manche vermeiden so weit wie möglich jeden unnötigen informellen Umgang mit Menschen und suchen ihn mit Abmachungen und Regelungen einzugrenzen. Sie würden auf keinen Fall einen Bekannten »vor den Kopf stoßen«. Sie selbst laden ihre Freunde förmlich zu sorgfältig vorbereitetem Zusammensein ein und äußern Zeichen des Entsetzens, wenn die Familienmahlzeit servierbereit ist und der nicht eingeladene Besucher keine Anstalten zum Gehen trifft. Sie organisieren ihr Leben so, dass Unvorhergesehenes praktisch nicht mehr passiert.

Die andere Gruppe egozentrischer Menschen nimmt sich vor, mit allen altmodischen Förmlichkeiten aufzuräumen. Bei uns war ein offenes Haus immer eine Selbstverständlichkeit, doch vor einigen Jahren waren wir plötzlich einer ganz neuen Sorte von Besuchern ausgesetzt: Junge Reisende, die einmal bei uns übernachtet hatten, gaben unsere Adresse in Panama an andere Leute weiter und die wieder an andere. Es schien, als seien wir in einem geheimen Touristenführer für Gratishotels in Ecuador abgedruckt worden. Eine nicht abreißende Kette von Unbekannten tauchte bei uns auf. Wir fanden sie beim Nach-Hause-Kommen häuslich eingerichtet: Sie rekelten sich auf dem Sofa, bedienten sich aus unserem Kühlschrank, telefonierten ins In- und Ausland, waren pünktlich zu allen Mahlzeiten, benutzten die Waschmaschine, ohne jemals zu fragen, wie all das in unser sonstiges Leben passen möchte. Unversehens waren sie dann wieder verschwunden, doch es dauerte nicht lange, und sie waren durch neue Gesichter ersetzt…

Das ist natürlich eine extreme Erscheinung, aber eine wahre Geschichte, die uns die Notwendigkeit lehrte, für diese Art egozentrischer Menschen besondere Regeln aufzustellen, so wie wir etwa den vier kleinen Kindern unserer Nachbarin freundlich, aber deutlich sagen: »Jetzt geht mal schön nach Hause, weil wir zu Mittag essen. Nach dem Essen könnt ihr wieder zum Spielen kommen …«

Unsere Zeit ist durch eine schnelle Auflösung von Tabus, festen Regeln und Richtlinien gekennzeichnet, die früher zwar unser Leben oft einengten, andererseits aber eine gewisse Sicherheit für den Umgang geschaffen haben. David Elkind beschreibt, welchem Stress Erwachsene, Jugendliche und Kinder aufgrund des Verlusts solcher Regelungen, die von der Mehrheit akzeptiert werden, ausgesetzt sind. Obwohl das Fallen von Tabus der persönlichen Freiheit dient, strömen so viele unerwartete Einflüsse in den nunmehr unverteidigten Lebensraum, dass die einzige Lösung zu sein scheint, ein neues, wirksames Kontrollsystem zu erfinden. Die Schulen kehren zu disziplinarischen Methoden zurück, die nun durch moderne Tests und psychologische Kontrollen die Freiheit des Individuums noch mehr einschränken, als es das autoritäre Schulsystem vor 50 Jahren getan hat. High Schools in den USA werden nach Paul Goodman notfalls mit Stacheldraht und Waffengewalt geschützt. Auf vielen Gebieten des Lebens begegnen wir dieser neuen Tendenz, dem Auflösen alter Regeln gewaltsam zu begegnen. Im Züricher Tagesanzeiger lasen wir vor kurzem von dem Vorschlag einer Ärztegruppe, an Aids erkrankte Patienten zu tätowieren, um die Umwelt vor ihnen zu schützen!

Wir befinden uns also in einem echten Dilemma. Auf der einen Seite steht unser legitimes Bedürfnis, dogmatische oder gewaltsame Beschränkungen unserer persönlichen Freiheit zu durchbrechen, auf der anderen die Gefahr, dass durch die offene Bresche schädigende Einflüsse, gegen die wir keine Schutzmittel entwickelt haben, hereinströmen.

Dieser Schutz sollte uns aus einer optimalen Strukturierung unserer zwischen Umwelt und Organismus vermittelnden Lebensfunktionen erwachsen, durch die jedes Individuum Vitalität, Halt, Urteilskraft, die Möglichkeit zu persönlicher Erfüllung, aber auch zum Tragen sozialer Lasten erhält. Dieses Kapitel wird von den Bedingungen einer optimalen Strukturierung handeln und dem meist nur theoretisch verstandenen, von Piaget geprägten Begriff des Egozentrismus eine praktische Bedeutung verleihen. Dieser Begriff zieht sich wie ein roter Faden durch die Werke Piagets. Er ähnelt dem oft gebrauchten »Egoismus«, doch seine Bedeutung ist in erster Linie positiver Art.

Doch zunächst will ich zu erklären versuchen, welcher Mechanismus zwischen dem Jenseits und Diesseits der Schutzwälle vermittelt und damit die Integrität hochsensibler Lebensfunktionen so weit wie möglich garantiert. In »Erziehung zum Sein« wurde er als die jeder Entwicklungsetappe eigene Manifestation des Egozentrismus bezeichnet.

Hoimar von Ditfurth beschreibt in seinem Buch »Der Geist fiel nicht vom Himmel« den Beginn des organischen Lebens auf unserem Planeten, so wie ihn die Wissenschaft heute sieht. Es war die Errungenschaft der Urzelle, ihre komplexe innere Struktur nicht nur zu erhalten, sondern sie zu vervielfältigen, sich also fortzupflanzen. Damit das aber überhaupt möglich war, musste sie sich einen Schutz gegenüber ihrer Umwelt schaffen – eine Abgrenzung, die verhinderte, dass das Chaos, aus dem die Zelle entstanden war, sie gleich wieder zerstörte. Doch durfte diese Abgrenzung nicht hermetisch sein, denn ohne Energieaustausch mit der Außenwelt würde die Zelle aufgrund thermodynamischer Gesetzmäßigkeiten bald zu leben aufhören. In diesem ersten Dilemma zwischen außen und innen machte die Zelle eine der genialsten Erfindungen der Naturgeschichte. Sie schaffte sich eine halbdurchlässige Membrane und mit ihr etablierte sich das grundsätzliche Prinzip allen organischen Lebens. Die Zelle entwickelte einen inneren Mechanismus, um zu differenzieren zwischen dem, was von außen hereinkommen durfte, und dem, was wieder ausgeschieden werden musste. Das heißt, dass bereits die Zelle »unterscheiden«, »bewerten« und »auswählen« konnte – drei Tätigkeiten, die bis auf den heutigen Tag die Grundlagen jeder lebensnahen Intelligenz sind. Zweck dieser Aktivitäten war von Anfang an die Bewahrung der kostbaren inneren Struktur. Um sie zu erhalten und weiterzuentwickeln und sie dadurch einer dynamischen Umwelt anzupassen, durfte von Anfang an nur das notwendige Minimum hereingelassen werden. Das mag Menschen einer hoch entwickelten Gesellschaft zwar als »viel zu wenig« erscheinen, doch hat gerade dieses Prinzip über Jahrmillionen die Evolution des Lebens mit seinem unvorstellbaren Reichtum an Erfindungen ermöglicht.

Auch das Phänomen des menschlichen Egozentrismus hat seinen Grund in diesem Urprinzip des Lebens. Durch ihn wird der leicht verletzliche, im Wachstum befindliche Organismus des Kindes vor ungeeigneten Einflüssen und übermäßigem Druck bewahrt. Die Schutzvorkehrungen der Natur gehorchen – wie die Bildung der Lebensstrukturen – einem inneren Plan. In dem Maß, wie eine Struktur stark genug ist, sich der Umwelt ohne Gefahr auszusetzen, wird sie von ihrer schützenden Schale befreit, so wie das ausschlüpfende Küken die Eischale zerbricht und unter die Obhut der Henne tritt, die ihm Schutz bietet, bis es sich selbst verteidigen kann.

Dieser einfache biologische Vorgang funktioniert zumindest bei Tieren, die in freier Natur ohne übermäßige Einmischung der Menschen leben, auf instinktive Weise. Bei uns Menschen ist dieser Instinkt durch die Notwendigkeit der Anpassung an eine komplexe Gesellschaft sehr geschwächt. Während eine Henne sich ausschließlich der Arbeit des Brütens hingibt, solange sie auf den Eiern sitzt, fällt es der modernen Frau immer schwerer, während der Schwangerschaft und wenn die Kinder klein sind, Prioritäten zu setzen. Während eine Henne rücksichtslos auf alles einhackt, was ihrem Küken eine Gefahr bedeuten könnte, sieht sich die Menschenmutter ständig im Konflikt zwischen der Notwendigkeit, »ihr Gesicht zu wahren« oder vorrangig ihr Kind zu behüten. Der Druck sozialer Erwartungen hat sich ihres Bewusstseins oft so stark bemächtigt, dass er weitgehend ihr Gefühl für die Bedürfnisse des Kindes überschattet.

Ein Kind, das sich genügend beschützt weiß, geht zu immer weiterer Interaktion mit seiner Umwelt über. Eben diese Interaktion ist es, die seine Strukturen entwickelt, durch deren sicheres Arbeiten der Aufbau früher Schutzwälle überhaupt überflüssig wird. Dieser Prozess ist grundlegend für die wachsende Fähigkeit, ein gesundes Gleichgewicht zwischen subjektivem und objektivem Erleben herzustellen und ohne Gefahr für die eigene Integrität den Standpunkt anderer Menschen und komplexe Zusammenhänge zu erfassen.

Wenn die von der Natur vorgesehenen Maßnahmen zum Schutz der Jungen einer Art nicht zuverlässig sind, muss der verletzliche Organismus zu Notmaßnahmen greifen. Damit kommt die feine Dynamik des allmählichen Öffnens aus ihrem Gleichgewicht. Ist die Integrität des jungen Organismus durch ein Ungleichgewicht von Abhängigkeit und Autonomie gefährdet oder stellt die Umgebung zu hohe Ansprüche an seine Kräfte, so reagiert die Natur mit dem Aufbau innerer Schutzwälle, die allerdings gleichzeitig die vorgesehene innere Weiterentwicklung behindern. Die Bewahrung des inneren Lebenskerns wird einer optimalen Entwicklung durch furchtlose und intensive Interaktion mit der Welt auf jeden Fall vorgezogen. Doch damit vermindern sich die Chancen, dass solch ein Organismus flüssigen und sicheren Umgang mit seiner Umgebung übt, einen Umgang, der ihn schließlich umsichtig, einsichtig, weitsichtig und großzügig werden lässt. Stattdessen bleiben wir innerlich auf einer Entwicklungsstufe stehen, die der eines Kindes entspricht – mögen wir auch in den besten Jahren und »brillante Denker« sein.

Wenn frühere Manifestationen des Egozentrismus in späteren Entwicklungsphasen erhalten bleiben, müssen wir mit verschiedenen Problemen rechnen. Indem eine wirkliche Entfaltung von

Strukturen aufgrund des Mangels an voller Interaktion mit der Welt verhindert wird, entsteht hier ein Leerraum, der allen Arten von Ersatzbefriedigungen weit offen steht. Das gesunde Gleichgewicht zwischen der Bewahrung des Selbst und der Bereitschaft zur Anpassung an Einflüsse von außen ist gestört. Der Mangel an Objektivität schwächt zudem die Urteilsfähigkeit dieses Menschen und damit seine Entscheidungskraft. Dadurch entbehrt er die nötigen Elemente, die seinen natürlichen Mechanismus der Vermittlung zwischen innen und außen sicher funktionieren lassen, und er ist entweder übermäßigem Einfluss von außen oder der Gefahr der Isolierung ausgesetzt. Dadurch fühlt er sich ungeschützt und lebt ohne spontanes Vertrauen, immer bereit zur Verteidigung.

Es ist leicht, zu sehen, wie sehr ein »verschleppter Egozentrismus« die Beziehungen zwischen Erwachsenen und Kindern beeinflussen muss. In dem Maß, wie wir unbewusst auf dem Niveau der Selbstverteidigung leben, ist es uns unmöglich, offene Sinne und ein wirkliches Verständnis für die Bedürfnisse der Kinder um uns zu haben. Unser eigener Reifeprozess steht und fällt aber damit, eigene und die Bedürfnisse anderer ins Gleichgewicht bringen zu können. Unreife Erwachsene sind keine unterstützende Umgebung für Kinder. Ihr eigener Egozentrismus trägt unaufhaltsam zur Zersetzung ihrer Beziehungen bei. Daraus entsteht eine Vielzahl von Problemen in ihrem Umkreis, die Kinder belasten und neue Schutzmaßnahmen erfordern. Die natürliche, durch größere Reife entwickelte Autorität des Erwachsenen, die dem unreifen Kind Sicherheit geben sollte, wird nun durch autoritäres Reglement oder durch antiautoritäres Verhalten ersetzt.

Das Thema wird ausgiebig in Piagets Werk »Das moralische Urteil beim Kinde« behandelt. Er kommt darin zu dem Schluss, dass einseitiger Respekt für das wachsende Bewusstsein des Kindes einschränkend ist, also seinen Egozentrismus verstärkt. Gegenseitiger Respekt dagegen ist die Grundbedingung, damit es sich aus seinem natürlichen, jeder Etappe entsprechenden Egozentrismus allmählich herausschälen kann. Gegenseitiger Respekt schließt sowohl autoritäres wie antiautoritäres Verhalten aus. Er verlangt vom Erwachsenen ein Verständnis der authentischen Bedürfnisse des Kindes, die mit dessen Heranwachsen wechseln und darum auch vom Erwachsenen Veränderungen verlangen.

Es scheint an der Zeit, uns nicht auf Notmaßnahmen zur Betreuung von »Fällen« beschränken zu lassen, die auf eine zunehmende Zersetzung einer kindgerechten Umgebung zurückzuführen sind: Kliniken für Stresskrankheiten, psychologische Behandlung, Hilfsdienste für drogen- und alkoholgefährdete oder schwangere Jugendliche, Beratung für Selbstmordfälle, Besserungsanstalten für junge Kriminelle, gesunde Freizeitgestaltung für Kinder und Jugendliche, die keinen sicheren Lebensraum haben oder mit sich selbst nichts anzufangen wissen. Als absolut vorrangig erscheint es mir, der Ursache auf die Spur zu kommen, die das Gleichgewicht moderner menschlicher Beziehungen offenbar seit langem stört und daran schuld ist, dass immer mehr Erwachsene unfähig sind, ihrem Egozentrismus zu entwachsen und in einen wirklichen Reifeprozess einzutreten, der zur Verbesserung menschlicher Lebensqualität unumgänglich ist.

Wenn Piaget darstellt, dass autoritäres Verhalten, also einseitiger Respekt, den Egozentrismus verstärkt, entsteht vor unserem Auge wohl das Bild von Erwachsenen, die sich gegenüber Kindern wie Feldwebel benehmen, sie zum Gehorsam zwingen, ohne sich um ihren Willen zu kümmern. Wir stellen uns auch gleich die typischen Verteidigungsmaßnahmen vor, die Kinder seit jeher solchen Erwachsenen gegenüber entwickelt haben. Einige zeigen sich vielleicht unterwürfig, um Zusammenstöße möglichst zu vermeiden. Sie entwickeln sich bald zu den bekannten »Radfahrern« (nach oben buckeln, nach unten treten), die uns so oft im Leben begegnen. Die große Mehrzahl wird erfinderisch im Ausweichen, im »So-tun-als-ob«. Sie betrügt meist im Kleinen und hin und wieder im Großen und erlernt so die Kunst des Überlebens in misslicher Lage. Eine kleine, aber wachsende Zahl wählt offene Rebellion gegen die Welt der Erwachsenen. Sie protestiert gegen deren Gewalt, die immer dort angewendet wird, wo wirkliche, durch größere Reife erwirkte Autorität fehlt. Doch ein Verständnis, das hauptsächlich aus der Praxis des Protestierens erwächst, entbehrt eine wichtige Zutat: die Erkenntnis von Momenten, in denen uns ein reiferer Mensch ein Stückchen weiterhelfen kann.

Viel schwieriger, als offenes autoritäres Verhalten zu erkennen, ist es jedoch, die ständige untergründige Direktivität von Erwachsenen zu identifizieren, die es besonders gut mit Kindern meinen. Sie gebrauchen zwar keine Gewalt, aber sie überreden mit »Liebe«, und sie gängeln, ohne sich selbst dessen bewusst zu sein. Es bedarf eines sechsten Sinnes, um bei uns selbst und bei anderen diese Art der Direktivität zu entdecken. Haben wir ihn aber erst einmal entwickelt, fängt für uns ein ganz neues Leiden an. In tausend Situationen schmerzt uns der Ton, in dem mit Kindern geredet wird (und den wir auch selbst an den Tag legen), und der Drang, Kinder belehren und ihnen Sachen erklären zu wollen, die sie gar nicht so genau wissen wollten; die Unfähigkeit, mit ihnen einfach zusammen zu sein, ohne ihren Willen zu beeinflussen, ihnen Sicherheit zu geben, ohne ihre Probleme lösen zu wollen.

Ich erinnere mich an einen liebevollen Vater, der seinem einjährigen Sohn beibringen wollte, wie er am besten die drei Stufen in unserem Wohnzimmer herunterkomme. Der Kleine war darauf versessen, die Stufen mit dem Kopf zuerst hinunterzuklettern. Der Vater war überzeugt, dass es rückwärts besser gehe. Er ermunterte das Kind eifrig: »Anders herum, mein Junge, anders rum.« Der Sohn ließ sich nicht beirren. Also drehte der Vater ihn selbst um und wiederholte: »Rückwärts, mein Sohn, rückwärts geht es besser.« Das war zuerst ein rechter

Kampf, aber schließlich gab das Kind nach und stieg die Stufen rückwärts herunter. Der Vater war mächtig stolz auf seinen Erfolg: »So hat er es doch besser und schneller gelernt.«

Was aber hat der Junge wirklich gelernt? Außer der Fertigkeit, etwas früher als ohne Belehrung rückwärts zu krabbeln, hat er gelernt, dass seine Art, Probleme zu lösen, offenbar den Widerspruch der Menschen, von deren Schutz er vorläufig abhängig ist, hervorruft und dass er den Beifall des Vaters erntet, wenn er seine eigenen, noch ungeschickten Versuche aufgibt. Solche Erfahrungen sind im Leben eines kleinen Kindes nicht isoliert. Sie werden in den verschiedensten Situationen immer neu bestätigt. Allmählich überzeugt sich das Kind, dass es leichter ist, gar nicht erst eigene Experimente anzustellen, sondern gleich jemanden zu fragen, der mehr weiß. Über solch ein Kind freut sich jeder. Es ist offenbar besonders gescheit, weil es viele Fragen stellt. Es dauert nicht lange, so können auch wir nicht mehr alle Fragen beantworten – eine wunderbare Gelegenheit, ihm zu demonstrieren, wie man Bücher zu Rate zieht, die ja von ganz besonders intelligenten Menschen geschrieben sind! Außer in Büchern zu lesen, lernt es bald, Autoritäten aufzusuchen, die es leiten und seiner Strebsamkeit zu neuen Höhen verhelfen.

Sicher wird diese »idealtypische« Schilderung übertrieben erscheinen, ihr karikaturhafter Charakter aber mag deutlich machen, was sonst nur schwer zu erkennen wäre.

Direktives Verhalten verhilft tatsächlich zu erstaunlichen Erfolgen auf Gebieten, die dem Verständnis des Erwachsenen nahe liegen. Es hat aber auch zur Folge, dass andere Wachstumsbereiche, die sich unserem Blickwinkel entziehen, dem sichtbaren Fortschritt hinterherhinken oder ganz vernachlässigt werden. In diesem Schuljahr kam der sechsjährige Ricardo zu uns, dessen Psychologe einen Intelligenzquotienten von 184 festgestellt hatte. Er fand, Ricardo könnte in einem freien Schulsystem noch viel mehr »gefördert« werden als in einer Regelschule (obwohl er offenbar schon die Arbeit eines Viertklasslers leistete). Es war nicht leicht, die Eltern von ihren Erwartungen immer höherer Leistungen des Kindes abzubringen. Schließlich gingen sie das Wagnis ein, einfach zuzusehen, welche Bedürfnisse ihr Sohn in einer freien Schulsituation zeigen werde. Unsere Vermutungen wurden in den nächsten Wochen bestätigt. Ricardo war vollkommen davon abhängig, dass ein Erwachsener ihm etwas zu tun gab. Seine Motorik war schlecht, und er geriet entweder in ständige Konflikte mit Kindern seines Alters oder zog sich in einen Privatbereich, der jeden Kontakt mit anderen ausschloss, zurück. Später fühlte er sich von einfachen Turngeräten, von Sand, Wasser und Holzarbeiten angezogen. Seine Ungeschicklichkeit verursachte eine Reihe kleiner Missgeschicke, und es folgte eine Periode, in der Ricardo mehrmals täglich von Herzen weinte. Vor ein paar Tagen lag er laut wimmernd unter einem Flaschenzug, der nicht so wollte wie er. Der achtjährige Sebastian, ein Kind, das ein Jahr früher in einem ähnlichen Zustand zu uns gekommen war, tröstete ihn: »Das kommt davon, wenn man keine Lebenserfahrung hat.«

Direktive Erwachsene (und größere Kinder, die direktiv aufgezogen wurden) erkennen wir auch daran, dass sie Geschehnisse und vor allem Gefahren ankündigen und davor warnen: »Achtung mit der Kerze, du verbrennst dir gleich den Finger. Das tut sehr weh!« Entweder gehorcht das Kind und ist damit um eine wichtige Erfahrung gebracht oder aber es hält den Finger trotzdem hinein. Dann erhält es die überwältigende Lehre, dass die Erwachsenen wieder einmal Recht gehabt haben: Das stärkt seinen Respekt vor unserer Allwissenheit und verlängert damit seine Abhängigkeit, die aber ein tiefes Unbefriedigtsein mit sich bringt.

Einseitiger Respekt betont also Ungleichheiten. Der einen Seite wachsen immer mehr Macht und Ansehen zu, während die andere Seite keine andere Wahl hat, als sich dieser Übermacht zu beugen. Dadurch entsteht ein hierarchiebedingter Druck, der den Unterliegenden unbewusst zur Selbstverteidigung treibt.

In Situationen gegenseitigen Respekts hingegen sind die Kräfte einigermaßen gleich verteilt. Das beobachten wir bei Gleichaltrigen, die sich aneinander messen. Ihre Kräfte prallen manchmal aufeinander – von außen sieht es nicht nach Respekt aus. Es wird gestritten und diskutiert. Einmal gewinnt der eine, dann wieder der andere. Je größer die Erfahrung mit gegenseitigem Respekt, umso seltener treffen die Kräfte auf so unschöne Weise aufeinander. Jeder bekundet offen seine Meinung, aber fühlt sich unabhängig genug, auch gegen das Urteil des andern seine eigenen Erfahrungen zu machen. So gibt es viele Gelegenheiten, Eigenes mit Fremdem zu vergleichen und verschiedene Gesichtspunkte kennen zu lernen. Durch häufige Interaktion mit scheinbar gegensätzlichen Wirklichkeiten wird allmählich ein objektiveres Weltbild erarbeitet. Langsam wird die Fähigkeit entwickelt, nicht unter, gegen oder neben anderen, sondern in echter Zusammenarbeit, durch Geben und Nehmen zu handeln. So entwächst ein Kind langsam, aber sicher seinem natürlichen Egozentrismus.

Wir Erwachsenen befinden uns in einem wirklichen Dilemma. Unsere Körpergröße, unsere Lebenserfahrung, unser größeres Wissen und Können, unser Scheckbuch, vieles kommt zusammen, das uns, auch wenn wir gar nicht machthungrig sind, einem Kind gegenüber zur Autorität stempelt. Außerdem fühlen wir uns für sein Wohlergehen, ja sogar für seine Zukunft, verantwortlich. Wie können wir vermeiden, dass das Gewicht unserer Person auf ihm lastet und dass wir trotz bester Absichten doch an seinem andauernden Egozentrismus schuldig werden, weil der Druck unserer Autorität es zu unbewussten Schutzmaßnahmen zwingt?

Mir scheint, dass sich in diesem Dilemma zwei Lösungen anbieten: Die erste und offensichtliche wäre, dass Kinder so viel wie möglich unter sich sein dürfen, ohne dass Erwachsene ihre Aktivitäten lenken, ihre Konflikte unterbinden oder für sie lösen. Solche freien Situationen, in denen Kinder ohne Gefahr spielen und zusammenarbeiten können, werden in unserer modernen, zivilisierten Gesellschaft immer rarer. Es sollte also zu unseren Aufgaben zählen, solche Möglichkeiten neu zu schaffen. Dabei denken wir vielleicht an die Spielplätze, die in fortschrittlichen Städten vorhanden sind, aber in denen die Kinder anscheinend nicht mehr gern spielen, alles zerstören oder so aggressiv miteinander umgehen, dass wir Angst haben, wenn unsere Schützlinge sich dort aufhalten.

Die Ursache solcher Aggressivität wird mit Recht bei den Medien und im Zustand unserer Welt gesucht. Doch zu diesem Zustand gehört eben auch die unausweichliche Pflicht, dass Kinder Morgen für Morgen nach dem Programm von Erwachsenen leben müssen, die ihrerseits den Programmen anderer folgen, um ihre Arbeit nicht zu verlieren. In der guten Absicht, Kinder weiter zu fördern, und vielleicht mit der Rechtfertigung, dass sie sonst nichts Positives tun, organisieren wir ihre Freizeit durch zusätzliche Sport- oder Kulturaktivitäten. Es gibt immer weniger Chancen für diese Generation, durch spontane Interaktion mit der Welt aus dem Egozentrismus herauszuwachsen. Diese Kinder aber werden bald Erwachsene mit ausgeprägtem Egozentrismus sein – eine endlose Kette von Ausweglosigkeiten, es sei denn, es gelingt uns, sie irgendwo aufzubrechen.

Eine Möglichkeit wäre es, herkömmlichen Schulen gegenüber, die lediglich Erfahrungen einseitigen Respekts vermitteln, Lebensräume zu schaffen, in denen Kinder und Erwachsene in gegenseitigem Respekt leben und arbeiten können. Solche neuartigen Schulen werden aber notwendigerweise für die Lehrer und Eltern selbst zu Lernzentren, in denen sie zu unterscheiden lernen, in welchen Momenten ihre Macht notwendig ist, um Kinder vor wirklichen Gefahren zu bewahren, und wie oft sie die Macht einsetzen, weil sie sich unsicher fühlen, es nun mal so gewohnt sind oder keinen anderen Weg kennen. Auf dem Lernprogramm von uns Erwachsenen steht aber nicht nur, uns im Kommandieren, Mahnen und Ermahnen, Loben und Strafen zu zügeln. Schwieriger ist es, sich der feinen Direktivität bewusst zu werden: unserer überredenden Worte und versteckten Manipulationen, unserer mit Erwartungen verflochtenen Aufmerksamkeiten und Zuwendungen. Gegen sie können sich Kinder nicht verteidigen, solange ihr Wachstum von unserer Liebe abhängig ist. Noch als Erwachsenen fällt es uns schwer, diese vielen emotionalen Verknotungen und Verflechtungen zu lösen, um endlich auf eigenen Füßen zu stehen.

In dem Maße, in dem unsere latente Angst allmählich dem Vertrauen ins Leben weicht, ändert sich auch die Erscheinung vieler Lebenssituationen. Wo wir bisher auf Schritt und Tritt ein potenzielles Debakel vermuteten, fällt es uns nun leichter, zwischen wirklichen und eingebildeten Gefahren zu unterscheiden. Damit ändert sich unser Verhältnis zum Kind unversehens. Wir müssen nun viel seltener als »letzte Autorität« oder »allwissender Schutzengel« auftreten. Das entlastet unsere Nerven und erlaubt es uns, von Verteidigung auf entspannte Aufmerksamkeit umzuschalten. Damit sinkt die Schwelle unserer Schutzmechanismen. Wir öffnen uns neuem Erleben und Verstehen. Gemeinsam mit dem Kind, das wir behüten, können wir eine kleine Portion Egozentrismus hinter uns lassen.

Wie sähe der Prozess zum Beispiel in unserer oben beschriebenen »Dreistufensituation« aus? Ich stelle sie mir etwa so vor: Das Kind versucht, Kopf voran die Stufen hinunterzukriechen. Der Vater sitzt in Reichweite, ohne dazwischenzufunken, aber bereit, ein etwaiges schreckliches Unglück zu vermeiden. Dabei ist sein Zustand wichtig, das Vertrauen in die Intelligenz des Kindes und seine Fähigkeit, die Situation richtig einschätzen zu können. Hat sein Kind bereits autonome Lebenserfahrung, weiß der Vater, dass es vorsichtig sein wird. Dann wird sein Fortschritt im Stufenklettern langsam sein. Vielleicht schreckt es im letzten Moment zurück und bleibt lieber, wo es ist. (Dem Vater sollte in diesem Fall das langsame Lernen seines Sprösslings nicht allzu viel Schmerz bereiten.) Vielleicht rutscht es ab und holt sich eine kleine Beule. (Der Vater weiß, dass es für ein kleines Kind wichtig ist, in ungefährlichen Situationen fallen zu lernen.) Dann lässt er es in der Sicherheit seiner Arme den Schmerz ausweinen und legt ihm vielleicht noch einen feuchten Schlamm auf die Wunde (das wirksamste Heilmittel in einem solchen Fall!).

Üben wir diese Haltungen im Zusammenleben mit kleinen Kindern, so wachsen unser Verständnis und unser Vertrauen gemeinsam mit ihnen. Wenn die Kinder größer werden, soll sich mit neuen Problemen auch unser Bewusstsein erweitern. Wo müssen wir Grenzen abstecken, welche Umgebung ist für ihr Wachstum von Nutzen? Stellen wir uns vor, unsere Kinder fragen uns eine Menge: Sind wir verpflichtet, alle Fragen ausgiebig zu beantworten? Oder haben wir nur Angst, unser Ansehen zu verlieren? Ist es angebracht, von jeder Frage des Kindes einen Unterricht abzuleiten, fürs nächste Wochenende einen Museumsbesuch oder eine Exkursion zu organisieren? (Diesen Enthusiasmus kennen wir von verantwortungsvollen Erziehern, die in ihrer Aufgabe aufgehen und große Befriedigung in ihr empfinden.) Oder wäre es besser, dem Kind zu sagen, es solle nicht stören, oder es mit der Empfehlung wegzuschicken, selbst im Lexikon nachzuschauen?

Gibt es einen Mittelweg zwischen den Extremen? Er müsste die Grundbedingungen des gegenseitigen Respekts erfüllen, ohne den eine Verminderung des Egozentrismus weder für das Kind noch für den Erwachsenen möglich wird. Stellen wir uns vor, das Kind stellt uns eine Frage, die nicht mit drei Worten zu beantworten ist. Falls irgend möglich, zeigen wir unser Interesse durch körperliche Zuwendung. Von nun an können verschiedene Dinge passieren. Bei Kindern, die sich angewöhnt haben, die Aufmerksamkeit der Erwachsenen durch gescheite Fragen einzuhandeln, müssen wir uns zunächst vergewissern, ob ihre Frage einem ehrlichen Interesse an der Sache entspricht oder ob sie strategischer Natur ist, um unsere Nähe zu genießen. Das können wir herausbekommen, indem wir das Kind an uns heranziehen und seine Frage langsam wiederholen. Wenn die Frage an sich wichtig ist, wird der Körperkontakt nur geduldet oder abgewehrt und das Kind besteht nachdrücklich auf einer Antwort. Im zweiten Fall genießt das Kind den Körperkontakt, die Frage verliert dabei vielleicht an Wichtigkeit, manchmal wird sie sogar vergessen und macht einem Spiel oder einem anderen Thema Platz.

Mit wachsender Erfahrung erkennen wir die Sachlage deutlicher und ohne lange Zeremonie. Je mehr das Kind mit unserem Respekt und damit mit der Erfüllung seiner authentischen Bedürfnisse rechnen kann, umso direkter können wir an seine Fragen herangehen. Auch bei »echten« Fragen halte ich es für günstiger, keine erschöpfenden, endgültigen Antworten zu geben. Wenn wir unsere Allwissenheit erst einmal in den Hintergrund stellen, nachdenklich werden und eher zögernd und sparsam antworten, so wie man spricht, wenn man sich gerade in diesem Augenblick mit einem Problem auseinander setzt, fühlt sich das Kind frei, seine eigene Überzeugung gegen die unsrige zu stellen. Dann kann es mit uns diskutieren wie mit einem Kameraden. Manchmal können wir auch so tun, als wüssten wir selbst keine rechte Antwort (das stimmt häufiger, als wir vielleicht glauben). Dann können wir gemeinsam mit dem Kind den Prozess durchmachen, durch den wir selbst gehen, wenn wir Antworten auf eigene Fragen suchen.

Allmählich entdecken wir viele Gelegenheiten, in neuen Variationen und in überraschenden Situationen gegenseitigen Respekt mit Kindern zu üben. Sie bedeuten die große Chance im Leben der Erwachsenen, selbst zu reifen, indem sie erlauben, dass die Kinder in ihrer Umgebung ihren eigenen Reifeprozess vollziehen. Die Grundübung ist immer die gleiche, nämlich zu unterscheiden, ob eine Situation so kritisch ist, dass wir unsere Macht und unser erfahrenes Urteil zu einem schnellen Entscheid einsetzen müssen, um Gefahren abzuwenden, oder ob sie einen langsamen Lernprozess des Kindes erlaubt. Erwachsene, die diese beiden Situationen häufig verwechseln, könnten wir als »egozentrisch« bezeichnen. Die zunehmende Reife eines Menschen zeigt sich aber in seiner Fähigkeit, Situationen gegenseitigen Respekts zu schaffen, wann immer dies ohne ernstliche Gefahr möglich ist.

Beim Schreiben dieser Zeilen sitze ich in Saraguro vor der Tür einer Indianerhütte. Neben mir versammeln sich eine Mutter und ihre Kinder um eine große Schüssel Zwiebeln, die geschält werden sollen. Das ist für Kinder, die ohne Spielzeug aufwachsen, ein großer Anreiz zum Anfassen und Mithelfen. Ein Dreijähriger ist tief in das Pellen einer Zwiebel versunken, sein vierjähriger Bruder, der unter chronischer Eifersucht leidet, reißt sie ihm aus der Hand und verursacht damit zu seiner Befriedigung ein großes Geschrei. Eine kritische Situation für die Mutter, obwohl eigentlich gar keine Lebensgefahr besteht. Schnell entreißt nun aber die Mutter dem Dieb in ihrer Übermacht wieder die umkämpfte Zwiebel. Das Ergebnis: doppeltes Kindergeschrei, Kratzen und Stampfen! Kein Wunder, dass nun die Mutter in Zorn gerät, den beiden Störenfrieden die Hosen stramm zieht und sie lange ausschimpft…

Ich stelle mir vor, wie eine Mutter mit gehobener Bildung in ähnlicher Situation reagiert hätte. Ich vermute, dass sie versucht hätte, den beiden klar zu machen, dass kein Grund zum Streiten besteht, weil ja eine ganze Schüssel voll Zwiebeln da ist. Vielleicht hätte sie dem weinenden Kind auch eine neue Zwiebel in die Hand gedrückt, um dem Ärger ein schnelles Ende zu bereiten. Hätte sie ihnen damit die ideale Situation geschaffen, in der sie lernen können, Probleme auf ihrem eigenen Niveau – also autonom – zu lösen? Wäre es besser, den Kindern den Rücken zu kehren und sie ihre Zwistigkeiten allein aushandeln zu lassen?

Eine erfahrene und einfühlsame Mutter ist sich meines Erachtens in solch kritischer Situation bewusst, dass beide Kinder jetzt ihre Nähe brauchen, ohne von ihr eine Lösung zu erwarten. Sie würde ihre Zwiebel hinlegen, sich zu den Kindern setzen und sie beide umarmen. (Das erlaubt dem Kleinen, erst einmal seinen Schmerz auszuweinen.) Gleichzeitig könnte sie, lediglich beschreibend, die Situation, dass die Kinder sich wegen dieser Zwiebel streiten, in einigen Worten zusammenfassen. Damit verhindert sie, dass die beiden handgreiflich werden und die Lage verschlimmern. Gleichzeitig schafft sie eine sichere emotionale Basis, auf der die Kinder selbst eine Lösung des Streites finden können.

In einem Erwachsenen, der in Konfliktsituationen so handelt, wie ich es eben beschrieben habe, geht, während er sich den Kindern zuwendet, eine ganze Reihe von Prozessen vor sich, die der Erweiterung seines Bewusstseins dienlich sein können. Zunächst darf er seinem Impuls, der unliebsamen Situation mit Macht ein schnelles Ende zu bereiten, nicht nachgeben. Er muss es sich auch verkneifen, seine eigene Ruhe dadurch retten zu wollen, dass er einfach weggeht. Er schließt also die Tür für instinktive »Kampf- oder Fluchtreaktionen«, die uns die Natur für besondere Gefahrenmomente seit Urzeiten mitgegeben hat, und wir öffnen uns sozusagen für einen neuen Handlungsablauf. Um der Situation die potenzielle Gefahr zu nehmen, verlegen wir das Sicherheitszentrum in uns selbst, auch wenn uns gar nicht danach zumute ist. Wenn wir der unlogischen Diskussion und dem Geschrei von Kindern ausgesetzt sind, fühlen wir uns vielleicht im eigenen Lebensschmerz berührt und möchten selbst am liebsten mitweinen. Woher sollen wir die Kraft nehmen, als sicherer Hafen gegen die emotionalen Stürme der Kinder zu dienen?

Wenn wir immer wieder gewissermaßen automatisierte Reaktionen durch eine bewusstere Handlung zugunsten der Kinder ersetzen, also nicht nur eine Art »neue Technik zur Kindererziehung« erlernen, merken wir nach kürzerer oder längerer Zeit, dass wir selbst nicht mehr die Gleichen sind. Etwas, das vorher nicht da war und das nun zu unserer neuen Natur wird, ist in uns gewachsen. Das heißt, dass wir nun nicht in jeder kritischen Situation mit großer Anstrengung alte automatisierte Reaktionen zurückhalten müssen, sondern dass wir spontan bewusster auf die Erfordernisse der Situation eingehen. Der Respekt vor den Bedürfnissen des Kindes kommt uns nicht mehr wie die Aufopferung eigener Bedürfnisse vor. Die Beziehung zwischen Erwachsenen und Kindern findet damit ein neues »ökologisches« Gleichgewicht: Was gut fürs Kind ist, dient auch dem Erwachsenen.

Eine aktive Schule ist nicht nur für die Kinder, sondern auch für die Erwachsenen, die hier die Verantwortung übernehmen, ein besonders wirksames Lernzentrum. Allerdings ist die Lage für beide verschieden. Wo Kinder sich an jedem neuen Tag neuen Erfahrungen mehr oder minder spontan öffnen, müssen wir erst alteingefleischte Gewohnheiten ändern, Vorstellungen, Ängste und starre Überzeugungen beiseite lassen, bevor wir »ganz da« sein können. In einer sorgfältig vorbereiteten Umgebung, in der Kinder spontan spielen und arbeiten, müssen beide, Kinder und Erwachsene, ständig wechselnde Konstellationen erfassen. Das ist nur möglich, wenn die Erwachsenen nicht dirigieren und trotzdem bereit sind, im Notfall höchste Autorität zu sein und Sicherheit zu garantieren. Jeder Erwachsene fühlt sich hier vollkommen auf sich gestellt. Neuankömmlinge verstehen nicht, wie sich hier ein Lehrer ganz einem Kind zuwendet und doch die Aktivitäten der anderen, die hinter, neben und vor ihm, jeder mit etwas anderem, beschäftigt sind, wahrnimmt, Stimmungen auffängt und Krisen voraussieht, ohne sich dabei gehetzt oder übermäßig belastet zu fühlen.

Besuchern fällt es häufig schwer, ihre Aufmerksamkeit und ihr Interesse an dem Tun der Kinder für lange Zeit aufrechtzuerhalten. Sie fühlen sich überflüssig, wenn sie nicht selbst aktiv sein, nicht irgend etwas dirigieren oder kontrollieren können. Manche greifen zum Notizbuch – das Schreiben gibt uns wohl ein Gefühl der Aufmerksamkeit oder Nützlichkeit. Andere suchen sich unter den Kindern ein Opfer, mit dem sie etwas spielen, manche sind froh, wenn ein liebeshungriges Kind sich an sie klebt. Wenn nichts Besonderes passiert, suchen sie sich vielleicht andere Erwachsene zum Unterhalten oder inspizieren das didaktische Material.

Doch ist gerade diese Situation besonders geeignet, uns anzuregen, aufmerksam und interessiert zu bleiben, ohne unnötig einzugreifen, auch wenn nichts Auffälliges geschieht. Sie hilft uns, nicht nur das äußere Tun der Kinder zu überblicken, sondern auch ihres und unseres inneren Zustands gewahr zu werden. Dieses Gewahrsein und die beständige Berührung mit inneren und äußeren Prozessen, die sich in Bedürfnissen äußern, reibt beständig an unseren eigenen Blockierungen. Allmählich werden wir etwas durchlässiger für das, was um uns herum geschieht. Wir beginnen, mitzufühlen und mitzudenken, während wir uns gleichzeitig unseres eigenen Zustands, unserer Impulse, Unsicherheiten und Bedürfnisse bewusst werden.

Geben wir uns dem Prozess ohne Angst hin, dann bemerken wir, dass hier und da unser Egozentrismus abgebaut wird. Wir lernen zu erkennen, wann unsere Reaktionen dem Drang zur Selbstverteidigung entspringen. Immer häufiger können wir auch bei anderen einschätzen, sogar vorausspüren, wenn sie aus eigenem Schutzbedürfnis, also egozentrisch reden und handeln. Damit wächst unsere Fähigkeit zur Objektivität, zur Zusammenarbeit mit Kindern, dem Ehepartner, Arbeitskollegen und sonstigen Menschen, die wir früher vielleicht manipuliert haben und von denen wir manipuliert worden sind.

Innere Strukturen

In den ersten Jahren unserer Pestalozzi-Erfahrung schien nichts natürlicher zu sein, als mit Begeisterung überall das Neue zu diskutieren, das wir täglich mit den Kindern erlebten. Wir waren überzeugt, dass alle Leute, die mit Kindern umgehen, an den ungeahnten Möglichkeiten eines neuen Verhältnisses zwischen den Generationen großes Interesse zeigen müssten. Das gleiche Phänomen beobachten wir bei unseren Kollegen im ersten Arbeitsjahr. Sie versuchen, ihre Verwandten und Bekannten zu überzeugen, es doch auch mit der neuen Methode zu versuchen. Sie diskutieren mit Lehrern anderer Schulen, mit zufälligen Reisegefährten oder wer immer ihren Weg kreuzen mochte.

Mit der Zeit sind wir alle etwas weniger aufdringlich in der Mitteilung unserer Überzeugungen geworden – nicht weil sie schwächer geworden wären, sondern weil wir gemerkt haben, dass man niemanden von etwas überzeugen kann, das er nicht schon von sich aus will. Wer sich mit Althergebrachtem sicher und wohl fühlt, bringt neuen Ideen, besonders aber einer neuen Praxis, Misstrauen und Widerstand entgegen. Andere mögen sich alten Methoden gegenüber vielleicht kritisch äußern, doch sie möchten vor allem die Formen ändern, wollen nettere Lehrer, ein besseres Curriculum, anschaulichere Schulmaterialien, mehr Kunst und weniger technisches Wissen, mehr Sonne im Schulzimmer, eine hübsche Teppichfarbe. Sie begleiten uns so lange, wie die Veränderungen ihren Vorstellungen entsprechen, und verlassen uns, wenn sie merken, dass die von uns erstrebten Transformationen grundsätzlicherer Natur sind.

Um in Ruhe arbeiten zu können, dürfen wir keinen unnötigen Widerstand schaffen. Wir merken bald, dass wir unsere Kräfte brauchen, um all den Problemen zu begegnen, die sich aus dem Fortschreiten des Prozesses ergeben, den diese Arbeit in und um uns in Bewegung setzt. So bemerken wir zum Beispiel, dass es gar nicht so leicht ist, die eigenen Überzeugungen jederzeit in die Praxis umzusetzen! Wir entdecken mit Erstaunen, dass wir selbst oft das größte Hindernis sind, um das zu leben, was unser Verstand und selbst unser Gefühl für richtig erklären. Ist es möglich, dass unser Sein mit unserem Denken oder Fühlen nicht identisch ist? Wenn wir uns diesem Zweifel zu stellen beginnen, wird uns schmerzlich bewusst, dass wir bis in die letzte Faser von dem geprägt sind, wie wir selbst aufgewachsen sind. Jedes neue Verständnis passt sich zunächst dieser inneren Gestalt an, so wie eine Flüssigkeit die Form des Gefäßes annimmt, in das wir sie gießen.

Jede neue Situation, die nicht durch vorgefasste Ideen, sondern in ruhiger Offenheit erlebt wird, hat die Macht, etwas zur Neuformung dieses Gefäßes beizutragen. Doch dies kann nicht »über Nacht« geschehen. Die Kräfte, die von außen und innen unser Wesen neu strukturieren, arbeiten langsam und vorsichtig, so wie wir es von allen lebendigen Wachstumsprozessen her kennen. So müssen wir uns an den Gedanken gewöhnen, dass wir die neue Arbeit mit Instrumenten beginnen, die noch unfertig sind und die erst durch die Erfahrung gebildet werden.

Der Zwiespalt zwischen Ideal und Wirklichkeit sticht uns natürlich bei anderen schneller ins Auge als bei uns selbst. Vor kurzem brachte mich eine Besucherin zu schwermütigem Lächeln, weil dieser Konflikt, den wir bei uns selbst kennen, bei ihr so deutlich sichtbar wurde. Es war eine nicht mehr ganz junge Lehrerin. Sie verbrachte den Morgen in unserer Schule und war höchst begeistert von so viel Selbstständigkeit, Intensität beim Spielen und Arbeiten, so viel Lebendigkeit. Ihr Bedürfnis, Gedanken und Erfahrungen auszutauschen, war groß. Da wir nur eine halbe Stunde Mittagspause hatten, luden wir sie zum Essen ein, es gab sonst keine Zeit, alle ihre Fragen zu beantworten. Inmitten des angeregten Gespräches am Familientisch beobachtete sie fleißig unseren Sohn. Es schien eine eingefleischte Gewohnheit, gegen die sie nicht ankonnte: Immer wieder unterbrach sie ihr Essen und Diskutieren über neue Erziehungsmethoden mit kritischen Bemerkungen: »Na, du isst wohl nur, was dir schmeckt? Nimm doch auch Salat, der ist gut für deine Gesundheit. Zerquetsch doch die Kartoffeln nicht, das ist nicht fein… Siehst du, jetzt ist dir was von der Gabel gefallen, das kommt daher, dass du nicht aufpasst.« Zwischendurch erzählte sie über ihre Frustration im Schuldienst und ihre Probleme mit den eigenen Kindern. Sie war völlig davon überzeugt, dass eine freiere Erziehung die einzige Antwort sei!

Nur allmählich wird uns bewusst, dass wir neue Erziehung nicht »machen« können. Von ihrer Notwendigkeit überzeugt, beginnen wir, neue Rahmenbedingungen zu schaffen: die vorbereitete Umgebung für Kinder, aber eben auch für die Erwachsenen. Diese Umgebung muss so beschaffen sein, dass sie allen, die darin leben, wirkliche Interaktion erlaubt. Und in dieser Interaktion formen sich nun die Werkzeuge eines neuen Verständnisses bei Kindern und Erwachsenen, je nach ihren Wachstumsbedürfnissen. Diese Strukturierung geschieht von innen nach außen, gerade so wie eine Pflanze die Formen und Linien all ihrer Teile durch die Wechselwirkung zwischen ihren Anlagen und den Möglichkeiten ihrer Umgebung entfaltet.

In unserer Gesellschaft, die von direktiven Haltungen in allen Schattierungen geprägt ist, deren wir uns allerdings meist ebenso wenig bewusst sind wie der ungesunden Luft, die wir in unseren Städten einatmen, ist die »halbdurchlässige Membrane« unseres Organismus von klein auf an vielen Stellen auf vielerlei

Arten verletzt worden. Der jahrelange und ständige Versuch, uns durch äußeren Druck zu »formen«, hat zwischen den verschiedenen Bereichen unserer inneren Wachstumsstrukturen vielerlei Sperren verursacht. Wie ich im vorangegangenen Kapitel darzustellen versuchte, sind diese Blockierungen für unseren Mangel an »Durchlässigkeit« verantwortlich. Und doch sind sie eine wichtige Notmaßnahme der Natur. Die Strukturen jeder Entwicklungsetappe werden durch sie zweifach geschützt. Einerseits wird das übermäßige Eindringen ungeeigneter Stimuli in die sich bildende Struktur abgewehrt, andererseits wird verhindert, dass mögliches Leiden, das aus ungenügender Befriedigung früherer Wachstumsbedürfnisse entsteht, die nächsten Strukturen überflutet. Es könnte ja geschehen, dass sich in der nächsten Etappe die Bedingungen verbessern und die Entwicklung auf dieser Stufe begünstigen. So erhält jede Entwicklungsphase eine neue Chance, aber jede Blockierung erschwert es uns, auf der Leiter unseres eigenen Bildungsweges mühelos hinauf- und hinabzusteigen. Vielleicht beunruhigt uns diese Tatsache nicht sehr – wir fühlen uns auf der Höhe unseres analytischen Denkens ganz wohl, solange wir es auf vertraute Probleme anwenden können. Ein vages Gefühl der Unsicherheit befällt uns vielleicht in völlig neuen Situationen. Diese lassen uns bewusst werden, dass wir viele Dinge nicht bemerken, nicht sehen oder hören. Wir ertappen uns dabei, dass unser »Denken« nicht in echtem Kontakt, im Einvernehmen mit der Wirklichkeit ist. Unsere unfehlbare Logik trifft zum Beispiel im Umgang mit einem anderen Volk, einer anderen Mentalität oder mit Kindern nicht mehr ins Schwarze.

Die modernen Statistiken geben einen kleinen Einblick, dass wir mit unseren existenziellen Zweifeln nicht alleine dastehen. Amerikanische Psychologen und Soziologen berichten von einer modernen Epidemie: der Depression, deren Ausmaß bereits mit Grippeepidemien vergleichbar ist. Die Ursachen dafür sind in vielen Fällen nicht bekannt. Sie wurzelt wahrscheinlich in einer

Art Lebenskrise, die 1945 noch um das vierzigste Lebensjahr herum auftrat, heute aber bereits bei Zwanzig- bis Dreißigjährigen. Man vermutet, dass nur etwa 20 Prozent der von Depression Betroffenen einen Spezialisten aufsuchen. Trotzdem wächst die Zahl der statistisch erfassbaren Fälle dermaßen, dass sie zu einem nie dagewesenen Konsum entsprechender Drogen geführt und eine ganze Welle moderner Forschung über die Beziehungen zwischen Geist und Körper angeregt hat.

Im vergangenen Schuljahr hatte ich wiederholt Gelegenheit, in der Elternarbeit latente Unsicherheit bei den Erwachsenen zu erleben. Auf Wunsch der Eltern führten wir das konkrete Rechenmaterial vor, mit dem die Kinder täglich umgehen. Ein Erwachsener erklärte sich bereit, das Kind zu spielen, und ich zeigte ihm, so wie den Kindern, wie er das Material zu organisieren hätte, um irgendeine Rechenoperation auf dem Primarschulniveau durchführen zu können. Meine Aufgabe bestand darin, den Vorgang so zu leiten, dass der Erwachsene die Aufgabe nicht zuerst im Kopf lösen und dann das Ergebnis aufs Material übertragen konnte, sondern an das Problem wie ein Kind – vom Konkreten zum Abstrakten – heranging. Fast ausnahmslos versuchten meine »Schüler« angestrengt, das Schlottern ihrer Knie und das Zittern ihrer Hände zu verbergen, auch wenn sie nur 20 durch 5 zu teilen hatten!

An einem anderen Elternabend, der der Einführung ins Schreib- und Lesematerial der Kinder gewidmet war, entdeckte ich, mit welchen Schwierigkeiten selbst die gebildetsten Erwachsenen beim schriftlichen Ausdruck zu kämpfen hatten. Es war meine Absicht, ihnen am eigenen Leib zu demonstrieren, um wie viel fruchtbarer es ist, aus der eigenen Erfahrung statt über weit entlegene Themen zu schreiben. Ich verteilte also Papier und bat die 40 Anwesenden, zunächst drei Minuten lang über das Thema »Arbeit« und anschließend drei Minuten über das Thema »Somalia« zu schreiben. Beim ersten Thema machten sie ein sorgenvolles Gesicht und schrieben ziemlich zögernd. Beim zweiten Thema schauten sie mich erst ungläubig an, schrieben dann aber flüssig los. Wer wollte, las seinen Aufsatz vor. Nun war ich mit dem Staunen an der Reihe. Nur zwei Teilnehmer (beides Landwirte) beschrieben ihre eigene Arbeit. Die anderen hatten eine Menge allgemeiner Phrasen über »die Arbeit, höchste Tugend der Menschheit« niedergeschrieben. Noch mehr staunte ich bei den Beiträgen über Somalia. Da gab es die poetischsten Ergüsse über den »Klang eines Wortes, der an eine schöne Frau oder eine duftende Blume erinnert«. Ein Autor hatte ein paar Kenntnisse aus der Geographiestunde zusammengeholt. Kein Einziger hatte es gewagt, das aufzuschreiben, was er nicht über Somalia wusste. Schließlich fragte ich die Teilnehmer, wie sie sich bei den beiden Themen gefühlt hätten. Die meisten gestanden, dass ihnen das Thema »Arbeit« zuwider gewesen sei, »weil man sich nicht gern an die Arbeit erinnert« und weil es »zu verpflichtend sei, über etwas zu schreiben, das man genau kennt«. Sie fanden, es sei viel angenehmer, über etwas zu schreiben, das man nur entfernt kennt.

Ich war neugierig, wie die Indianerlehrer in Saraguro sich von den Erwachsenen in der Stadt unterscheiden würden. Sie wollten in diesem Sommerkurs vor allem mit Sprachmaterial arbeiten. So ergab sich das Schreibexperiment auf natürliche Weise. Diesmal lautete das erste Thema »Mein Leben als Saraguro-Indianer« – das zweite Thema blieb gleich. Auch hier wurden wieder eine Menge allgemeiner Floskeln niedergeschrieben, wie sie in Schulbüchern zu lesen sind. Ein Kursteilnehmer, mit mehr Studienjahren als die anderen und Quichua-Lehrer an der Sekundarschule in Saraguro, sagte etwas über sich selbst aus: »Mein Leben als Saraguro kommt mir sehr traurig vor. Ich habe so viele Jahre studiert, um voranzukommen. Doch jetzt lebe ich in Saraguro und weiß doch nicht, wie ich meinen eigenen Leuten helfen kann.« Über das zweite Thema, Somalia, wussten auch die Saraguros fast nichts zu schreiben. Allerdings fiel es keinem ein, deswegen poetisch zu werden. Aber keiner von ihnen nutzte die Gelegenheit, Fragen zu formulieren, die zum Weiterforschen angeregt hätten.

Krasser als bei uns selbst fällt uns im Kontakt mit Indianergemeinschaften auf, dass Schule und Studium statt zur Erweiterung und Vertiefung des Verständnisses von Lebensproblemen zu einer Entfremdung führen können, nicht nur zu der des Menschen von sich selbst, sondern auch zur Entfremdung des »Gebildeten« von den »Ungebildeten«. Wir beobachten, dass nur selten das in den Schulen angehäufte Wissen dazu dient, die Probleme der Gemeinschaft zum Besten aller zu lösen. Indianerkinder, die die Schulkarriere voll durchlaufen, lernen, statt mit der Gemeinschaft zu kooperieren, eine völlig andere Lebensweise. Statt in Feld und Haus zu helfen, lernen sie nun still sitzen, nur zu reden, wenn sie gefragt werden, und die gestellten Fragen den Erwartungen des Lehrers entsprechend zu beantworten. Statt Pflug und Webstuhl lernen sie Bleistift, Hefte und ein paar Schulbücher handhaben. Sie lernen, dass Worte und Symbole wichtiger sind als zweckmäßiges Handeln. Regen und Sonnenschein wechseln sich nun ab, ohne dass sie mit ihrer wachsenden Kraft durch Pflanzen und Ernten zum Unterhalt der Familie beigetragen hätten. Statt in aller Frühe das Futter für die Haustiere herbeizuschaffen, kümmern sie sich nun um ihr sauberes Aussehen, um in der Schule nicht getadelt zu werden. Am Nachmittag befreit sie das Hausaufgabenmachen davon, auf die jüngeren Geschwister aufpassen zu müssen. Der Wert der Natur und des Landlebens, wenn auch in Quichua-Lehrbüchern verherrlicht, macht doch die wirkliche Erfahrung nicht wett, dass die wahre Erfüllung des Lebens an einem Schreibtisch mit Büchern und Schreibutensilien zu suchen ist und dass die Lehren intelligenterer Menschen wichtiger sind als eigenes Erleben, eigenes Tun, Denken und Fühlen.

Die erfolgreichen Schüler bringen jedes Opfer, sich in der Stadt fortzubilden oder dort eine Arbeit zu suchen; in einem Land mit vielen Arbeitslosen sind sie der Konkurrenz um feste

Arbeitsstellen selten gewachsen und müssen sich meist mit Gelegenheitsarbeit zufrieden geben. Eine kleine Anzahl erklimmt unter großen Anstrengungen die Erfolgsleiter, doch die herrschende Diskriminierung treibt viele in die Gemeinschaft zurück. Hier sind sie wegen ihrer höheren Bildung angesehen und genießen das Vertrauen der Leute. So gibt es in Saraguro nun einen Indianerarzt, der seinen Patienten Antibiotika verschreibt, die er in seiner eigenen Apotheke verkauft. Er hat sich ein Zementhaus gebaut, das von den Lehmhütten der Indianer weit absticht, und auf seinem Dach prangt eine Fernsehantenne. Schon von weitem hört man die Musik seiner Stereoanlage...

Mit meinen Betrachtungen will ich freilich nicht für ein armseliges, unterentwickeltes Leben plädieren oder das Bedürfnis nach Bildung verneinen. Vielmehr versuche ich, die Frage zu beantworten, wie wir verhindern können, dass zunehmendes Wissen unseren Kontakt mit uns selbst, mit lebendigen Zusammenhängen, mit emotionalen, familiären, sozialen oder ökologischen Problemen eher verdunkelt als erhellt. Wie können wir erreichen, dass Wissen nicht zum Mittel der Selbstverteidigung absinkt, statt echtem Verständnis zu dienen, dass es zum Werkzeug wirklicher Intelligenz statt der Intellektualität oder bloßen Fachwissens wird?

Interaktion zwischen innen und außen

Alle Bedingungen können erfüllt werden, wenn wir der naturgemäßen Ausbildung innerer Strukturen mit neuem Respekt begegnen, sie als einen von innen geleiteten Prozess neu verstehen lernen, der durch das Wechselspiel zwischen dem lebendigen Organismus und seiner Umwelt neue Instrumente zur Wahrnehmung und zum Verständnis auf eine Weise zum Einsatz bringt, dass weder die Harmonie der inneren noch der äußeren Zusammenhänge gestört wird. Das bedeutet, dass wir die Umwelt der Pflicht entheben, die Bildung der heranwachsenden Generation zu dirigieren, zu kontrollieren und zu bestimmen – dass wir dem inneren »Entwicklungsplan« des jungen Organismus vertrauen und die dabei frei gewordene Energie für die Veränderung der Qualität der Umgebung einschließlich unserer eigenen Gegenwart in ihr verwenden.

Forschungsergebnisse über den Ursprung des organischen Lebens und seine Evolution häufen sich in den letzten Jahren und machen deutlich, wie sehr unsere physischen, psychischen und intellektuellen Funktionen miteinander verwoben sind. Wenn wir jetzt davon reden, dass wir »Kinder respektieren« sollten, bleibt das nicht mehr ein moralisches oder philosophisches Problem. Aufgrund neuer Forschungsergebnisse wird es immer konkreter und klarer, dass es um Prinzipien geht, die für die Bildung und das optimale Funktionieren von Lebensstrukturen verantwortlich sind. Ich glaube darum, dass wir letztlich überhaupt keine Probleme wirklich lösen können – auf welchem Gebiet auch immer wir sie angehen mögen –, ohne uns diesem Grundprinzip der Beziehungen von Mensch zu Mensch zu stellen; zum Beispiel indem wir verstehen, dass ein Kind zu lieben unmöglich ist, es sei denn, wir respektieren seine eigenen Interaktionen mit der Welt von innen nach außen und damit seine »halbdurchlässigen Membranen«. Wir haben ja gesehen, dass dies bereits am Anfang des organischen Lebens steht. Wie können wir also die Natur respektieren und den Respekt auch in unseren zwischenmenschlichen Beziehungen wahren? Wenigstens diese Chance könnten wir der nächsten Generation geben, auch wenn wir unsere eigenen Blockierungen, die sich in unserer Kindheit gebildet haben, nicht mehr ohne weiteres auflösen können.

Unsere gegenwärtige soziale Umwelt ist in all ihren Aspekten so voller Direktivität, das Gleichgewicht zwischen inneren und äußeren Einflüssen und Wechselwirkungen ist so nachhaltig gestört, dass es uns sicher nicht leicht fällt, uns eine Lebenslandschaft auszumalen, in der sich ein Leben in Harmonie zwischen inneren Bedürfnissen und ihrer Erfüllung, zwischen Geben und Nehmen, persönlicher Entfaltung und Anpassung abspielen könnte. Die Gesetzmäßigkeiten dieser Wechselwirkung werden uns an der Entwicklung des vorgeburtlichen Lebens deutlich, wenn sie im Einklang mit natürlichen Prozessen geschieht. Durch immer neue Differenzierung entwickelt sich der Embryo aus der befruchteten Zelle. Zum Zeitpunkt der Reife entsendet er Wirkstoffe in seine Umgebung, um den Körper der Mutter zur Einleitung der Geburt anzuregen. So bedeutet der Abschluss einer Entwicklungsphase gleichzeitig die Loslösung vom Alten, doch der Übergang wird von innen her vorbereitet und gesteuert. Gleichzeitig versetzt sich das Kind vor seiner eigenen Geburt in einen Zustand, der seine optimale Beteiligung und Verarbeitung des zu erwartenden Neuen garantiert. Das tut es selbst auf die Gefahr hin, dass die Umwelt seinen hohen Erwartungen nicht entspricht.

Die Entfaltung jeder neuen Struktur bringt also eine Loslösung von etwas Vorhergegangenem mit sich, doch soll der Zusammenhang zu ihm nicht verloren gehen. Das Alte bleibt weiter Grundlage für jede weitere Entwicklung. Der Rückweg soll immer offen bleiben. So schreitet jede echte Entwicklung, jeder echte Lernprozess, vom Bekannten zum Unbekannten fort. Bei jedem Fortschritt, der dem Leben gerecht ist, wird Altes verwandelt, geht aber nicht verloren. Dies wird uns aus der ersten Interaktion des Säuglings mit seiner neuen Umgebung deutlich. Seine Lippen passen sich der Brust seiner Mutter an, aus der ihm Nahrung für seinen Körper zufließt. Nach einer gewissen Zeit aber probiert er mit den gleichen Lippen alles, was in seine Reichweite gerät. Sie werden zu einem Differenzierungsinstrument, mit dem er die Welt erkundet: »Dies hier ist so wie Milch, das hier ist ganz anders, und das ist so ähnlich.« So bildet er die ersten Grundlagen für seine spätere Logik, die sich aus dieser ersten Unterscheidung zwischen Ja und Nein zu einem feinen

Netz von Verhältnissen entfaltet, wenn das Kind zur gegebenen Zeit die entsprechenden Erfahrungen machen kann. Der Weg dahin ist lang und darf nicht übereilt werden. Bevor der wachsende Organismus zur operativen Etappe gelangt, deren Zweck die neurologische Vorbereitung der Logikstrukturen ist, ist seine volle Aufmerksamkeit einer immer feineren Strukturierung des limbischen Systems gewidmet.

Die Bildung limbischer Strukturen

Nehmen wir das Anliegen der frühen Etappen nicht wichtig genug, so schwächen wir damit das Vertrauen auf das eigene Urteil. Geschieht die Strukturierung dieser Systeme nicht reichhaltig, anhaltend und tief genug, so entstehen viele »schwache Stellen« im Gefühlsleben, in der Wahrnehmung und in der Motorik, die zu Verkrampfungen, Unsicherheiten und zum Mangel an Unterscheidungsvermögen führen. Dann können wir zum Beispiel nicht klar erkennen, wann rationales Denken auf »eigenem Boden gewachsen« und wann es von anderen unverdaut übernommen ist.

Jede Struktur hat ihre eigene Intelligenz, ihr eigenes Bewusstsein und Aktionsfeld. Eine harmonische Entwicklung garantiert, dass sie durch das Wachstum der nächsten Struktur nicht gestört wird. Diesen Zusammenhang können wir uns ohne Mühe am Beispiel dessen vorstellen, was wir »Hunger« nennen. Auf dem metabolischen Niveau bedeutet Hunger eine Mangelerscheinung, die sich unter anderem in der Senkung des Glukosespiegels im Blut bemerkbar macht. Im limbischen Bewusstsein bedeutet Hunger ein schmerzliches Gefühl, für dessen Beschwichtigung eine Lösung gesucht wird. Im Neokortex wird dieses Gefühl identifiziert, benannt, sein Ursprung analysiert und verschiedene Möglichkeiten einer Lösung des Problems erwogen. Dies ist ein alltägliches Beispiel, aber gut geeignet, um nachzuspüren, wie wichtig es für unsere Vernunft ist, den Meldungen, die aus den Registern des »niederen« Gehirns stammen, trauen zu können und sie zu identifizieren. Oft genug verwechseln wir Hunger mit anderen Gefühlen: Angst, Unzufriedenheit oder was uns sonst zum Essen treiben mag, wenn der Körper gar keine Nahrung braucht.

Während die Bedeutung einer guten Ernährung allgemein bekannt ist, herrscht über die Bedingungen für ein optimales inneres Wachstum eine weit verbreitete Verwirrung. Oft können wir es kaum erwarten, bis endlich die Zeit der »Vernunft« beginnt und ein planmäßiger Unterricht das Ungewisse in der Entwicklung des Kindes zu beseitigen verspricht. Die Versuchung ist groß, dieser Etappe ein wenig vorzugreifen und die Intelligenz des Kindes mit Geschick voranzutreiben. Das ist kein Wunder, wenn wir bedenken, wie unsicher unsere Generation gerade hinsichtlich dieser Struktur ist. Das Steigen der Scheidungs- und Therapiezahlen, unsere Unfähigkeit, Wirklichkeiten ohne fremde Interpretation wahrzunehmen, unsere zunehmende Abhängigkeit von mechanischer Mobilisierung, Arbeitsersparnis und von Anleitungen für allerlei Bewegungen – vom Sportverein bis zur Tanzstunde – so verschiedene Aspekte unserer Gegenwart, die anscheinend nichts miteinander gemeinsam haben, außer dass sie in den Bereich des Limbischen gehören!

Wie alle inneren Strukturen, so organisiert sich auch das limbische System durch Interaktion mit seiner Umwelt und »programmiert« damit bereits den darüber gelagerten Neokortex. Je nach ihrem Reichtum oder ihrer Armut differenziert sich das Netz seiner inneren Verbindungen und Gewebe, um innere Räumlichkeiten für jede Erfahrung zu schaffen. Ist die Umwelt reich an Erfahrungen, die den Bedürfnissen dieser Etappe entsprechen, so werden innere Systeme ausgebaut, um den Reichtum aufzunehmen, und Kanäle gelegt, sie zu leiten. Ist die Umgebung gefühlsmäßig durch eine Atmosphäre von Unzufriedenheit oder Disharmonie vergiftet, versucht sich der Organismus abzuschirmen. Doch wie der physische Körper von der Nahrung, so hängt das limbische System von Gefühlsnahrung ab. So muss es wohl oder übel auch vergiftete Gefühlselemente hereinlassen, um nicht zu verhungern. Ist die Gefühlsnahrung dürftig, lernt das Kind, sich auch mit geringer oder schlechter Versorgung über Wasser zu halten. So wie sich Hunger leidende Menschen sogar über Abfälle hermachen, ergreift auch das emotional unterernährte Kind jede Gelegenheit, sein Bedürfnis nach Zuwendung zu stillen. Es klebt an jedem Erwachsenen, der ein wenig Zeit hat, und an dominanten Kameraden, von denen es sich unter Umständen sogar schlecht behandeln lässt. Allein kann es nur wenig anfangen, es verlangt ständig nach Anregungen und Anleitungen oder macht andere nach. Es fabriziert Situationen, in denen man ihm todsicher Aufmerksamkeit geben muss, auch wenn sie in einer Tracht Prügel besteht – besser negative Zuwendung als gar keine! In extremen Fällen erleben wir, dass Kinder sich selbst wehtun, ein Bein brechen oder hohes Fieber bekommen und dabei die zauberhafte Wirkung ihrer Leiden genießen, die darin besteht, dass sie endlich einmal beachtet und ernst genommen werden.

Die »limbische Nahrung« sollte durch Anreicherung der Umgebung mit sensorischen Stimuli, Bewegungsfreiheit und menschlicher Zuwendung echte Befriedigung verschaffen. Ihre Qualität verschlechtert sich, wenn ihr wichtige Elemente fehlen oder das Gefühlsklima negative Werte anzeigt. Doch selbst, wenn alles in bester Ordnung zu sein scheint, lassen sich in der Vitalität des Kindes Warnsignale vernehmen, immer wenn Zuwendung mit Direktivität verwechselt wird. Es ist, als würden die Kanäle verstopft, die der Organismus inwendig anlegt, um zum Reichtum seiner limbischen Erfahrungen zu gelangen. Um Entscheidungen zu treffen – das gilt selbst für logische Entscheidungen, die auf dem Ja-Nein-Prinzip beruhen –, müssen wir immer wieder an die »Lager« limbischer Erfahrungen gelangen. Ist der Zugang erschwert, überlassen wir Entscheidungen und

Urteile lieber anderen. Wir setzen unsere Intelligenz ein, unser Leben so zu organisieren, dass wir uns hinter den Entscheidungen anderer verschanzen können. Umso größer sind unsere Qualen, wenn uns das Leben eine persönliche Entscheidung abverlangt.

Das Gefühlsklima unserer Kindheit bestimmt die Grundstimmung unseres ganzen Lebens. War es ein Wüstenklima, wachsen in unserem Lebensraum vornehmlich Wüstenpflanzen. War es ein heißes, stickiges Tropenklima, wächst darin ein dichtes Gewirr von Pflanzen, die einander einengen und wenig Bewegung erlauben. Beobachten wir aufmerksam dieses Gefühlsklima unseres Lebens, das seinen Grundcharakter in unserer Kindheit geformt hat, kommen uns vielleicht Zweifel, ob wir tatsächlich der optimale Umgang für unsere Kinder sind. Beeinflussen nicht unsere und die zunehmende Gefühlsunsicherheit der Menschen, die uns umgeben, das Gefühlsleben der Kinder, für deren Wachstum wir optimalen Nährboden bieten sollten? Es scheint ein Band ohne Anfang und Ende – unsere frühen Erfahrungen sind Ursache für unseren jetzigen Zustand und wir bestimmen wiederum die Erfahrungen unserer Kinder. Wir sind direktiv, weil wir so behandelt wurden, und unsere unbewussten Reaktionen erschweren das Fließen sensorischer Eindrücke und den Ausdruck spontaner Verbindungen in den Kindern, die um uns sind.

Wollen wir die Kette des Unvermeidlichen in unserem Leben durchbrechen, müssen wir vorgehen wie ein Gärtner, der in geduldiger Arbeit und Pflege einen unfruchtbaren in einen reichen Boden verwandelt. In diesem Beispiel, so wie auch in unserer Arbeit an uns selbst und mit Kindern, geschieht dies immer durch konkrete Handlungen in konkreten Situationen. Reflexionen und Diskussionen stehen dabei an zweiter Stelle. Sie sind die natürlichen Ausläufer der Wirklichkeit. Am Anfang ist es nicht leicht, im rechten Augenblick den richtigen Handgriff zu tun – oder auch zu unterlassen. Darum sollten wir uns darin üben, im Moment der Krise nicht automatisch, unserem ersten Impuls folgend, zu reagieren, uns nicht vom Augenblick »hinreißen« zu lassen, sondern innezuhalten, um uns erst einmal selbst zu beruhigen.

Vor kurzem beobachtete ich auf einem Familienfest im Pestalozzi folgende kleine Szene: Die sechsjährige Andrea rannte laut weinend auf ihre Eltern zu, die gerade unter einem Sonnenschirm gemütlich Kaffee tranken und sich mit Freunden unterhielten. Sie warf sich schreiend dem Vater in die Arme, der, plötzlich aus seiner Ruhe gerissen, heftig reagierte. Mit verzerrtem Gesicht überschrie er Andrea und wiederholte ein ums andere Mal: »Weine nicht! Rede!«

Nicht so drastisch, aber typisch ist die Reaktion vieler Erwachsener, die in Stress-Situationen ihren weinenden Kindern den Mund stopfen, sie ablenken oder auf sie einreden: »Warum weinst du? Nun erzähl doch mal! Was ist passiert?« Viele Eltern bieten einem Kind, das in Problemen steckt, ihre eigenen Erklärungen an, erläutern ihnen ihre Art, die Dinge zu sehen. Unbewusst benutzen sie dabei ihre Vernunft als Waffe, um selbst nicht mit ihrem eigenen und dem Gefühl des Kindes Kontakt aufnehmen zu müssen. Doch ist es gerade dieses Hineintauchen ins Gefühl im Augenblick einer emotionalen Krise, das uns selbst und dem Kind Not tut.

Darum versuchen wir, in Krisensituationen immer ein Klima emotionaler Sicherheit zu schaffen (z.B. durch das respektvolle Suchen von Körperkontakt zum Kind) und möglichst wenig Worte zu gebrauchen, solange das Kind sich ganz schlecht fühlt. Erst wenn es dann langsam zu sich kommt, beginnen wir vielleicht zu beschreiben, wie es ihm geht: »Du hast dich gestoßen – es tut immer noch weh …« Erst wenn die Krise vorüber ist, mag das Kind Interesse zeigen, darüber zu reden, was oder warum etwas geschehen ist (wenn es denn nicht schon längst über alle Berge ist). Das scheint eine leicht anwendbare Faustregel zu sein, muss aber fleißig angewandt werden, damit wir in ihrem

Gebrauch Sicherheit gewinnen. Wir stellen dann fest, dass unsere erste Regung wäre, solch eine Gelegenheit emotionaler Schwäche als Ventil für die eigenen Frustrationen zu benutzen und uns mit Reden zu erleichtern. Mir hat für diese Fälle ein einfaches Bild geholfen: erster Gang (nicht reden) bei steilem Hang (große Krise); zweiter Gang (beschreibende Worte), wenn die größte Steigung überwunden ist (abflauende Krise); dritter Gang (Erklärungen) nur auf gerader Strecke (allgemeines Wohlbefinden).

Eine andere Analogie, die unserer Vorstellung zu Hilfe kommen könnte, ist die Krisensituation eines Autos, das sich im Morast festgefahren hat und allein nicht herauskommt. Wenn wir in diesem Moment darüber diskutieren, wer schuld war und wie man das Unglück hätte vermeiden können, sinkt das Auto inzwischen vielleicht noch tiefer ein. Auch mit Schieben und Stoßen erreicht man nicht viel. Das Beste ist immer noch, das Auto von unten her so zu unterstützen, dass es durch die Kraft des Motors selbst herauskommt.

»Neulinge« in alternativer Erziehung drücken oft die Besorgnis aus, Kinder, mit denen man »zu gut« sei, lernten wohl niemals, sich anständig zu benehmen. Man müsse sich hüten, dass sie einem nicht alle Liebesmüh irgendwann schlecht vergelten. Eine einfache Reflexion mag diese Sorge vertreiben. Benehmen wir selbst uns jemals schlecht, wenn wir uns gut fühlen? Ist es nicht viel schwerer, sich gut zu benehmen, wenn man sich schlecht fühlt? Oder anders herum: Wer sich gut fühlt, benimmt sich gut. Das trifft für Kinder ebenso zu wie für Erwachsene. Ein Kind, das Respekt am eigenen Leib erfahren hat, bringt anderen Menschen und auch der Natur natürlichen Respekt entgegen. Wir brauchen ein intelligentes Kontrollsystem und eine Menge Energie, um Kindern gutes Benehmen zu entlocken, wenn ihre Lebenssituation ihren Wachstumsbedürfnissen nicht entspricht. Letztlich müssen wir uns aber entscheiden, ob wir Kindern eine Umgebung bereiten wollen, in der sie sich gut fühlen und in der sie (wenn alte Probleme bereinigt sind) sich darum auch gut benehmen, oder ob wir ihr gutes Benehmen als Antwort auf Strafen oder Belohnungen erreichen, ganz gleich, wie es ihnen zumute ist.

Die rechte Pflege des Gemüts ist nur ein Aspekt in der Strukturierung des limbischen Systems. Ich habe besonderen Nachdruck auf ihn gelegt, weil er am deutlichsten ans Tageslicht tritt und doch am häufigsten missverstanden wird. Er entzieht sich jeglicher Erziehungstechnik; in diesem Bereich ist das Kind uns – so wie wir selbst sind – ganz und gar ausgeliefert. Seine ganze Art, wie es spielt und sich der Welt öffnet, ist vollkommen von den Elementen seines Lebensgefühls gefärbt (siehe die gelungene Darstellung bei Emmi Pikler in: »Miteinander vertraut werden«).

In Saraguro ergab sich eine lange Diskussion über Prioritäten, die in den Erziehungsmethoden der Indianer gesetzt werden sollten. Wenn auch diese Gemeinschaften keinen modernen Luxus kennen, so haben sie im Unterschied zur Slumbevölkerung der Städte doch für gewöhnlich genug zu essen. So ist die Priorität der Armen: »Zuerst die Bäuche füllen«, bei ihnen noch nicht ausgeprägt. Die Diskussion ging daher mehr darum, was den eingeborenen Stämmen Sicherheit in einer Zeit geben kann, in der die westliche Zivilisation sie zu überrollen droht und ihre althergebrachten Organisationen der Selbsthilfe ihre Kraft verlieren. Sollen sie alles daran setzen, Zugang zu den Privilegien jener anderen Kultur zu erkämpfen, die ihren eigenen Standard mit zunehmender Verarmung zwischenmenschlicher Beziehungen und natürlicher Reichtümer bezahlt? Das Gespräch führte schließlich zu der Einsicht, dass die Möglichkeit für eine »gewaltlose Revolution«, die neue Kraft und positive Veränderungen verspricht, in einer Praxis liegen könnte, die in Haus und Schule besonderen Wert auf emotionale Sicherheit legt, ohne dabei kognitives Lernen zu kurz kommen zu lassen.

Inmitten einer Gesellschaft, in der alle, nicht nur die Kinder, andauernd frontal oder auf subtile Weise angeleitet und motiviert, unser Wille und unsere Meinung ständig beeinflusst werden, ist es bestimmt nicht leicht, eine neue Umgebung zu schaffen, in der liebevolle Zuwendung Sicherheit garantiert, ohne dabei die eigenen Absichten des Einzelnen zu steuern. Unerfahrene Eltern haben es besonders schwer, ihrem eigenen Gefühl zu vertrauen und die nützlichen Ratschläge ihrer Verwandtschaft und Bekanntschaft von den schädlichen zu unterscheiden. Nicht nur der Einfluss von außen, auch die Direktivität, die in uns selbst steckt, verlangt in jeder neuen Situation von uns neue Entscheidungen über unsere Rolle. Es wäre leicht, wenn wir einfach ins Gegenteil umschlagen und die »Kinder ihre eigene Sache machen lassen könnten«. »Nicht dirigieren« ist aber nicht gleichbedeutend mit »nicht teilnehmen«. Es ist für jedes Kind von großer Wichtigkeit, in welcher Weise ein geliebter Erwachsener seinem Tun beiwohnt. Unsere Aufmerksamkeit versichert ihm, dass seine Aktivität, die ja seinem eigenen Wachstum dient, gleichzeitig in Harmonie mit der Welt geschieht. Zudem sind kleine Kinder noch weit offen für viele Stimuli, die wir längst aus unserer Wahrnehmung ausgeklammert haben. Oft zeigt das Kind auf etwas: »Sieh mal, Mami«, und wir haben keine Ahnung, was es da sieht. Ist es ein Lichtspiel? Etwas Nahes oder etwas Fernes? Allmählich unterscheidet das Kind zwischen Stimuli, die auch der Erwachsene sieht, und anderen, die ihm anscheinend nicht wichtig sind. Sein Bedürfnis nach Anpassung lehrt es, die Welt mehr und mehr so zu sehen wie wir. Das ist ein bedeutender Mechanismus der sozialen Angleichung, der uns aber große Verantwortung gibt: Was nehmen wir überhaupt wahr von allem, das uns umgibt? Sind unsere eigenen Sinne so wach wie die unseres Kindes, oder treffen wir von vornherein eine enge Auswahl, durch die unser vorgebliches Wissen über die Welt a priori vorbestimmt ist?

Die Entwicklung des Kindes geschieht zwischen diesen beiden Polen: der Anpassung an eine Welt, die durch Nachahmung und Angleichung geschieht, und der Assimilation der Welt durch Erforschen und eigenes Experimentieren mit ihren Elementen. Die Angleichung entspricht dem Phänomen der Mimikry, durch die Tiere sich der Farbe oder Form ihrer Umgebung anpassen, um eine bessere Überlebenschance zu haben. Das berühmteste Beispiel dafür ist das Chamäleon, das ständig verschiedene Farben annehmen kann. Trotzdem bleibt es immer es selbst – eben ein Chamäleon. Es wird niemals zum Blatt oder zum Sand, verliert niemals seine Identität. Offenbar laufen nur wir Menschen Gefahr, uns durch übermäßige Anpassung selbst zu verlieren.

Es ist aber die spontane Interaktion mit der Umwelt, die, Hand in Hand mit dem Aufbau der Bewegung und der Koordination und Verfeinerung der Sinne, innere Strukturen schafft und damit Orientierung und festen Halt inmitten unzähliger Einflüsse von außen ermöglicht. Darin haben die Strukturen, die in der limbischen Etappe, also vorrangig bis zum siebten oder achten Lebensjahr geschaffen werden, eine besondere Bedeutung. Sie bilden das innere Gewebe, das uns befähigt, das Qualitative einer Situation, eines Inhaltes zu erspüren, es vom Quantitativen zu unterscheiden und dadurch echte Urteile zu fällen.

Beobachten wir ein Kind im genannten Alter bei einer seiner Lieblingsbeschäftigungen, dem Spiel mit Sand und Wasser: Sein ganzes Wesen ist jetzt ungeheuer sensibel für die Qualität dieser Elemente, ihre Textur, Form, wechselnde Farbe, ihr Gewicht, für Geruch und Geschmack. Lange lässt es Sand und Wasser in verschiedenen Mischungen durch die Hand rieseln. Es zieht sich die Schuhe aus, lässt den Schlamm durch die Zehen quellen. Es formt vielerlei Gebilde, lädt die Mutter ein zum »Schokoladenkuchen«. Dieses Einverständnis zwischen Mutter und Kind, einen Haufen Schlamm zum Kuchen zu ernennen, gibt dem Kind Sicherheit, dass es den Sprung ins Symbolische wagen kann, ohne dabei die Verbindung zur konkreten Wirklichkeit zu verlieren. Die Mutter ist da. Sie ist aufmerksam und ein Bürge, dass man immer wieder zum Altbekannten zurückkehren kann, wenn Gefahr besteht, sich im Unbekannten zu verlieren.

So löst sich das Kind für immer längere Zeit und Distanzen von der Mutter und kehrt doch immer wieder in ihre Geborgenheit zurück. Bei jeder Rückkehr ist unsere Bereitschaft, uns für den Zustand und das Bedürfnis des Kindes schnell zu öffnen, von großer Bedeutung. Das Kind kommt aus seiner Welt, ich war inzwischen in meiner. Das Erleben des Kindes ist in dieser Zeit vorwiegend sensorisch, das meine vorwiegend gedanklich (auch wenn ich koche, ist mein Kopf oft voller Gedanken). Der Schock zwischen diesen beiden Welten ist groß, wenn das Kind glücklich und schlammtriefend vor mir erscheint. Entsetzt schicke ich es ins Badezimmer, damit es sich mir wieder als zivilisierter Mensch zeigen kann.

Anders verläuft die Geschichte, wenn sich das Kind zu mir auf die Sessellehne setzt, während ich gerade lese. Es fragt: »Was steht hier geschrieben?«, und erntet durch diese Frage freudige Aufmerksamkeit, geduldige Erklärungen, liebevolle Zuwendung. Bekommt es die vor allem, wenn es sich unseren Interessen anpasst, und sind wir unaufmerksam, wenn es auf dem Niveau lebt, das seiner inneren Entwicklung entspricht, so tragen wir im Einvernehmen mit den Tendenzen unserer Zivilisation zur Schwächung dieser wichtigen Strukturen bei.

Die Tendenzen, Kinder zur Gleichmachung, zu frühen Leistungen und einer vorzeitigen, aber unsicheren Reifung anzuspornen, zwingen uns, unsere Rolle als Eltern oder Erzieher mit neuen Augen zu betrachten. Ein langsames Reifen der Strukturen ist gerade jetzt unerlässlich, wenn ihre Stärke inmitten unkontrollierbarer Einflüsse sich bewähren können soll. Unsere Aufgabe ist es also, ein weites Aktionsfeld für Kinder zu schaffen, in dem diese Arbeit geschehen kann, ohne dass dabei eine verlängerte Kindheit, die zur vollen Entfaltung menschlicher Strukturen nötig ist, zum Gefängnis wird. Darum erscheint es nicht als ratsam, sie künstlich aus der Problematik der Gesellschaft zu isolieren, sie vielleicht nach dem Stil von Summerhill von der Familie zu trennen, sie die ganze Zeit in einer »idealen

Umgebung« festzuhalten. Eine bessere Lösung scheint mir zu sein, beides zu begünstigen: eine kindgerechte Umgebung, aber auch Kontakt mit unserer problemgeladenen Gesellschaft. Doch uns fällt dabei die Aufgabe zu, sicherer Angelpunkt zwischen diesen Welten zu sein. Unsere eigene Bereitschaft zu wachsen muss sie in ihrer Arbeit, aus allen – guten und schweren – Erfahrungen zu lernen, stärken.

Einer der eindrücklichsten Einflüsse unserer Gesellschaft ist die hohe Bewertung, die gewandtes Reden erfährt. Reden schlägt uns aus allen Medien entgegen. In der Schule fährt derjenige am besten, der am gewandtesten mit Worten umgehen kann. Welche Beziehung besteht zwischen der Entwicklung der Sprache und der limbischen Struktur? Noam Chomsky argumentiert, dass die Anlagen der Sprache genetisch vorbereitet sind und zu ihrer Entfaltung einer geeigneten Umgebung bedürfen. Die Nachahmung spielt also in der Sprachentwicklung eine große Rolle. Moderner Forschung öffnet sich immer mehr das Verständnis ihres Zusammenhangs mit der Motorik. Laute und ihre Kombinationen sind mit Körperbewegungen synchronisiert, die beim Kind noch klaren Ausdruck nach außen finden und beim Erwachsenen meist nur noch als elektronisch messbare innere Bewegungsimpulse auftreten. Aktivität und Sprechen sind beim Kind noch eng verbunden. Wenn wir Erwachsenen neuen Halt in der konkreten Wirklichkeit und eine bessere Lebensqualität suchen, ist es auch für uns eine Hilfe, das zu sagen (mit Worten begleiten), was wir tun, und das zu tun, was wir sagen.

Zur Zeit der Bildung innerer Strukturen bedarf die Sprache bewusster Aufmerksamkeit. Freuen wir uns, wenn das Kind alles schnell nachplappert, und motivieren wir es dazu? Oder schätzen wir die konkreten Handlungen des Kindes hoch und gleichen ihnen unseren Sprachgebrauch an? Das Üben von Klängen und Worten, die Lust am eigenen Geplapper entsprechen einem motorischen und sensorischen Bedürfnis des kleinen Kindes und sind wichtig, damit es sich der Sprache mit Leichtigkeit bedienen kann. Besonders wichtig aber sind die Worte und Laute, die sein Spiel oder seine praktische Arbeit begleiten. Hier vereinigen sich konkrete Wirklichkeiten mit Bewegungen und Worten. Dem Erwachsenen fällt das Privileg zu, sein Tun mit Aufmerksamkeit verfolgen und in beschreibende Worte kleiden zu können. So dient die Sprache als Mittel zur Bewusstwerdung sowohl für das Kind als auch für den Erwachsenen, der zu einem Verständnis der Handlung des Kindes kommen muss, um seine Worte in Einklang mit ihr zu bringen. Das ist ein anderer Vorgang, als dem Kind logische Erklärungen zu geben, es zu allerlei Taten zu motivieren, seinem eigenen Tun vorauszueilen oder ihm zu widersprechen.

Nach längerer Übung in der Kunst handlungsbegleitender Beschreibung bemerken wir selbst bald den Unterschied zu unserer gewohnten Ausdrucksweise, die logische Verknüpfungen und Begriffe bevorzugt, uns im Umgang mit Erwachsenen nützlich ist, aber Kindern gegenüber zur Selbstverteidigung wird und die uns davor schützt, mit Gefühlsbereichen Kontakt aufzunehmen. Das heißt nicht, dass wir zu Hause nur noch »wie die Kinder« reden. Unter Erwachsenen und mit größeren Kindern sprechen wir auf unsere eigene Art, auch wenn die Kleinen zuhören. Es ist normal, dass sie auch diese Sprache aufsaugen und sie zu imitieren versuchen, auch wenn sie ihren Sinn nur teilweise erfassen. Es wird Jahre dauern, bis die sensorisch beschreibende, mit Motorik eng verknüpfte und handlungsgebundene Sprache der Kinder sich mit der von uns abgelauschten begriffsgesättigten Sprache durch ihre zunehmende Erfahrung und Reifung zu decken beginnt. Wichtig ist, dass jedes Kind diesen Weg nach seinem eigenen Rhythmus zurücklegen kann, damit sein Sprechen und Denken in seiner eigenen Erfahrung fest begründet bleiben.

Die Strukturierung der Hirnrinde

Auf jeder Reifestufe erleben wir die Welt auf völlig neue Weise. In irgendeiner Situation, in der Kinder und Erwachsene verschiedenster Altersstufen beisammen sind, wird die gleiche Wirklichkeit doch von jedem anders erlebt und verinnerlicht, je nach Beschaffenheit der Instrumente, die zur Wahrnehmung und zur Assimilation bereitstehen. Im gleichen Erdreich wachsen nebeneinander Pflanzen verschiedenster Beschaffenheit. Eine jede zieht genau die Nährstoffe aus dem Boden, die ihrer Art entsprechen, und formt daraus Stamm, Zweige, Blätter, Blüten und Früchte. Obwohl sie dicht beisammenstehen, fällt es doch keiner Pflanze ein, Formen, Duft oder Geschmack einer anderen nachzuahmen. Doch im Boden geht ein Austausch von Nährstoffen vor sich, die sich gegenseitig ergänzen, wenn der Garten harmonisch angelegt ist.

Die Übergänge von einer Wachstumsetappe zur anderen müssen langsam erfolgen. Immer gilt der Grundsatz: »Vom Bekannten zum Unbekannten.« So auch beim Übergang von der qualitativen Erfahrungsebene des kleinen Kindes, das die Elemente für die Strukturierung seines limbischen Systems aus dem Gefühlsbereich und dem des Sensomotorischen bezieht, zur Erfahrungswelt des operativen Kindes. In dieser neuen Etappe werden diese gleichen Elemente zur Strukturierung des »neuen« Gehirns verwendet. Das gleiche Spiel mit Sand und Wasser, das beim jüngeren Kind den Hunger nach sensorischer Erfahrung stillt, erfüllt nun sein Bedürfnis, die Gesetzmäßigkeiten der Welt zu entdecken.

In einer fortschrittlichen Gesellschaft gibt es viele Ursachen für eine gefährliche Beschleunigung der Übergangsprozesse von einer Etappe zur nächsten. Mangelndes Gleichgewicht zwischen natürlichen und technisch oder kulturbedingten Stimuli, die Unruhe der Welt und der Menschen, die latente Angst der Erwachsenen, den Anforderungen einer sich rapide ändernden

Welt nicht gewachsen zu sein, Unzufriedenheit in der eigenen mechanisierten oder fremdbestimmten Arbeit und der Ehrgeiz, dass es die Kinder einmal besser haben sollen, zunehmende emotionale Unsicherheit, die durch Vernunftwerte zu kompensieren versucht wird.

Doch unsere Reifeprozesse sind auch heute noch mit natürlichen Wachstumsrhythmen synchronisiert. Die Natur selbst hat ihre Schutzmaßnahmen getroffen, um beim Übergang vom »alten« zum »neuen« Gehirn Sicherheit durch innere Steuerung zu gewährleisten. Das Corpus callosum verbindet die rechte und linke Gehirnhälfte durch ein reiches Nervennetz, aber es tritt erst um das vierte Lebensjahr in volle Funktion. Die Verbindung zwischen dem limbischen System und der linken, vorwiegend analytischen Großhirnhälfte hat viel weniger Nervenverbindungen, als zwischen der rechten, vorwiegend intuitiven Hälfte und dem limbischen System bestehen. Während der jahrelangen Trennung der beiden Hälften wird die intuitive, bilderreiche Seite früh und tief greifend stimuliert. In ihr sammelt sich ein Schatz von Vorstellungen und intuitivem Verständnis an, aus dem die linke Hälfte reiches Material für ihre spätere analytische Arbeit schöpfen soll.

Für eine ideale Entwicklung, die analytische mit schöpferischen Fähigkeiten verbindet und größtmögliche persönliche Sicherheit gewährleistet, müssen ausreichend Zeit und Gelegenheit gegeben werden, diesen inneren Weg vom Motorisch-Sensorischen über Vorstellung, Intuition bis zur Analyse voll auszubauen. Die natürlichste Tätigkeit des Kindes, die zu dieser Integration zwischen konkretem Erleben durch Bewegung und offenem Gebrauch der Sinne einerseits und der symbolisierenden Kraft andererseits führt, ist das freie Spiel. In den ersten Jahren sind Subjekt und Objekt, innen und außen, Ich und Welt noch eins und können kaum voneinander unterschieden werden. Es ist die Zeit der magischen Weltanschauung, der logisches Denken noch fremd ist. Es erscheint uns wie ein Widerspruch, dass es gerade dieses »unlogische« Spiel ist, das schließlich nicht nur das bildhafte, intuitive Erleben zur vollen Blüte bringt, sondern auch auf behutsame Weise den Sprung ins Neue, in die Etappe des operativen Denkens ermöglicht.

Frederic Vester bekräftigt in »Leitmotiv vernetztes Denken«, dass kein abstrakter Gedanke möglich ist, ohne dass der ganze Körper mit einbezogen wird. Doch gerade in dieser kritischen Zeit, in der dieser einschneidende Übergang ins operative Denken von innen geplant, geordnet und vielseitig abgesichert ist, werden Kinder von ihrer wichtigsten Tätigkeit, dem freien Spiel mit konkreten Dingen, weitgehend abgehalten. Sie werden auf eine Schulbank geschickt, dürfen sich dort nur noch nach vorgeschriebenem Plan bewegen und nur noch reden, wenn und was sie gefragt werden. Dafür werden ihnen logisch geordnete Unterrichtseinheiten – vornehmlich in symbolischer Form – angeboten, und es wird streng darauf geachtet, dass die von Erwachsenen ausgedachte Arbeitsdisziplin das Ausweichen in kindliche Bedürfnisse verhindert. Wer sich hier als »guter Schüler« mit Erfolg einfügt, wächst wohl in dem Gefühl auf, dass er den »Stoff« beherrscht, und erfährt – falls er Glück hat – später mit schmerzlichem Erstaunen, dass die Wirklichkeit unendlich viel weiter und komplexer ist als alles Schulwissen.

So tut die Art Schule, wie wir sie weit und breit erleben, den traurigen Dienst, die Intelligenz schaffenden Wege der Natur zu umgehen, auf denen durch die enge Verbindung von Handlung und Wort ein Schatz aus inneren erlebnisgetränkten Bildern angelegt werden sollte. Doch die Durchkreuzung der natürlichen inneren Netze hört in der Schule nicht auf. Auch früher saßen ja Kinder auf der Schulbank, doch nach Unterrichtsschluss und Erledigung der Hausaufgaben spielten sie auf der Straße oder in einer natürlichen Umgebung und wurden zu praktischen Arbeiten gebraucht. Die Straßen sind heute gefährlich, der Rasen ist nicht zu betreten, der Spielplatz starrt uns mit den ewig gleichen Geräten lustlos an, glatte Geräte verringern bei der Hausarbeit unseren Kontakt mit dem sensorischen Reichtum vieler Dinge und rationalisieren unsere Bewegungen. In dieser Situation zunehmender Verarmung erscheint der Fernsehapparat wie ein Erlöser, der die Leere eigener Bilder bereitwillig durch Scheinbilder füllt und die innere Vorstellungsarbeit unnötig macht.

Es ist die Arbeit des Kindes, konkrete Handlung mit Worten zu begleiten, die als Auslöser innerer Bilder wirken. Beim Fernsehen sind beide vorgegeben. Worte und Bilder entstehen fertig vor uns: die wirksamste Methode, innen durch außen zu ersetzen und die Unterscheidungskraft der Kinder gar nicht erst wachsen zu lassen! Das Wunder inneren Wachstums wird durch unzählige Wunder auf dem Bildschirm ersetzt. Die Faszination ist so groß, dass heranwachsende Kinder ihre wichtigsten Bedürfnisse – spielen, sich bewegen, mit der Welt experimentieren – dem Scheinleben opfern. Die Erwachsenen sind zufrieden. Spielende Kinder bringen Unruhe und Unordnung in unsere kultivierten Häuser. Sie reden auch viel unverständliches Zeug und wollen, dass wir uns für das interessieren, was ihnen gerade wichtig ist. Fernsehkinder sind froh, wenn wir sie nicht stören. Sie lernen schnell so zu sprechen, wie Erwachsene reden, sie wissen über vieles Bescheid, was normalerweise gar nicht in ihrer Reichweite wäre, und geben uns darum den Eindruck von kleinen Erwachsenen, mit denen wir schon gut reden können.

Leider aber – oder zum Glück – lässt sich der menschliche Organismus auf Dauer nicht betrügen. Während der Wachstumsjahre gehorcht er biologischen Entwicklungsgesetzen, die im Fall der Gefährdung seiner Integrität Schutzmaßnahmen vorsehen. Der sichere Übergang vom alten zum neuen Gehirn wird nur dann gestattet, wenn der ganze Körper mit all seinen Sinnen und seiner Gefühlskraft auf die Welt, und umgekehrt, wenn die Welt durch alle Sinne auf den Organismus einwirkt. Geschieht dieser Prozess nicht nach Plan, verliert der Organismus seine volle Aktionskraft. Haben die Erfahrungen der ersten Jahre Sicherheit und Befriedigung verschafft, so dass kein ständiges Nachholbedürfnis bleibt, dann beginnt das limbische System seine Steueraufgabe als »automatischer Pilot«, auf den das Kind vertrauen kann, wann immer es den Sprung ins Neue wagt.

Es arbeitet nun mit wachsendem Bewusstsein und zunehmender Intensität und Ausdauer mit dem neuen Gehirn. Zunächst stützt es sich auf die bekannte, konkrete Welt. In ständiger Interaktion mit ihr experimentiert es nun mit seinen neuen Fähigkeiten. Umwelt und Ich beginnen, sich in seinem Bewusstsein voneinander zu trennen, Subjekt und Objekt werden als unterschiedlich erlebt. Das Kind »operiert«, untersucht, verwandelt nun bewusst Dinge und Situationen. So kommt es ihren Gesetzmaßigkeiten auf die Schliche. Dabei ist es natürlich auf die Zuverlässigkeit seiner Sinne und qualitativen Erfahrungserinnerungen angewiesen, die es ihm erlauben, neue mit alten Erfahrungen zu vergleichen. Kinder in dieser Etappe reden häufig über diesen Vorgang: »Als ich noch klein war, glaubte ich … Jetzt weiß ich …« Sie arbeiten ständig daran, ein sachkundigeres, kritischeres Urteil über Menschen und Dinge zu gewinnen. An jedem Punkt sind sie überzeugt, dass sie »jetzt richtig verstehen«. Sie verteidigen ihre Ansicht mit großer Kraft, und nur immer neues Experimentieren und Ausprobieren mit der konkreten Wirklichkeit bringt sie schließlich zu einer revidierten Ansicht. Immer neue Erfahrungen, von verschiedenen Seiten und Blickwinkeln aus und zu verschiedenen Zeitpunkten gemacht, verändern allmählich die Kenntnis von Dingen und Menschen und erlauben es, Gesetzmäßigkeiten zu entdecken. So wächst allmählich die Fähigkeit zur Objektivität und zur Formulierung von Regeln aus dem praktischen Leben, die jedoch noch häufig durch neue Erfahrungen umgestoßen werden.

Die reichen Erfahrungen in flexiblen, niemals identischen und darum veränderlichen Lebenssituationen werden in der Regelschule durch Regeln, Formeln und Kenntnisse ersetzt, die nicht vom Kind, sondern von irgendeiner »Autorität auf diesem Gebiet« formuliert wurden. Wir halten es für unsere Pflicht, dem Schulkind Inhalte und Lösungsmethoden für viele (von anderen Menschen gestellte) Probleme zu vermitteln. Die gängige Rechtfertigung dafür ist, dass ein Kind sich doch niemals alles selber zusammenexperimentieren könne, was die Menschheit in Jahrtausenden an Wissens- und Kulturgut erworben hat. Wir übersehen bei diesem Argument, dass jeglicher Wissensinhalt, sei er auch noch so vereinfacht dargestellt, sich der vorhandenen Denkstruktur des heranwachsenden Kindes anpasst. Er wird also transformiert und nimmt ihre Form an.

Nur durch unmittelbare Interaktion mit seiner Welt werden die inneren Strukturen des Kindes so aktiviert, werden die inneren Verbindungen so zuverlässig und weitläufig, dass der junge Organismus zur wirklichen Reife seines Denkens gelangt und zur gegebenen Zeit mit jeglichem Wissensstoff umgehen kann. Wird solche Reife erreicht, wird es ihm auch gelingen, Spezialisierungen zu sprengen und verblüffende Lösungen für seine Probleme zu finden. Über die natürliche Reihenfolge innerhalb dieses Prozesses finden wir in den Studien Jean Piagets ausführliche Erklärungen. Er weist energisch darauf hin, dass eine volle Entwicklung innerer Verständnisstrukturen ein biologisches Phänomen (wie wir heute wissen, durch die bewusstseinstragenden Myeline verursacht) ist und nur durch volles Erleben, niemals durch audiovisuelle Vermittlung verwirklicht wird.

Die Aufgabe des Erwachsenen auch in der neuen Etappe liegt also in der Bereitung der Umgebung auf einer neuen Stufe. Dazu gehört, dass wir nicht unsere eigene Konzeption der Welt auf das Kind projizieren, sondern ihm geeignetes Material und immer neue Lebenssituationen zugänglich machen, aus denen es geeignete Nahrung für seinen wachsenden Intellekt beziehen kann. Zu dieser geeigneten Umgebung gehören nicht zuletzt wir selbst mit unserer eigenen Art, uns Problemen zu stellen, Wissen anzueignen, Meinungen auszutauschen. Je älter Kinder werden, umso defensiver werden sie gegenüber Erwachsenen mit fertigen Meinungen und Vorurteilen – gegenüber Leuten, die nicht gut zuhören, ständig dozieren und eigenes Halbwissen vertuschen. Vor allem entgeht es älteren Kindern nicht, wenn unsere Ideen und Worte nicht mit unseren Handlungen übereinstimmen. Wenn wir also die doppelte Arbeit leisten, an der Umgebung und an uns selbst zu arbeiten, könnten wir womöglich einen Beitrag leisten, die Kanäle zwischen den Generationen offen zu halten.

In die Zeit zunehmender Loslösung vom autoritären Urteil der Erwachsenen fällt auch der Drang, auf neue Weise mit Symbolen zu experimentieren. Bei einem Kind, das seine Begriffe und Weltanschauungen vom Gebrauch eigener Operativität ableitet, statt sie in vorgekautem Wissensstoff von anderen zu übernehmen, lernen wir eben aus der Art, wie es konkrete Probleme löst, seine fortschreitende Entwicklung und wirkliche Reife abzulesen. Solch eine Beurteilung ist bei Kindern dieses Alters unmöglich, wenn wir ihre Fortschritte an ihrer Art zu reden oder ihren Fertigkeiten auf dem Papier erkennen wollen. Schon Kinder können durch ihre Geschicklichkeit mit Worten und Symbolen ihren Mangel an wirklicher Reife verdecken. Umgekehrt werden verbal ungewandte Kinder nicht selten als unbegabt abgestempelt, weil sie nicht mit schnellen Antworten auftrumpfen, sondern sich gegen voreilige Urteile verwahren. Im Umgang mit konkretem Material dagegen zeigen Kinder ihre wirklichen Schwierigkeiten und ihr echtes Verständnis und erlauben uns erst, in gegenseitiger Aufrichtigkeit mit ihnen zu arbeiten.

Unsere eigene Unsicherheit verführt uns, von Kindern Leistungen zu erwarten, die ihrer biologisch neurologischen Reife nicht entsprechen. Wir selbst stehen unter Druck und neigen deshalb dazu, Kinder mit einer Menge Wissen zu »beeindrucken«. Welches Wissen aber wird ihnen nützlich sein, wenn sie als Erwachsene im neuen Jahrhundert leben werden? Wenn wir

Erziehung nicht als »Übertragung von Wissen« verstehen, sondern als Ermöglichung von Situationen, in denen innere Verständnisstrukturen in größtmöglicher Tiefe, Weite und Verzweigung entstehen können, um einmal alle Arten von Kenntnissen aufzunehmen, brauchen wir uns um die Zukunft der Kinder nicht so sehr zu sorgen. Eine solche Strukturierung hat zwei wichtige Vorteile: Sie gibt den Kindern einen festen Halt in sich selbst, der sie vor Entwurzelung in Krisen bewahrt, und gleichzeitig Interesse und Offenheit für alles Neue und ständige Lernbereitschaft.

Sehr eindrücklich wird uns der Unterschied zwischen angelerntem Wissen und Verständnis durch eigenes Tun im Mathematikunterricht vorgeführt. In der aktiven Schule gibt es kein »Rechnenlernen« im herkömmlichen Sinn. Alle Operationen werden durch den Umgang mit einer Vielzahl konkreter Materialien auf immer neuen Stufen und von verschiedenen Seiten erarbeitet. In dieser äußeren Strukturierungsarbeit, die mit allen Sinnen und in ständiger differenzierter Bewegung geschieht, wird der natürliche Weg für tiefes Verständnis respektiert: »Vom Konkreten zum Abstrakten«. Wenn ein Kind in Symbolen niederschreibt, was es sich zuvor im Konkreten erarbeitet hat, ist es, als stelle es einen Scheck aus, der tatsächlich durch ein Guthaben gedeckt ist.

Das Unbehagen, das selbst viele Erwachsene im Umgang mit Mathematik spüren, wäre also mit der berechtigten Sorge zu erklären, dass ihr Hantieren mit Zahlen nicht recht durch das Konto echten Verstehens gedeckt ist. Wer weiß, wann der Schwindel einmal herauskommt!

In unserer latenten Angst vor Misserfolg (der Erfolg der Kinder ist ja unser eigener, ihr Misserfolg untergräbt unsere eigene Sicherheit) setzen wir auch alles daran, notfalls mit Tricks oder Hartnäckigkeit, jedenfalls mit ständigem Ansporn zum Stillsitzen und zu Wiederholungsübungen, das Schreiben- und Lesenlernen zu normen. Wir seufzen erleichtert auf, wenn es möglichst früh geschafft ist. Tatsächlich ist dies einer der Hauptzwecke der Grundschule überhaupt. In diesem Punkt sind alle empfindlich: Eltern, Lehrer, Schulautoritäten und Therapeuten. Manches andere mag man durchgehen lassen, nur dies nicht, dass das Kind im Schreiben und Lesen nachhinkt! Besehen wir diese Situation mit unserem Wissen um Verständnisstrukturen, müssten wir eigentlich stutzen. Der Organismus bezieht ja in diesem Alter seine Entwicklungsnahrung nicht aus Symbolen, sondern aus konkreten Erfahrungen, die erst zur symbolischen Reife führen sollen. Die kindliche Konzentration, Disziplin und Ausdauer in Tätigkeiten, die diesem Entwicklungsbedürfnis entsprechen, sind beeindruckend (wenn nicht schon jemand dazwischengefunkt hat). Im Umgang mit Symbolen dagegen sind sie noch flüchtig und unberechenbar. Sie lassen sich nur auf künstliche Art über lange Zeit hinweg aufrechterhalten.

Diese übliche Praxis ist ein weiteres Element, das Kinder bezüglich ihrer eigenen Regungen verunsichert und von äußerer Führung abhängig macht. Es bedurfte vieler Jahrtausende, bevor zunehmende Lebenserfahrung und sich entfaltende Kultur die Menschheit zu Aufzeichnungen befähigten, die die Bindung an das Bild überschritten. Unser Drang, Kinder im Gleichschritt zur Beherrschung dieser Kunst aufzumuntern oder zu zwingen, nimmt den meisten die Initiative, mit diesem Werkzeug etwas Eigenes zu schaffen. Es macht sie anfällig für fremde Ideen, zu deren kritischer Beurteilung ihnen ja noch die Reife fehlt. Die Langsamen, die unbewusst ihr eigenes Selbst verteidigen, behaupten, dass sie »nicht gerne lesen«. Viele Schnelle, die sich sofort anpassen und frühe Erfolge ernten, entziehen sich den Anforderungen eines praktischen Lebens. Oft verschanzen sie sich schon als Kinder hinter Büchern, deren Happyend Probleme löst, denen sie sich persönlich nicht stellen würden. Überhaupt ist die allgemeine Tendenz, dass »intelligentes Reden« mehr Beifall bringt als die aufrichtige Auseinandersetzung mit gegenwärtigen Problemen.

Besonders langsame, vielleicht behinderte Kinder, zwingen uns zu einer klaren Entscheidung. Sollen wir zu Techniken greifen, die sie »so normal wie möglich« erscheinen lassen? Oder erlauben wir ihnen, so, wie sie sind, aus der liebevoll bereiteten Umgebung das zu gebrauchen, zu dem sie sich hingezogen fühlen? Trauen wir ihnen das zu, auch wenn ihr Urteilsvermögen als so reduziert erscheint? Hier eröffnet sich uns ein Thema, das auch die moderne Forschung zu faszinieren beginnt.

Je älter das Kind wird, umso spontaner verbindet es die verschiedensten Erfahrungen und Erkenntnisse miteinander. Darin können wir die fortschreitende Verzweigung seiner inneren Strukturen erkennen. In diesem Prozess bekommen die frühen Kindheitserfahrungen eine neue Bedeutung. Die motivierende Kraft, Verbindungen herzustellen, sollte aus dem Vorrat frühester Erfahrungen bezogen werden. Die »Verbundenheit« der Mutter mit ihrem Kind vor und nach der Geburt wirkt sich nun auf seine Bereitschaft aus, auf vertrauensvolle Weise die Welt zu erkunden, sich mit ihr zu verbinden und zu verbünden. Alte und neue Erfahrungen werden auf diese Weise leicht miteinander in Beziehung gebracht. Das »neue Gehirn« entwickelt sich, ohne den Zusammenhang mit dem »alten« zu verlieren. Bei Kindern, die solch eine vertrauensvolle Verbundenheit mit der Mutter und ihren frühesten Erlebnissen nicht kennen, treten in dieser neuen Phase die typischen Merkmale einer »Klammerhaltung« zutage. Sie haben Schwierigkeiten, sich neuen Situationen furchtlos zu öffnen, sie mit ihren Sinnen voll zu erfassen und zu einem objektiven Urteil zu kommen, das nicht nur ihr eigenes »altes Bedürfnis« reflektiert, sondern die Situation von allen Seiten beleuchtet. Diesen Mangel gleichen viele durch den Versuch aus, Situationen vorherzubestimmen, Kenntnisse auf Vorrat zu speichern und auf Vorrat angelegte Urteile und Kenntnisse auf neue Situationen anzuwenden. In diesem Drang unterstützt sie systematisch das allgemeine Schulwesen.

Oder ist das Schulwesen ein sichtbarer Auswuchs einer bereits verallgemeinerten Lebenshaltung? Ist es darum so verbreitet, weil so viele Erwachsene dem Typ des nicht vertrauenden, mit sich selbst und dem Leben nicht verbundenen Menschen entsprechen, Situationen daher kontrollieren wollen und mit dem Argument, die Kinder »auf die Zukunft vorzubereiten«, dem natürlichen Entwicklungsplan vorgreifen oder völlig »danebenliegen«, einem kulturellen Bildungsprogramm folgen, das dem biologischen Prozess kaum entspricht und ihm meist um etliche Schritte voraus ist?

Wir müssen uns daher nicht wundern, wenn so viele erwartungsvolle Schulanfänger nach kurzer Zeit Begeisterung und Initiative gerade dann verlieren, wenn sich dem inneren Plan entsprechend das Interesse an Bildung steigern sollte. Es müsste doch anders sein, denn diese Etappe der Strukturierung des neuen Gehirns ist eine der erstaunlichsten Errungenschaften der inneren Schöpferkraft. Kann das Kind seiner inneren Leitung vertrauen, die unablässig an innerer Formgebung wirken will, so wird es nicht müde, mit Dingen und Menschen umzugehen, die Menschen auf die Probe zu stellen, die Dinge zu verwandeln und aus immer neuen Varianten und Kombinationen sein Denkvermögen, sein eigenes Bild von der Welt und das Bewusstsein seiner eigenen Beziehung zu ihr zu erarbeiten.

Maria Montessori verglich die Etappe konkreter Operativität mit dem Weg, den ein Flugzeug auf der Startbahn zurücklegt. Ein erfahrener Pilot nützt die Startbahn gründlich aus, um sich schließlich mit voller Kraft und Eleganz zu einem sicheren Flug zu erheben. Das Abheben des Flugzeugs entspricht in diesem Vergleich dem Übergang ins abstrakte Denken. Wer seines Starts sicher ist, kann auch nach dem Flug sicher zur Bahn zurückkehren. Abstraktes Denken sollte also nie ohne die Sicherheit, zum Konkreten zurückkehren zu können, geübt werden. Erzieher sollten dafür sorgen, dass die Kinder in ihrer Beurteilung konkreter Situationen auf »volle Tour« kommen, bevor sie von ihnen das Nachdenken über abstrakte Probleme erwarten.

Sichere Verständnisstrukturen sind vonnöten, damit abstraktes Denken der Wirklichkeit dienen kann. Ist die Entwicklung dieser Strukturen ungenügend, so können die Kinder nur mit einer begrenzten Wirklichkeit umgehen. Die neurologische Reifung der Strukturen durch Interaktion mit konkreten Wirklichkeiten könnten wir – wenn auch der Vergleich hinkt – mit der Herstellung von »Hardware« vergleichen. Einem Computer, der noch nicht fertig gebaut ist, kann man noch keine »Software« zumuten. Darum hängt eben so viel von unserer »Bildung« in der Luft, geht so viel von unserem Denken in die Leere, schaffen unsere Problemlösungen so oft neue Probleme. Die Vorbereitung dieses Werkzeugs »lebensnahes Denken« konnten die Indianer im Kurs leichter verstehen, wenn wir sie an ihren Pflug erinnerten, den sie selbst mit großer Sorgfalt vorbereiten, bevor sie ihr Ochsengespann davorspannen. Es leuchtet ihnen wohl ein, dass das Pflügen wenig Erfolg hat, wenn sie bei dieser Arbeit schlampen. Niemandem fiele es ein, einen Indianer beim Vorbereiten des Pfluges zu unterbrechen oder ihn wegen Faulheit zu schelten, weil er immer noch nicht pflügt.

Ein Instrument, das noch nicht voll ausgearbeitet ist, kann nur unter größter Vorsicht erprobt, niemals unter gefährlichen Umständen eingesetzt werden. Neue Automodelle oder Raketen: Alle gehen durch lange Versuchsphasen, bevor sie zum vollen Einsatz freigegeben werden. Nicht so aber in unseren Erziehungsbetrieben! Kaum beginnt beim Kind die Strukturierung seines neuen Gehirns, das ihm nach langen Jahren der Entwicklung abstraktes Denken ermöglichen soll, so wird dieses unfertige Instrument schon unter Druck gesetzt, seine Widerstandskraft aufs Höchste beansprucht, es wird examiniert, kritisiert oder zur Schau gestellt. Kinder reagieren darauf auf verschiedene Weise. Die »lieben und guten« wollen unsere Erwartungen nicht enttäuschen. Sie verlegen sich aufs Auswendiglernen, Rezitieren. Sie erraten unsere Wünsche mit Leichtigkeit, werden also wegen ihrer »Wachheit« gelobt. Andere legen sich Stacheln zu, um sich zu verteidigen. Wieder andere rollen sich ein und stellen sich tot. Das wären die »schwierigen« Kinder. Manche bringen es fertig, ein Doppelleben zu führen. Sie öffnen und schließen sich wie Meeresmuscheln je nach den Umständen. Das wären die »einseitig Begabten«. Wenn sie Glück haben, gelingt es ihnen, den Kontakt mit der wirklichen, lebendigen Welt nicht zu verlieren und ihren eigenen Weg zu finden.

In den USA kam der Neurologe Harry Kopf zu einem interessanten Forschungsergebnis: Selbst die Neuronen unseres Gehirns sind keine neutralen Verarbeiter und Leiter von Daten oder Stimuli. Vielmehr funktionieren sie »zu ihrer eigenen Befriedigung«, geradezu zu ihrem »eigenen Vergnügen«! Bioelektronische Depolarisation bedeutet für sie »Wohlgefühl«, Überpolarisation dagegen »Schmerz und Unbehagen«. Im ersten Fall, also einer wohligen Depolarisation, neigen sie zur Kommunikationslust mit anderen Neuronen, die sie im zweiten Fall nicht aufweisen. Was sollte solch eine Beobachtung mit Erziehung zu tun haben? Setzen wir Intelligenz mit der Bereitschaft und Fähigkeit gleich, reiche Verbindungen innerhalb des Gehirns und des gesamten Organismus herzustellen und aufrechtzuerhalten, so liegt der Schluss nicht fern, dass Druck- und Angstsituationen sich auf eine optimale Intelligenzentwicklung negativ auswirken. Dagegen müssten wir annehmen, dass Erlebnisse, die in einer entspannten, gefahrlosen Umgebung gemacht werden, zu interessanten Neuentdeckungen und damit zu immer neuer innerer Strukturierung führen sollten.

Formales Denken

Über viele Zwischenstufen führt der Weg vom magischen Denken zu verschiedenen Formen des konkreten Denkens und zur neuen Etappe, die Piaget unter dem Namen »formales Denken« beschrieben hat. Als unerlässliche Denkstruktur muss dafür die

Fähigkeit zur »Umkehrung« erscheinen, ohne die keine echte Logik möglich ist. Diese Etappe setzt ungefähr zusammen mit der Pubertät, um das 14. Lebensjahr, ein. Zu dieser Zeit sollte der junge Mensch das Instrument des formalen Denkens unabhängig von konkreten Situationen benützen, also mühelos mit Abstraktionen und Begriffen umgehen können. Nun zeigt sich auf besonders kritische Weise, ob er genügend Halt in sich selbst hat, den sozialen und intellektuellen Anforderungen auf dieser Stufe standzuhalten. Seine Identität muss sich nun im Umgang mit einer viel weiteren Umwelt neu formen. Die Zeit der elterlichen Behütung vor unerwünschten Einflüssen ist vorüber. Der Sog der Gleichaltrigen in einer Gesellschaft, die sich oft bewusst gegen elterliche Erwartungen und Werte stellt, scheint übermächtig. Wie bereits erwähnt, sollte das neu geformte Instrument des formalen Denkens in vielen komplexen Situationen des sozialen Lebens erprobt und verfeinert werden. Während der vielseitige Umgang mit der Wirklichkeit in der vorhergehenden Etappe vor allem konstante Gesetzmäßigkeiten entdecken ließ, enthalten diese neuen Erfahrungen im weiteren sozialen Bereich viele unberechenbare Varianten. Damit sich ein junger Mensch hier problemlos öffnet, muss er ein Grundgefühl des Vertrauens in neuen Situationen und ein gutes Urteilsvermögen erworben haben. Seine neu gewonnene Fähigkeit, ohne die Stütze konkreter Wirklichkeiten zu denken, erlaubt es dem Jugendlichen, eine eigene Wirklichkeit zu schaffen, sich über lange Zeitspannen in ihr aufzuhalten, ja sogar konkrete Situationen durch seine Denkfähigkeit zu kontrollieren. Um sich hier nicht zu verlieren, muss er seine Ideenwelt mit konkreten Wirklichkeiten immer von neuem messen – »das Flugzeug muss immer wieder landen«. Dieser Kontakt mit dem Konkreten wird von denen möglichst vermieden, denen die Welt bisher viele Schmerzen bereitet hat. Faulheit, Desinteresse und der Hang zur Abkapselung sind in diesem Alter darum häufig und geben Anlass zu vielen Klagen.

Ursprünglich hat die Natur vorgesorgt, dass sich der Jugendliche beim Eintritt ins Abstrakte nicht in den Höhen reiner Ideen verliert. Durch seine sexuelle Entwicklung, die mit dieser neuen Etappe zusammenfällt, gewinnt er ein neues, starkes Interesse am Körper. Er erfährt ein überstarkes Verlangen nach Liebe, menschlicher Nähe und Vereinigung, das sein Interesse in die Richtung einer neuen Problematik sozialer Zusammenhänge treibt und ihn in immer komplexere Situationen hineinzieht. In dieser Etappe treten aber oft die unbefriedigten Bedürfnisse der früheren Jahre besonders deutlich zutage. Hat er als Kind nicht genügend oder ungeeignete Zuwendung bekommen, so ist es unvermeidlich, dass er beim Erwachen seines sexuellen Bedürfnisses alte und neue Bedürfnisse mischt. Er wird von seinem sexuellen Partner eine Art liebevoller Zuwendung erwarten, die der Kindheit entspricht, sich egozentrisch benehmen und damit viele Konflikte heraufbeschwören. Durch sein unbewusstes »Klammerverhalten« manipuliert er den Partner und lässt sich von ihm manipulieren. Er will Situationen vorherbestimmen und kontrollieren, verliert dadurch seine Spontaneität und lebt darum in einem Zustand bewusster oder unbewusster Selbstverteidigung.

Gleichzeitig muss er notgedrungen seine Unabhängigkeit von denen erkämpfen, die seine Autonomie bisher eingeschränkt oder verhindert hatten. Nun erwartet er wohl kaum Unterstützung in seinen Gefühlsangelegenheiten von denen, die schon mit seinen kindlichen Emotionen nicht zurechtgekommen waren. Das ist ein Verlust. Wenn das Vertrauen stark geblieben wäre, könnte er sich jetzt mit der älteren Generation durch Worte viel leichter verständigen, denn seine Denkkraft ist inzwischen der erwachsenen viel ähnlicher geworden.

David Elkind beschreibt, wie die Erwachsenen, die bisher so taten, als könnten ihnen die Kinder nicht schnell genug reifen, auf diese neue Situation meist mit Angst reagieren. Sie ergreifen ihrerseits Verteidigungsmaßnahmen gegen den unerhörten Anspruch auf Unabhängigkeit. Es beginnt also ein Tauziehen, das die Harmonie der Familie, die bisher vielleicht noch gewahrt werden konnte, in Gefahr bringt. Eltern und Erzieher, die den Jugendlichen nun die Türen in die Welt öffnen sollten, schlagen sie ängstlich wieder zu. Die Schwierigkeiten zwischen den Generationen sind so weit verbreitet, dass sie sprichwörtlich geworden sind (im Spanischen redet man vom »edad del burro«, dem »Eselsalter«) und man sie für eine kuriose Naturerscheinung hält.

Statt uns in die Sachlage zu ergeben und uns resigniert auf sie einzustellen, wäre es aber eine gute Gelegenheit, einige grundsätzliche Fragen über uns selbst und die Gesellschaft zu stellen, für die wir unsere Kinder vorzubereiten meinten. Noch einmal haben wir Gelegenheit, wirkliche von eingebildeten Gefahren zu unterscheiden. Jetzt ist es schwerer als damals, als wir zweifelten, wie weit das Kind sich auf der Straße von uns entfernen könnte. Jetzt geht es um eine Auseinandersetzung mit der Problematik einer Gesellschaft, die uns vielleicht zuwider, fremd und unbequem ist und vor der wir lieber die Klappe zumachen würden, um unser bisschen Frieden zu bewahren. Statt unsere Ruhe mit dem bösen »Mach, was du willst, aber stör mich nicht« zu erkaufen, haben wir noch einmal Gelegenheit, uns der Situation zu stellen. Das ist jetzt schmerzlicher als damals, als das Kind stampfte und schrie. Der unvernünftige Protest des kleinen Kindes könnte sich nun in eine logisch einwandfreie Darstellung verwandelt haben, in der klipp und klar bewiesen wird, warum wir als Eltern oder Lehrer dem Ideal des Jugendlichen nicht entsprechen. Vielleicht gelingt es uns, zu akzeptieren, dass wir in diesen Jahren eine Ernte vieler Missverständnisse und Fehler einholen. Daran ändert die Tatsache nichts, dass wir sie unbewusst begangen haben und dass sie vielleicht nur darum passierten, weil wir uns selbst unsicher fühlten und uns im Zweifelsfall unserer Umgebung angepasst hatten. Es ist wichtig, dass wir diese Gelegenheit nicht verpassen, eine neue Bestandsaufnahme unseres eigenen Lebens zu wagen und neues Verständnis zu suchen. In diesen Jahren, in denen die Kinder groß werden und wir die ersten Früchte einer wichtigen Etappe unseres eigenen Lebens kosten, sollten auch wir an einem Kreuzungspunkt in unserer eigenen Entwicklung angelangt sein.

Postbiologische Strukturen

Für uns Erwachsene geschieht der Übergang von einer Etappe in die nächste nicht mehr so »kinderleicht« und ohne unsere persönliche Entscheidung, wie es während der Zeit der biologischen Entwicklung möglich war. Wir sind nun selbst verantwortlich, ob wir uns der menschlichen Problematik bewusst stellen oder uns ihr entziehen wollen. In beiden Fällen müssen wir mit Leid rechnen, doch begegnen wir ihm im ersten Fall mit offenen Sinnen, während es uns im zweiten Fall als »unerklärliche Depression« überkommt, die wir vielleicht notdürftig zu bekämpfen suchen.

Es gibt viele Fragen, die wir uns in der Übergangsperiode stellen können, wenn wir unser Leben auf dieser Stufe noch einmal zu restrukturieren versuchen: Können wir unser Denken noch mit dem Gefühl erfassen? Benutzen wir die Sprache als Ausdruck unserer persönlichen Erfahrung, zur Klärung und Mitteilung von Wirklichkeiten oder ist sie eine Art Verteidigungsinstrument geworden? Bevorzugen wir kompliziertes, hochtrabendes Reden, um persönliche Unsicherheit zu verdecken? Jonglieren wir mit Begriffen und fertigen Ideen wie mit Spielkarten, sind dabei stolz auf unser schnelles Urteil? Ist es unsere Gewohnheit geworden, Menschen und Situationen zu manipulieren?

Wenn wir niedergeschlagen oder besorgt sind, uns das Gefühl überkommt, dass wir eine falsche Richtung eingeschlagen haben, verschanzen wir uns dann hinter Ablenkungen oder Arbeit?

Oder wagen wir, dem Gefühl nachzuspüren? Lassen wir uns umgekehrt von Gefühlen hinreißen? Ist unsere erste Regung, die Schuld für unseren Zustand anderen Menschen zuzuschieben? Schrecken wir vor neuen Aufgaben zurück, weil wir uns nichts Rechtes zutrauen? Überlassen wir das Denken lieber anderen Leuten? Ist unsere Arbeit zur Routine, vielleicht einer beengenden und frustrierenden Zwangsjacke geworden, aus der wir in unsere »Freizeit« entfliehen? Steht sie im Widerspruch zu den Werten, die wir eigentlich für uns wünschen? Oder fühlen wir uns in ihr lebendig und froh, etwas von uns selbst zu geben und in ihr zu wachsen? Fühlen wir uns von anderen ausgenützt, oder tut es uns Leid, nicht mehr geben zu können?

Weitere Fragen kommen uns sicher spontan, sobald wir beginnen, den Kontakt mit unserer Umgebung und mit uns selbst auf neuer Basis aufzunehmen. Bei Erwachsenen, die sich als Lehrer oder Eltern mit der Problematik einer aktiven Schule befassen, hört man nur noch selten den alten Spruch: »Ich bin stolz auf das, was ich bin und was ich geschafft habe. Die Kinder bereiten mir keine Sorge. Sie sind bestens angepasst und erfolgreich.« Statt dessen nehmen wir häufig das Bedürfnis der Erwachsenen wahr, sich von der Lebendigkeit der Kinder berühren zu lassen, mit ihnen zu wachsen, loszukommen von der Meinung »So bin ich nun mal« oder »So ist das Leben eben«. Dann ist es nicht mehr weit bis zu der Frage: Gibt es noch wirkliche Veränderung für Erwachsene? Ist unsere Persönlichkeit abgeschlossen? Gibt es noch »Wachstumsbedürfnisse« für Erwachsene?

Wenn wir die Menschen um uns beobachten, kommen wir vielleicht zu dem Schluss, dass sie kaum noch Veränderungen durchmachen, außer dass sie eben älter werden. Manche wechseln noch ihre »Fahne«, die politische Partei oder ihr Credo. An der Art ihres Seins ändert sich dabei anscheinend nicht viel. Ihre Persönlichkeitsstruktur bleibt offenbar die gleiche, auch wenn sie ihre Meinungen wechseln. Doch hin und wieder treffen wir auf Menschen, die im Lauf der Jahre nicht nur älter, sondern auch lebendiger, verständiger, offener, ein wenig weiser und ein wenig kindlicher werden. Wir sagen dann, dass sie »reifer« werden – nicht im schulmeisterlichen Sinn der resignierten Angleichung, sondern so, als wäre ihr Leben mit Sinn erfüllt.

Beim Kind ist der Reifungsprozess offensichtlich. Sein Körper ändert seine Form. Das Reifen seiner Gehirnstrukturen äußert sich in seiner zunehmenden Fähigkeit, Probleme zu lösen. Es ist das Ergebnis direkter und spontaner Interaktion mit einer dem Entwicklungsplan angemessenen Umgebung. Wenn wir jemanden als »unreif« bezeichnen, meinen wir eigentlich, dass er häufig versucht, alte, unbefriedigte Bedürfnisse nachzuholen oder zu kompensieren. Ein Mann, dessen Mutter direktiv und dominant ist, sucht sich vielleicht eine Frau, die ihn weiterhin beschützt. Ein anderer mag nun mit seiner Frau den Kampf um Autonomie weiterführen, der mit der Mutter nie beigelegt worden war. Ähnliche Beispiele von Unreife entdecken wir in allen Aspekten des privaten und öffentlichen Lebens wieder. Die Waagschale schwankt zwischen Abhängigkeit und Protest, solange der Reifeprozess nicht gesichert ist.

Leider ist Unreife bei anderen leichter festzustellen als bei sich selbst. Was für ein zweijähriges Kind normales Verhalten ist, erscheint uns bei einem Zwölfjährigen unpassend. Mit geschärftem Blick können wir die Diagnose auch bei Erwachsenen stellen: »Er benimmt sich wie ein Baby – der wie ein Halbwüchsiger.« Kinder und Jugendliche, die ihrem eigenen Reifeprozess nicht ausweichen, wehren sich intuitiv gegen Erwachsene, die heimlich alte emotionale Bedürfnisse erfüllen, während sie sonst eine »tolle Figur« machen. Nicht immer ist es leicht, echte Reife von der hohen Kunst der Kompensation zu unterscheiden.

Dazu brauchen wir Verständnisstrukturen, die sich auch im Erwachsenenalter nur durch direkte Lebenserfahrung entwickeln. Um den qualitativen Unterschied zwischen Theorien und Lehren aus eigenen Erfahrungen zu erfassen, müssen wir selbst »begreifen«. Dafür brauchen auch wir Instrumente, die durch den aufmerksamen Gebrauch gebildet und geschärft werden. »Lebenserfahrung«, die wir im aufrichtigen Umgang mit Kindern gewinnen, unterscheidet sich von der, die man in einem Curriculum Vitae aufführen könnte. Sie erhöht nicht unser Prestige oder unsere Gehaltschancen. Sie verspricht uns keinen Doktorhut, den wir uns aufsetzen können und durch den wir erhabener wirken. Um sie zu erlangen, müssen wir uns auf Wachstumsschmerzen gefasst machen.

Eine ähnliche Erfahrungsmöglichkeit öffnet sich uns zum Beispiel beim Zusammentreffen mit einer völlig anderen Kultur. Für Kinder gibt es da keine großen Probleme, wenn ihre Spontaneität erhalten geblieben ist. Sie leben einfach in der Gegenwart, nehmen alles Neue mit Interesse auf und verleiben es ihrem Weltbild ohne große Hindernisse ein. Erwachsene aber sehen alles Neue aus der Perspektive ihrer eigenen kulturgebundenen Weltanschauung. Sie beurteilen Situationen und Menschen so, wie es ihrem eigenen, in einem anderen Zusammenhang gewonnenen Verständnis entspricht. Vielleicht haben sie sich vorher schon Informationen über die andere Kultur angeeignet und erleben sie nun aus diesem doppelten Blickwinkel. Doch auch diese Informationen sind bereits durch die vorhandenen Strukturen verwandelt. Sie beeinflussen die Erwartungen und färben jedes neue Erleben. Die Berichte von Reisenden nach ihrer Heimkehr spiegeln diese Prozesse deutlich wider. Wenn jemand länger in einer fremden Kultur lebt, setzen verschiedene Lebensprozesse ein. Manche erhalten ihre anfänglichen Schutzmaßnahmen, die der Organismus unwillkürlich in neuen Lebenslagen ergreift, aufrecht. Diese Reisenden hört man noch nach Jahren über die »Einheimischen« schimpfen. Sie hören nie auf, deren Gewohnheiten zu belächeln. Andere hingegen können sich schnell einleben: Sie lassen das Leben der Fremden mit ihrer so fremden Mentalität in sich ein, ohne Furcht, dadurch ihre Sicherheit zu verlieren. Das offene, interessierte Zusammenleben erlaubt ihnen, sie in ihrer Eigenart zu begreifen, statt sie durch die eigene Brille zu sehen und unter dem eigenen Blickwinkel zu »fotografieren«. Sie akzeptieren, dass sie hier, in einer anderen Kultur, mit einer großen Zahl unbekannter Faktoren rechnen müssen, dass sie also nicht »kompetent« sind, Urteile über Situationen und Leute zu fällen. Dieses Erlebnis kann zu einem entscheidenden Wendepunkt werden, persönliche Haltungen auch in »bekannten Situationen« zu ändern und sich ihnen auf andere Art zu öffnen.

Ein befreundeter Reporter erzählte uns kürzlich, wie ihm einmal in Mexiko seine Kameras, fertige Filme und vieles andere Arbeitsmaterial gestohlen wurden. Ein großes Unglück für einen Menschen in seinem Beruf. Trotzdem war seine erste Reaktion unerwartet positiv. Er fühlte sich wie befreit, leicht, zum ersten Mal ohne die ständige Angst, etwas zu verlieren, zum ersten Mal in der Lage, mit den fremden Menschen um sich herum direkten Kontakt aufzunehmen. Er berichtete, dass ihm dieses Gefühl der Angstlosigkeit seither nicht verloren gegangen sei, auch wenn er für seine Arbeit neue Kameras angeschafft habe. Diese Grundhaltung erlaubt es ihm nun, sich zu entspannen, die Kameras nicht krampfhaft festzuhalten und mühelos menschlichen Kontakt und Freunde zu bekommen, die nun ihrerseits auf seine Kameras aufpassen.

»Bestandsaufnahmen« des eigenen Lebens bleiben keinem »heranwachsenden Erwachsenen« erspart. Sie öffnen uns verschiedene Wege: Wir können sie als Grund benutzen, unsere Verteidigungsmaßnahmen zu verstärken und uns in unserer alten Position zu verschanzen. Oder wir können die Fäden einer alten Sehnsucht aufnehmen, die seit der Kindheit unsere Entwicklungsbedürfnisse begleitet hatte: die Sehnsucht nach mehr Weite, mehr Verständnis, mehr Liebe, innerem Reichtum, Erfüllung. Vielleicht war sie seit langem unter all den Anstrengungen, all dem Müssen nur noch in besonderen Augenblicken spürbar.

Vielleicht hat sie sich gesteigert, ohne recht in ihrer Art erkannt zu sein, wurde durch Ersatzbefriedigungen immer wieder hingehalten. Seit unserer eigenen Kindheit sind wir ja längst daran gewöhnt, dem, was von innen kommt, nur geringe Beachtung zu schenken. Unsere Aufmerksamkeit, unsere Erwartungen wurden systematisch von innen nach außen umgeleitet, seit langem schon war es uns nicht leicht, wirkliche Erfüllung von »Ersatzbefriedigung« zu unterscheiden. (Ein wichtiger Grund, warum wir diese Verwechslung unseren Kindern ersparen sollten!)

Wo Rauch ist, ist auch Feuer, sagt das Sprichwort. Hunger zeigt das Bedürfnis nach Nahrung an, Sehnsucht nach Erfüllung die Möglichkeit der Entwicklung und Bereicherung. Der Weg dazu ist nicht so leicht wie beim Kind, das seiner Umgebung instinktiv das Bestmögliche für seine Entwicklung abgewinnt. Der Prozess des Erwachsenen hat seinen Hauptakzent nach innen verlegt. Sein Ziel ist es, den »inneren Menschen« reifen zu lassen. Doch dieses Wachstum soll nicht nur persönliche Befriedigung ermöglichen. Der gewonnene Reichtum soll den Weg von innen nach außen zurückfinden, in eine konkrete Praxis umgesetzt werden, einen kleinen oder großen Beitrag zur Neuformung und Erneuerung äußerer Lebensumstände leisten.

Die postbiologische Entwicklung des Erwachsenen kann sich in drei Bereichen vollziehen. Der erste ist das weite Spektrum kultureller Entfaltungsmöglichkeiten. Er entspricht – um bei unserem früheren Vergleich mit dem pflanzlichen Leben zu bleiben – dem Erblühen von Pflanzen, die zu gegebener Zeit eine reiche Ernte von Früchten hervorbringen. Sie sind die Belohnung für eine sorgfältige Bereitung des Bodens und liebevolle und geduldige Pflege, die wir der Pflanze in jeder ihrer Wachstumsphasen angedeihen ließen. Können wir der Versuchung widerstehen, die Knospen vor der Zeit zu befingern und zu öffnen, erleben wir das Erscheinen einer organisch gewachsenen, von reichen inneren Strukturen getragenen Kultur. Sie unterscheidet sich von der allgemein verbreiteten Imitation, die Heinrich Jacoby »Kulturbetrieb« nennt, durch ihre Frische und Spontaneität. Wo immer ihre Samen auf fruchtbaren Boden fallen, bringt sie Neues und Lebendiges hervor.

Der zweite Bereich einer möglichen postbiologischen Entwicklung besteht im Wachstum an Macht. Das sehen wir überall in Wirtschaft, Politik, Technik, auf allen Gebieten des Berufs- und Gemeinschaftslebens. Auf andere Weise wird diese Entwicklung von Individuen und Gruppen kultiviert, die es sich zum Ziel setzen, mentale Kräfte zu entfalten, die gewohnten Grenzlinien der konkreten Wirklichkeit zu durchbrechen und den Einfluss des Menschen auf sich selbst und andere, auf Dinge und Umstände ins Unerhörte zu steigern. Dieser Sektor war früher einer kleinen, meist geheimen Gruppe vorbehalten. Heute zieht er durch sein Angebot an persönlicher Bereicherung und Erweiterung der Perspektiven immer mehr Menschen an. Hier werden Leiden gelindert, die durch zunehmenden Druck und Verkrampfung die Körper plagen. Hier gibt es Hoffnung, den Kontrollen zu entkommen, die unser persönliches Leben inmitten einer mächtigen Gesellschaft immer stärker einengen. Die Auswahl an Wegen und Entwicklungszielen ist groß, doch sie haben häufig gemeinsam, dass ihre Resultate beabsichtigt sind – vom Individuum, einer Gruppe oder von einer leitenden Persönlichkeit erstrebt werden, deren Fähigkeiten den anderen voraus sind und die durch ihre unterstützende Kraft den Schwächeren Erfolge ermöglicht, die ihre eigene Kapazität übersteigen. Dieses Sprengen des Gewohnten geschieht absichtlich. Die gewünschten Resultate werden von demjenigen angestrebt, der in den Bereich des Ungewöhnlichen vorzustoßen und dadurch den Schwächen eines unbefriedigenden Alltagslebens zu entkommen hofft.

Der dritte Bereich einer möglichen postbiologischen Entwicklung erschließt sich nicht durch eigenen Willen oder den Drang zum Ungewöhnlichen. Hier wird keine Erweiterung oder Überdimensionierung des biologischen Entwicklungsplans, der bereits vorhandene Strukturen auf neue Gesetzmäßigkeiten überträgt, versprochen. Was hier geschieht, ist eigentlich sehr »normal«. Wir kennen seine Wirkungen schon aus den früheren Entwicklungsetappen. Hier geht es um das Lebendigwerden, das Wachsen und die Entfaltung einer inneren Seinsstruktur, die bisher nicht funktional geworden ist. So wie bei der Befruchtung einer weiblichen Eizelle wird hier durch Offenheit und Bereitschaft einerseits und einen lebendigen Kontakt andererseits ein »neues Leben« geschaffen, das dann durch immer neue Interaktionen und Erfahrungen eigene Strukturen und Formen annimmt. Sein Entstehen und seine Entfaltung gehorchen nicht dem Willen, wie wir ja auch ein kleines Kind zwar dressieren, aber niemals seine wirkliche Entwicklung vorantreiben können. Sie sind immer spontan, nicht von uns manipulierbar, sondern völlig unerwartet.

In der Geschichte der Menschheit sind der Lebenskontakt und das spontane Erwachen des innersten Seins als das Eintreten einer »Gnade« dokumentiert worden. Selbst unsere höchsten Tugenden und Bestrebungen können dieses neue Leben nicht programmieren. Wenn es empfangen wird, können wir seinen Bewegungen und Absichten nur folgen, so wie eine respektvolle Mutter den ersten Erkundungsschritten ihres heranwachsenden Kindes folgt. Dieses neue Leben lässt sich nicht von unseren bisher gewonnenen Überzeugungen bestimmen. Doch wie in der biologischen Entwicklung jede neue Phase die vorhergehende nicht zerstört, sondern neu strukturiert, so wirkt sich auch das Wachstum des »inneren Menschen« auf die vorangegangenen Stufen aus. Mit großer Vorsicht, um sichere Grundlagen nicht zu zerstören, beeinflusst es das, was bisher unser Sein ausmachte. Es erweitert, reinigt, entwirrt und öffnet Kanäle auf behutsame Weise. Wir können den Prozess nicht beschleunigen. Auf respektvolle Weise können wir unsere Zustimmung geben, indem wir uns um die »Durchlässigkeit« kümmern und in die Praxis umsetzen, was wir empfangen.

Vielleicht benehmen wir uns in dem Prozess häufig wie jene Kinder, die seit langem falsch behandelt wurden und nun jeden Berührungsversuch zuerst einmal mit Abwehr beantworten. Wie oft mögen wir Erwachsenen uns nach Erneuerung und Segen in unserem Leben gesehnt und sie doch von uns gestoßen haben, wenn wir ihren Kontakt verspürten? Darum ist es von besonderer Bedeutung, dass Erwachsene, die sich selbst für die Entwicklung des inneren Selbst offen halten, besondere Sorgfalt darauf verwenden, dass den Kindern, für die sie verantwortlich sind, die Spontaneität nicht schon in der Zeit der biologischen Etappe verloren geht.

Werte

Unser Entschluss, in unserem Zusammenleben mit Kindern neue Wege zu gehen, entspringt ursprünglich nicht der Tatsache, dass wir eine Serie von Forschungsresultaten ausprobieren wollten. (Die Studien Piagets sind der akademischen Welt seit Jahrzehnten zugänglich, aber sie haben an der Schulpraxis fast nichts geändert!) Vielmehr entspringt er hauptsächlich einem grundsätzlichen Gefühl, dass etwas mit den alten Wegen nicht stimmt. Wir folgen mehr unserer Intuition, als das wir schon im voraus wüssten, in welche Richtung wir gehen sollen. Das Gefühl, das uns diese Richtung gibt, entspringt unserer Grundeinstellung zum Leben, die auch unsere Werte prägt. Sie beeinflusst all unsere Entscheidungen, die Erfahrungen, die wir auf dem Weg machen, und auch die Auswahl der Erfahrungen anderer aus dem verwirrenden Angebot, das uns zur Verfügung steht.

Für Lehrer einer aktiven Schule und Eltern, die sich auf ein »Erziehungsexperiment« einlassen, ist es nützlich, sich über die Wichtigkeit gemeinsamer Werte klar zu werden. Für uns selbst, weil wir ständig mit vielen Argumenten bombardiert werden, und auch, um einzuschätzen, ob andere sich überhaupt für unsere Erfahrung interessieren können und wieweit sie bereit wären, einem neuen Weg zu vertrauen und sich wirklich auf ihn einzulassen. Werte sind wie das Wasser in der Tiefe eines Sees. Schwerfällig ruhen sie auf seinem Grund und sind von den

Kräften rasch wechselnder Meinungen und Situationen nicht zu beeinflussen. Sie ruhen dort, wo der Schwerpunkt unseres Lebens liegt, und berühren den Inhalt unseres Seins. Wenn sich also Menschen zusammenfinden, um etwas Neues für ihre Kinder zu schaffen, muss es aus einem gemeinsamen Grundgefühl heraus geschehen. Es hat keinen Sinn, andere zum Mitmachen zu überreden, wenn deren sonstiges Leben anderen Werten folgt.

Bei unserem Wunsch, neue Wege zu finden, stoßen wir schnell auf die Schwierigkeit, Wesentliches von Unwesentlichem unterscheiden zu müssen. Die Versuchung ist groß, einem Vorbild zu folgen, die Erfahrungen anderer zu übernehmen. »Wann immer ein Ritter des Grals einem Pfad folgen wollte, der von jemand anderem beschritten wurde, ging er dabei verloren. Wo ein Weg oder Pfad ist, sind es die Spuren eines anderen. Jeder von uns muss seinen eigenen Pfad finden… Niemand kann jemand anderem eine Mythologie geben. Du wirst die Bilder in deinen Träumen, in deinen Visionen und Taten finden – und du wirst ihren Sinn verstehen, wenn sie hinter dir liegen«, sagt Joseph Campbell. Diese Erfahrung macht jeder, der einer Vision für eine bessere Erziehung folgt. Keine Mutter kann eine andere, kein Lehrerteam eine andere Initiative nachahmen, und kein Lehrer innerhalb einer Gruppe darf die Verantwortung auf die anderen abwälzen, sondern muss versuchen, immer im Kontakt mit seinem eigenen Grundgefühl zu bleiben.

Der Respekt für persönliche Entscheidungen und die Vielfalt von Weltanschauungen bei Lehrern und Eltern ist in unserer Arbeit immer ein wichtiges Element gewesen. Wir wollen ja vor den Kindern nicht so tun, als ob es eine »einzig richtige« Weise gäbe, die Phänomene des Lebens zu erklären. Doch in dieser Vielfalt haben wir über die Jahre hinweg an unserem gemeinsamen Konzept gearbeitet, haben uns Stützpunkte geschaffen, an denen wir uns als Individuen und als Team orientieren, um Entscheidungen zu treffen. Solche Markierungspfeiler bedeuten meines Erachtens keine Beschränkung für unser Denken und

Fühlen, sondern Anhaltspunkte, die uns Sicherheit für persönliche Erfahrungen geben und unsere Zusammenarbeit ermöglichen.

Unser erster Anhaltspunkt ist unser Verständnis der Beziehung von Individuum und Umwelt als eines organischen Prozesses, d.h. der Entfaltung des genetischen Programms durch die Interaktion mit der Umwelt. Unser Entschluss ist es, uns in dieses Programm nicht einzumischen, die Natur nicht zu »verbessern« oder zu manipulieren, sondern sie zu respektieren, dafür aber bewusst auf das Umfeld einzuwirken, in dem der kindliche Organismus wächst.

So wie die einzelne Zelle in sich selbst ein funktionales und lebensfähiges System darstellt und ihren eigenen Gesetzen unterliegt, formt sie doch gleichzeitig zusammen mit anderen Zellen ein Gewebe oder Organ, das seinerseits eigene Funktionen und Gesetze hat. Alle zusammen dienen wiederum einer größeren Einheit, dem gesamten Organismus. Sein Wohlbefinden hängt von der Funktionalität seiner Organe und aller seiner Zellen ab. Wenn sie schwach sind, ist die Gesundheit des gesamten Organismus gefährdet.

Das Gleiche trifft für die Beziehung Individuum – Gesellschaft zu. Damit ein Individuum in innerer Harmonie wachsen kann, muss es den Gesetzmäßigkeiten folgen, die durch seinen inneren Entwicklungsplan bestimmt werden. Doch legt dieser Plan nicht einen mechanischen Ablauf fest, sondern ist lebendig. Wie in allen Bereichen ist Leben nur durch Interaktion möglich, so auch hier.

Für den Menschen bedeutet es ständiges Nehmen und Geben – ständige Bezugnahme auf die natürliche Welt und die Gesellschaft. Er ist Teil eines großen und komplexen lebendigen Gewebes, das von seiner unmittelbaren Umwelt über den ganzen Planeten und mit ihm ins Universum reicht, von seiner Familie in ein Volk und die ganze Menschheit. Alle Wachstumsbedürfnisse des Individuums haben nicht nur dessen eigene Befriedigung und optimale Entwicklung zum Ziel, sondern stehen in einem weiten ökologischen Zusammenhang. Sein eigener Friede hat Einfluss auf den Frieden, der in seiner Umgebung herrscht.

Verkümmerte oder unharmonische Individuen beeinträchtigen das Wohlergehen der Gesellschaft und stören ihr Gleichgewicht. Umgekehrt lastet eine friedlose, problembeladene Gesellschaft auf jedem Individuum, weil sie seine freie harmonische Entfaltung erschwert oder unmöglich macht. Unser hohes Ideal, für den Frieden zu kämpfen und bessere Lebensumstände für alle zu schaffen, ist darum zum Scheitern verurteilt, wenn wir dabei vergessen, dort Frieden zu schaffen, wo aller Unfriede seinen Ursprung hat, nämlich im Unscheinbaren des persönlichen Wachstums.

Nun liegen die Prioritäten beim heranwachsenden Kind nicht so sehr in gesellschaftlichen Werten, sondern in der Dringlichkeit seiner biologisch bedingten Bedürfnisse. Darum darf es uns nicht verunsichern, wenn man uns anklagt, der Gesellschaft einen schlechten Dienst zu tun, wenn wir uns in dieser Entwicklungsphase des Kindes mehr um seine authentischen Bedürfnisse kümmern als um seine Anpassung an gesellschaftliche Erwartungen. Auch wenn – oder gerade weil – wir selbst die Gesellschaft hoch bewerten, dürfen wir aus Respekt vor ihr der Natur des Kindes nicht in die Quere kommen. Aus diesen Erwägungen heraus motivieren wir z.B. nicht zu Gruppenspielen oder -arbeiten, sondern respektieren die Eigenheiten und Initiativen jedes Kindes. Die Natur des Kindes ist von Grund auf sozial, bereits von seiner Zeugung her, die ja durch eine Vereinigung zweier Menschen möglich wird. Wenn wir also seine Natur respektieren (und nur dann!), kann es nichts anderes als eben ein soziales Wesen werden. Die Vertreter einer frühen formalen Schulung und obligatorischer Gruppenarbeit argumentieren teilweise, dass wir beim Kind die »Frustrationstoleranz« einüben müssen, damit es später mit der Gesellschaft besser zurechtkommt. Dem würden wir dieses Argument entgegenhalten:

Wem würde es schon einfallen, einem Kind ungenügende Nahrung zu geben, weil es womöglich als Erwachsener einmal eine Hungersnot ertragen muss?

Das soziale Lernen des Kindes findet nicht durch Unterricht statt, sondern durch die Art und Weise, in der wir ihm vom ersten Tage seines Lebens an begegnen. Erfährt es Respekt, Rücksichtnahme, Wärme und eine friedliche Familienatmosphäre, so prägt dies sein späteres soziales Verhalten ebenso, wie ein Fehlen dieser Qualitäten es täte. Es lernt also nicht durch das, was wir lehren oder predigen, sondern daraus, wie wir uns ihm gegenüber verhalten, wie wir sind!

In der organischen Entwicklung des Kindes können wir beobachten, wie sich die Akzente seiner Bedürfnisse von selbst verschieben und mit ihnen sein Verhalten. Während seiner embryonalen Entwicklung ist es die Mutter, die optimale Bedingungen braucht, um bestmöglicher Nährboden für das Kind zu sein. Sie kümmert sich darum, gesund zu essen, genug zu schlafen, Aufregungen zu vermeiden. Wenn das Kind geboren und die Stillzeit vorbei ist, opfert sie im Notfall ihre eigene Nahrung, Ruhe und Schlaf, um die Bedürfnisse des Kindes zu befriedigen. Beim Baby ist die Nahrungsaufnahme noch von ungeheurer Bedeutung. Es widmet ihr volle Hingabe und eine Menge Zeit. Schon bald fängt das Kind an, mit dem Essen zu spielen, sobald sein erster Hunger gestillt ist. Sein »Hunger« ist jetzt nicht nur physiologischer Natur, sondern erstreckt sich auf sein Bedürfnis nach immer neuen Erlebnissen im Sensorischen und Motorischen. Als unser Sohn zwölf war, aß er nur das Notwendigste, um nicht zu verhungern. Er war von morgens bis abends voller Projekte, die seine ganze Aufmerksamkeit in Anspruch nahmen, denn er näherte sich dem Ende seiner operativen Etappe und hatte darum »keine Zeit zu verlieren«.

Wenn in jeder Etappe die ihr entsprechenden Bedürfnisse möglichst erfüllt werden, regulieren sich die Übergänge spontan und mit ihnen die wechselnde Bewertung dessen, was gerade am wichtigsten ist. Für Erwachsene, die selbst nicht respektiert worden sind, ist es eine große Versuchung, ihre eigenen Prioritäten auf Kinder zu projizieren und damit das Wertsystem des kindlichen Organismus zu relativieren. Das erzeugt Schwierigkeiten, deren Ursachen wir später kaum noch erkennen.

So wie vielleicht ein fünfjähriges Kind, das eigentlich voll aktiv sein sollte, stundenlang am Daumen nuckelt, so befriedigen wir noch als Erwachsene unbewusst Bedürfnisse aus früheren Entwicklungsphasen und suchen Kompensation auf verschiedenste Art. Die einen verwenden vielleicht unangemessen viel Zeit und Energie auf ihre körperliche Existenz. Sie sind sehr besorgt um ihre äußere Erscheinung. Sie leben für ihre Gesundheit, für ihre Diät, ihre körperliche Fitness. Oder vielleicht verwenden sie auch viel Energie darauf, ihr Leben rund um das Nachholbedürfnis emotionaler Nähe zu organisieren. Sie widmen diesem Aspekt außergewöhnlich viel Aufmerksamkeit, besuchen Workshops und bewerten nun jede Erfahrung nach ihrem Gefühlswert. Beim Begrüßen drücken sie uns vielleicht minutenlang an die Brust oder halten unsere Hand, als wollten sie sie nie wieder loslassen. Jedes Gespräch wird mit Gefühlswerten überladen. Dagegen reduzieren andere alle Inhalte auf die intellektuelle Ebene. Es befriedigt sie vollauf, wenn eine Sache logisch zu beweisen und in ein sicheres Gedankensystem zu fassen ist. Was in diese Wertskala nicht hineinpasst, wird mit Misstrauen betrachtet, lächerlich gemacht oder einfach ignoriert. In jedem Bereich erleben wir ähnliche Überbewertungen, die weitgehend dazu dienen, ein Gefühl der Sicherheit und Befriedigung zu geben, allerdings dabei wichtige Aspekte des Lebens unterbewertet lassen. Da die wenigsten von uns das Glück hatten, sich harmonisch und frei zu entfalten, werden sich die »Löcher«, die aus unserer Kindheit zurückgeblieben sind, auch auf unsere heutige Lebenssicht auswirken. Dies führt dann leicht zu anderen Ungleichgewichten. So mögen wir vielleicht unsere gesamte Energie auf soziales Engagement in der Welt richten, als wären so die Probleme der Menschheit zu lösen. Oder wir wenden uns von dieser schnöden Welt ab, für die wir eigentlich geschaffen sind, und widmen uns ganz dem Jenseits.

Wie können wir, die wir schon »erwachsen« sind, lernen, Wachstumsprozesse wahrzunehmen und in unseren Umgang mit Kindern einzubeziehen? Als Eltern sind wir häufig verwirrt, besonders, wenn wir bisher gültige Grundsätze aufgeben und etwas Besseres für unsere Kinder suchen, dabei aber selbst noch so viel nachholen müssten.

In diesen Tagen besuchte uns eine alte Bekannte, die bis zur Geburt ihres Kindes mit großer Aufopferung in einer Slumschule von Quito gearbeitet hatte. Sie kam mit ihrer einjährigen Tochter nicht zurecht, obwohl sie doch mehrere Kurse für aktive Erziehung besucht hatte und mit den Schulkindern trotz deren akuter Schwierigkeiten recht gut umgehen konnte. Sie gestand ein, dass es mit dem eigenen Kind »eben etwas ganz anderes« sei. Zwischen Rückfragen und einigen Hinweisen von uns erklärte sie, dass sie sich eben zu einem fünfjährigen Ökonomiestudium entschlossen habe. Sie müsse dafür zwar das Zusammensein mit ihrem Kind an zweite Stelle setzen, aber die Entwicklung ihrer eigenen intellektuellen Fähigkeiten und eine »gesicherte Zukunft« hätten eben jetzt Vorrang. Großmutter und Angestellte würden sich bei der Betreuung des Kindes abwechseln. Für sie, die Mutter, sei es jetzt das Wichtigste, ihren kritischen Geist an den widersprüchlichen Theorien ihrer Professoren zu schärfen.

Während sie so redete, versuchte ihre Tochter auf verschiedenste Weise, die Aufmerksamkeit der Mutter auf sich zu lenken. Sie goss die Spinatsuppe über das Tischtuch, schüttete Papayasaft darüber, panschte mit dem Löffel durch das Gemisch, dass es schön spritzte. Dafür bekam sie zwischen Gesprächsfetzen etwas Zuwendung – hier und da einen Löffel Suppe in den Mund, ein wenig Schelte, dann den Löffel aus der Hand gerissen.

Ich saß dabei und meinte nach einigem Zögern: »Mir scheint, was für dich in diesem Moment angemessen wäre, ist nicht die Universität. Dein bester Professor wäre jetzt deine eigene Tochter. Was glaubst du, was leichter ist: ökonomische Theorien kritisieren oder mit einem kleinen Kind so zusammenzuleben, dass du auf seine und auch deine Bedürfnisse aufmerksam wirst? Wäre es nicht jetzt deine Chance, mit dem Kind zu wachsen, indem du sein Wachstum nicht behinderst?«

So redete ich mich warm, aber merkte bald, dass es nicht viel nutzte. Ihre eigene Mutter hatte sie darin bestärkt, dass es für sie nichts Wertvolleres gäbe als eine akademische Laufbahn – eine unerfüllte Sehnsucht in ihrem eigenen Leben! Und dieses Ideal konnte die junge Mutter damit rechtfertigen, dass sie ja mit vielen Kenntnissen und einem Doktortitel viel wirkungsvoller für eine neue Gesellschaft kämpfen könnte.

Wie schon oft stellte ich mir die Frage, ob wir wirklich hoffen können, die Probleme unserer Welt zu lösen, solange wir die Beziehungen zu unseren Kindern nicht ändern. Und dann ist da noch mein Zweifel, der mir jedesmal kommt, wenn ich mit Menschen zusammen bin, die offenbar ihre materiellen Probleme sehr erfolgreich gelöst haben. Warum werden bei all dem Wohlstand so selten kindgerechte Umstände geschaffen? Warum wird das Geld stattdessen für »Reparaturdienste« – für die Beseitigung ebensolcher Schäden ausgegeben, die durch eine ungeeignete Umgebung für Kinder verursacht worden sind?

Eine wachstumsfördernde Umgebung ist eine »entspannte Umgebung«. Wenn sich Spannungen, Probleme und Schäden häufen, brauchen wir eigentlich keine komplizierten Diagnosen und Theorien. Die Kinder selbst – und mit ihnen unser Stimmungsbarometer – geben uns genügend Hinweise. Wir müssten eben nur lernen, den Prozessen, die zu solchen Spannungen führen, Aufmerksamkeit zu schenken und unseren Beobachtungen zu vertrauen. Es gibt verschiedene Symptome, die auf Gefahr hindeuten. Wenn ein Kind jammert und quengelt und es dann die Masern bekommt, sind wir zwar um das Kind besorgt, aber gleichzeitig erleichtert, weil eine Diagnose auf der Hand liegt und wir wissen, dass die Krankheit vorübergeht. Bei vielen anderen Unlustäußerungen müssten wir aber nicht beim Kind das Fieber messen, sondern die Umgebung kritisch untersuchen, denn in ihr muss sich die Interaktion des Kindes abspielen. Jeder Mensch, also auch das Kind, ist »er selbst und seine Umstände«.

Da bleibt uns nichts anderes übrig, als auch unsere wohlgemeinten pädagogischen Bemühungen mit neuen Augen zu sehen. Entsprechen sie vor allem unseren eigenen Vorstellungen von »guter Erziehung«, oder sind sie eine echte Anstrengung, eine Umgebung zu schaffen, in der Kinder »zur Welt kommen«? Eine ehrliche Analyse beseitigt dann auch die alte Kontroverse zwischen autoritärer und antiautoritärer Erziehung, die für viele zu einer Wertfrage geworden ist.

Damit entkommen wir, wie ich glaube, der Gefahr, Werte einzuengen, sie als »feste Überzeugungen« zu qualifizieren. Mit dem einfachen Grundsatz »Für das Leben oder gegen das Leben« verwandeln sie sich in ein Lot, das uns das eigene Lebensgefühl messen und uns Situationen in ihrer Komplexität begreifen lässt. Dieser Prozess gibt uns allmählich die Fähigkeit, Entscheidungen zu treffen, die dem Leben dienen, statt es zu behindern.

Das können dann ganz praktische Entscheidungen sein. Zum Beispiel: Woran sollte man sparen, wo sollte man großzügig sein? Oder wenn es darum geht, was ein Kind lernen sollte: Was ist wichtig, damit es jetzt voll leben kann?

Als Nächstes stellen wir uns die Frage, welchen Platz die gängige Methode des Wettstreits in der von uns erhofften Pro-Leben-Situation einnimmt. Das zwingt uns zu gründlichen Überlegungen, denn die Wettstreit-Haltung durchdringt nicht nur die ganze Erziehungspraxis, sondern die ganze Gesellschaft und damit unbewusst auch unsere eigenen Denk- und Gefühlsstruktu ren. Es ist offensichtlich, dass Wettkampf schon in der Tierwelt geübt wird, und zwar in kritischen Situationen, zum Beispiel in der Auslese des stärksten Männchens bei der Paarung und im Streit um ein Territorium. Beim Menschen spielen solche instinktbedingten Äußerungen in Gefahrsituationen eine ebenso wichtige Rolle. Sie erlauben uns, in einer langen Evolution bewährte Verhaltensmuster rasch und sicher anzuwenden, ohne dabei von Skrupeln gestört zu werden. In unserem Modell der inneren Strukturen nimmt also hier die Natur den kurzen Weg vom limbischen System direkt in die analytische Gehirnhälfte, um zu einer schnellen Analyse und Entscheidung zu kommen. Der längere Weg vom Limbischen über die rechte Gehirnhälfte, die eine volle Erschließung der Situation und Einbeziehung innerer Bilder und schöpferischer Intuition erlaubt, wird hier zugunsten schneller Reaktion vermieden. Obwohl die Verbindung zwischen dem Limbischen und der linken Hälfte viel weniger strukturiert ist als die über das rechte Gehirn, reicht sie doch aus, dem Überleben zu dienen. Dazu muss im Notfall die blitzartige Analyse einiger Aspekte der Wirklichkeit genügen.

Verstehen wir also den Erziehungsprozess als eine Vorbereitung zur Anpassung an die Anforderungen einer gegebenen Gesellschaft, in der der Fitteste und Skrupelloseste die besten Chancen hat, liegt es nahe, Haus und Schule in einen Übungsplatz für diese Aufgabe zu verwandeln. Wie in einem Manöver werden wir sie mit gefährlichen Situationen anreichern und trainieren das Kind, sich auf »das wirkliche Leben«, nämlich das in einer kompetitiven Gesellschaft, vorzubereiten. Das fängt schon beim Baby an, wenn die Mütter ihre Lieblinge miteinander vergleichen: »Meins ist größer als deins, meins ist dicker, meins kann aber schon aufstehen…« Bald wird das Kind durch Sportaktivitäten, Musik, Ballett oder Malunterricht gefördert. Seine Freunde werden sorgfältig ausgewählt. In der Schule kommt es dann zu einer Systematisierung des kompetitiven Verhaltens, das schließlich im Berufsleben zur vollen Blüte gelangt.

Hier kann unsere Wertkarte von Nutzen sein und uns den Unterschied zwischen dem zeigen, was man machen kann, und dem, was nach seinen eigenen Gesetzen wachsen muss. Wir können zum Beispiel bewirken, dass sich ein Kind anständig benimmt, aber nicht, dass es zu einem wirklichen Verständnis menschlicher Beziehungen gelangt und ermessen lernt, wo in jeder spezifischen Situation die Grenze zwischen Selbstrespekt und Respekt anderen gegenüber liegt. Wir können bewirken, dass es das Einmaleins, Vokabeln, ein Gedicht oder Techniken zur Formulierung und Beantwortung von Fragen beherrscht, aber nicht, dass ihm innere Zusammenhänge und die Beziehungen der Lebenserscheinungen aufgehen.

Unsere Betreuerrolle wird also einschließen, eine entspannte, von aktiven Gefahren freie Umgebung für Kinder zu schaffen, in der die Notwendigkeit der Selbstverteidigung zur Ausnahme wird, und einen vollen Reifeprozess durch das Öffnen aller Sinne, durch spontane Bewegung und Bewältigung konkreter Situationen in emotionaler Sicherheit. Das wirft für uns Erwachsene viele praktische Fragen auf. Die Umgebung muss sicher genug sein, damit Unfallgefahr vermieden wird, muss aber genügend Stimuli, Gelegenheiten für Abenteuer und freies Spiel enthalten, um die limbischen und operativen Bedürfnisse der Kinder zu erfüllen. Die emotionale Sicherheit erfordert eine entspannte Umgebung. Dafür ist es unerlässlich, dass die Erwachsenen, die sie schaffen sollten, irgendwie mit ihren eigenen Unsicherheiten und unbefriedigten Bedürfnissen zurande kommen. Im Bereich der Intelligenzbildung brauchen wir Kenntnisse über die Gesetzmäßigkeiten operativen Lernens, um Materialien bereitzustellen und diese zweckmäßig zu gebrauchen. Auch hier ist die »entspannte Umgebung« eine Notwendigkeit, denn nur in ihr kann das Kind den »langen Weg« echter Entwicklung wagen, weil es im Lernprozess seine Verteidigungsmechanismen beiseite lassen kann.

Um eine Grundlage zu schaffen, müssen wir unsere eige

fleischte Gewohnheit bekämpfen, Kinder durch gegenseitiges Ausspielen aufzumuntern, das zu tun, was wir für sie ausgedacht haben. »Sieh mal, wie schön Tania schreibt. Willst du das nicht auch versuchen?« – »Das kannst du schon, Diego hat es ja auch geschafft ...« Wie oft müssen wir uns wohl auf die Zunge beißen, bis wir damit aufhören? Wir haben sicher gute Entschuldigungen für diese bewährte Schulmeistermethode: »Das Kind tut sonst nichts, es macht keine eigenen Anstrengungen, Kinder untereinander lieben ja auch den Wettkampf.« In der aktiven Schule erfinden Kinder viele Gelegenheiten, sich im Wettstreit zu messen. Doch bleibt es für sie immer ein Spiel, so wie junge Tiere sich spielerisch im Gebrauch von Überlebenstechniken üben, ohne sich jemals ernstlich wehzutun. Neue Kinder, die aus anderen Schulen dazukommen, nehmen solche Spiele »tierisch« ernst. Für sie haben sie bereits den Charakter der Selbstverteidigung in Gefahrensituationen angenommen, wie sie von erwachsenen Tieren in außerordentlichen Umständen geübt wird.

Wenn Lernen durch gezieltes Ausschlachten des kindlichen Wettspiels geleitet wird, stehen wir auf der Seite des »Machens« und nicht des »Wachsens«. Damit erreichen wir, dass sich anpassungsfähige Kinder nach außen richten (andere ziehen ihre Fensterläden herunter) und in zunehmendem Maß von außen beeinflussbar werden. Ihre Lebenswerte verlagern sich nach außen. Doch echte Interaktion mit der Welt ist nur möglich, wenn die inneren Gesetzmäßigkeiten, die immer die Integrität des gesamten Menschen zum Ziel haben, respektiert werden. Diese Gesetzmäßigkeiten gehorchen aber der Führung von innen. Das Kind, das sich, als es noch abhängig war, unserer Führung von außen willig fügte, hat eigentlich als Heranwachsender nur zwei Wege offen: Es wird weiter das zu tun suchen, was andere vorschlagen (sei es von guter oder schlechter Qualität), ein Leben lang bei seinem Tun umherschauen, ob es auch gefällt, es wird sich Vorbilder suchen, die es nun weiter in seinen Bestrebungen anleiten. Der andere Weg ist, gegen alle aufgezwungenen Werte aufzubegehren, in jeder Situation einen Beitrag als Opposition zu leisten, den Protest ein Leben lang zur Schau zu tragen. In beiden Fällen ist das menschliche Grundproblem des Gleichgewichtes zwischen innen und außen nicht gelöst.

»Für das Leben« bedeutet immer von innen geleitete Interaktion. Nur so ist Wachstum möglich, wird jedem Lebensbereich sein eigener Wert zuerkannt, das Leben nicht zur Verarmung verurteilt, sondern bereichert. Dieses Wachstum relativiert unsere Überzeugung, dass unsere Art zu denken besser ist als die eines anderen, dass wir frommer sind als andere, unsere Kultur andere übertrifft. Es befreit uns von der Notwendigkeit, unsere Werte in Ideologien zu suchen, die sich wie Schleier zwischen uns und die Probleme des Lebens zu stellen pflegen. In ihrer Arbeit mit Kindern beschrieb Maria Montessori diesen Prozess als »Normalisierung«. Diese geschieht in dem Maß, wie die authentischen Wachstumsbedürfnisse respektiert und aggressive Kinder friedlich, ängstliche selbstsicher, fahrige konzentriert und ausdauernd werden. Dann finden sie immer etwas Interessantes zu tun, ihr Lebensgefühl und ihre Gesundheit bessern sich, sie kleben nicht mehr an anderen, sondern können ebenso gut allein wie in Gesellschaft zufrieden sein. Ähnlich verläuft dieser Prozess bei Erwachsenen. Wenn wir lebendiger werden, kommen wir unverhoffterweise häufiger in Kontakt mit Menschen und Situationen, die uns weiterhelfen, finden wir sicher auch die uns entsprechende Arbeit, die uns als Individuum wachsen lässt und gleichzeitig den Bedürfnissen der Umgebung entspricht. Damit erledigt sich für uns die Frage nach dem Wert von »Eigeninteresse« oder »Selbstaufopferung«. Wir haben nun kein Bedürfnis mehr, andere zu imitieren oder gegen andere zu protestieren. Unser Leben verläuft in den Grenzen des Normalen, Natürlichen. Wir erheben keinen Anspruch auf Besonderheit, doch wächst in uns etwas Neues, ein »Leben inmitten des Lebens« (A Life within a Life), das, unmerklich zuerst, das Alte transformiert. Für uns persönlich sind dank des »Latihan von Subud« – einer Übung der Hingabe an Gottes allgegenwärtige Kraft, deren wir seit 25 Jahren nicht müde geworden sind – die Wirklichkeit und das Wachstum dieses inneren Lebens immer spürbarer geworden.

Die Transformation des Lebens von innen nach außen ist die einzige Sicherheit, der einzige Gegenpol, auf den wir uns stützen können, wenn das moderne Leben gegen die äußeren Strukturen anstürmt und mit ihnen die alten Werte, die negativen wie die positiven, zerstört. Tatsächlich fällt es uns in dieser allgemeinen Umwertung oder Entwertung immer schwerer, Kindern Werte zu vermitteln.

Nicht allein die fortschrittlichen Länder sind dieser Zersetzung äußerer Formen ausgesetzt. Mit den Lehrern der Indianergemeinschaften in Saraguro gab es viele Gespräche über dieses Thema. Welche Werte hoffen sie zu retten, wenn sie selbst wieder die Initiative für die Erziehung ihrer Kinder ergreifen wollen, statt treu die Anweisungen des Erziehungsministeriums in Quito zu befolgen? Zunächst sprachen sie von ihren Traditionen – ihrer Sprache, Kleidung, ihren Tänzen, Gesängen und Riten. Die Diskussion zeigte, dass einige von ihnen sich bewusst sind, dass all das zu leerem Zeremoniell wird, wenn dies die einzigen Werte sind, die bewahrt bleiben. Ein Indianer sagte bitter: »Unter dem Poncho sind wir schon Mestizos, wir wollen es nur nicht wahrhaben.« Sie analysierten, dass sie zum Überleben immer mehr gezwungen werden, die fremden Werte der nichtindianischen Bevölkerung anzunehmen: Eigennutz und Wettstreit statt Zusammenarbeit, Ausnutzung der Natur und der Menschen statt Respekt, Haben statt Sein. Diese Entwicklung wird paradoxerweise gerade durch Aktionen beschleunigt, die dem Fortschritt dienen sollen. Da gab es zum Beispiel große Konflikte, als eine Entwicklungshilfeorganisation Gemeinschaftsland in einen riesigen See verwandeln wollte, um dort – zum Wohl der Indianer – eine Fischzucht zu betreiben, ein Hotel zu bauen und Touristen anzulocken. Auf diesem Gebiet weiden die umliegenden Gemeinschaften seit Urzeiten ihre Schafe, die ihnen Fleisch sowie Wolle für ihre traditionelle Kleidung liefern. Es ist noch von guten Feen und Gnomen bevölkert, die denen beistehen, die im Einklang mit der Natur ihre Arbeit tun, und diejenigen bestrafen, die mehr für sich beanspruchen, als sie für den Bedarf der Familie benötigen.

In diesem Fall konnten die Saraguros durch ihren Zusammenhalt die Überschwemmung durch fremde Werte verhindern. Doch das gelingt ihnen längst nicht mehr, wenn ihre Naturmedizin durch verpackte Drogen und ihre traditionelle Erziehung durch Schulen ersetzt wird. Hier lernen Kinder nicht mehr, im Einklang mit ihrer Welt das zu verstehen, was für ihr Leben wichtig ist. Sie sitzen nun still und in der Turnstunde machen sie nach den Anweisungen einer Mestizolehrerin im Trainingsanzug allerlei groteske Verrenkungen. Sie lernen, der lauten Stimme des Lehrers mehr Aufmerksamkeit zu schenken als der leisen Stimme, die sich nun immer seltener von innen hören lässt. Am eigenen Leib erleben sie, dass die Natur nicht respektiert wird, dass nicht Zusammenarbeit, sondern Besserwissen zum Erfolg führt. Dabei ist es gleichgültig, ob die Schulbücher in Quichua verfasst und mit Bildern aus dem romantisch-ländlichen Milieu verziert oder in Spanisch geschrieben sind. Die Entfremdung von der eigenen Natur und dem Zusammenhang mit der Gemeinschaft alles Lebenden kann in den Kinderjahren erfolgreich betrieben werden.

Während der Kurstage in Saraguro lud uns eine traditionelle Indianerfamilie zur Abiturfeier ihrer ältesten Tochter ein. Wie bei allen Festen waren nicht nur die Verwandten, sondern die ganze Gemeinschaft anwesend. Nach alter Sitte nahm die Abiturientin zusammen mit den Männern, nach Alter und Würde geordnet, an einem langen Tisch Platz. Die Frauen und Kinder ließen sich daneben auf Strohmatten nieder. Ein großes naturleinenes Tuch wurde über den Tisch gebreitet. Die Mitglieder

der Familie schütteten sorgfältig gekochten Mais, die Grundnahrung des Stammes, in Kreuzform darauf. Die Familie bewirtete alle Anwesenden mit einer festlichen Mahlzeit aus Suppe, Reis und Fleisch. Danach begann der wichtigste Teil der Feier. Jede Familie hatte von zu Hause eine große Schüssel Essen, das Produkt der eigenen Arbeit, mitgebracht: Mais, Käse, gekochtes Fleisch, Brot und Reis. Jede dieser Gaben wurde vom Familienältesten in Empfang genommen und dann unter dem Gemurmel überlieferter Worte in Quichua von einem zum andern gereicht. Käse und Fleisch wurden nach vorgeschriebenem Ritual zerschnitten. Jeder Anwesende bekam etwas davon, ein besonderer Teil aus der Mitte wurde ganz zerkleinert und jedem zum Kosten angeboten. Die Männer reichten alles, was sie nicht selbst aßen, den Frauen, die alles in mitgebrachten Töpfen und Körben verstauten. Diese Zeremonie dauerte zwei Stunden. Die Leute aßen nur wenig. Offenbar hatten sie schon zu Hause die übliche Mahlzeit zu sich genommen. Hier feierten sie eine Art Kommunion des Gebens und Nehmens. Die vollen Körbe, die schließlich etwas von jeder Familie der Gemeinschaft enthielten, wurden mit weißen Tüchern umschlungen. Das gesammelte Essen würde jede der anwesenden Familien einige Tage lang ernähren – Mais in den verschiedensten Farben, Käse von Kühen und Schafen, die auf vielen Weiden gegrast hatten, das Fleisch von Meerschweinchen, die in weit verstreuten Hütten dicht mit den Menschen gewohnt hatten.

Ich saß, eingeengt unter Frauen und Kindern, füllte meinen eigenen Korb, bedacht, das Ritual zu beachten, wenn die Chicha in einem blechernen Becher herumgereicht wurde. Daneben hatte ich Zeit, die Teilungszeremonie der Männer zu beobachten. Die Alten, die noch ganz im Zusammenhang der gemeinschaftlichen Arbeit leben, führten jede Handlung mit Ernst und tiefer persönlicher Beteiligung aus. Die Jungen dagegen, ebenso mit Poncho und langem Zopf (der nach alter Überlieferung die Verbindung mit der Schöpferkraft des Lebens herstellen soll), waren schon viel »gebildeter«. Sie hatten einen großen Teil ihrer Kindheit und Jugend auf Schulbänken verbracht und hegten berechtigte Hoffnung auf eine Anstellung in einer der Organisationen, die dem Fortschritt dienen. Noch beteiligten sie sich am Ritual der Gemeinschaft, doch ihre Gedanken und Gefühle waren nicht mehr ganz dabei. Sie zerschnitten Käse und Fleisch mit mechanischen Bewegungen, ihre Vorstellung deckte sich nicht mehr mit dem Leben, das sie hervorgebracht hatte. Nach dem Dankgebet beeilten sie sich, Plattenspieler und Lautsprecher anzuschließen und zu moderner Musik zu tanzen.

Uns blieb die Frage offen, was wohl geschehen muss, um in dieser allgemeinen Auflösung traditioneller Werte dem Leben neue Chancen zu geben.

Therapie und Entfaltung

Bis es dazu kommt, dass Eltern oder Lehrer eine Umgangsweise mit Kindern suchen, die von der gewohnten Linie abweicht, müssen sie sicher zuvor viele neue Fragen geklärt haben. Auch wenn sie sich zum Beispiel für eine aktive Schule nur interessieren, weil jemand anders ihnen davon erzählt, muss doch eine gewisse Grundbereitschaft vorhanden sein. Ohne sie würden sie die Idee schnell beiseite schieben oder sich heftig gegen sie wehren. Um gegen die Norm anzugehen, brauchen wir eine »Vision«, einen Traum, erst dann suchen wir nach einem Weg.

Auch wenn der Traum wunderschön ist, kann es viele Hindernisse auf dem Weg zu überwinden geben. Viele äußere Schwierigkeiten werden auf den Kongressen alternativer Erziehungsinitiativen diskutiert. Hier will ich mich darauf beschränken, darauf hinzuweisen, dass bei uns selbst, unseren Mitarbeitern und den Eltern, die uns ihre Kinder anvertrauen, auch innere Hindernisse zu erwarten sind. Häufiger als äußere Schwierigkeiten sind sie die Ursache, wenn Menschen aus einer Arbeit aussteigen, von der sie eben noch hellauf begeistert waren. Dabei ist es nicht selten, dass sie äußere Anlässe zur Erklärung geben. »Der Weg ist mir zu weit« oder »Mein Kind kann Lehrer mit Brillen nicht leiden«.

Denjenigen, die sich den inneren Hindernissen stellen, ist die Arbeit an sich selbst vielleicht nichts Neues. Andere stoßen auf ihre menschlichen Schwächen und Grenzen zum ersten Mal, wenn sie versuchen, ihre Beziehung zu Kindern bewusst zu gestalten. Freilich kommt es auch immer wieder vor, dass Eltern aus einer Reihe äußerer Gründe in der Initiative bleiben und dabei das gefährliche Riff innerer Hindernisse elegant umsegeln. Es kann sogar sein, dass sie die eifrigsten Helfer bei der Organisation von Festen, Bazaren oder freiwilligen Arbeiten sind und große Befriedigung verspüren, wenn sie so zum Wohl der Kinder beitragen. Trotzdem scheint es, als hüteten sie sich, dass ihnen die ganze Sache nicht zu nahe geht. Sie machen keine Schwierigkeiten, sind eine Stütze und trotzdem sehen wir an ihnen selbst keinen Prozess.

Doch sie sind die Ausnahme. Früher oder später kommt fast jeder an den Punkt, an dem er entweder aus dem Projekt aussteigt oder aber sich dem Anspruch, sich persönlich entwickeln zu müssen, stellt, wenn er dies nicht schon vorher getan hat. Hier hat jeder seine eigene Vorgehensweise. Manche machen zwei Schritte nach vorn und einen zurück. Manche sind ungeduldig, möchten am liebsten keinen Stein mehr auf dem anderen lassen. Sie bitten um Rat, welche »Therapie« wir ihnen empfehlen. Des Öfteren wurde uns auch vorgeschlagen, die Elternabende, die zur Erklärung der hier praktizierten Vorgehensweise, zum gegenseitigen Austausch der Erfahrungen mit Kindern, zum Kennenlernen des didaktischen Materials und der Organisation praktischer Situationen dienen, in allgemeine Therapiesitzungen zu verwandeln. Es ist gar nicht leicht, solchem Druck zu widerstehen, zumal er meist von Menschen kommt, denen offenbar ein schneller Wandel der Erwachsenen am dringlichsten ist. Gerne würden sie das Freiheitsprinzip, das sie für die Kinder annehmen, für die Erwachsenen zugunsten prompter Resultate über Bord werfen. Sie geben zu, dass viele psychologische Techniken einen zielgerichteten Eingriff in die »halbdurchlässige Membrane« mit sich bringen. Nur in den seltensten Fällen sind sie darauf ausgerichtet, von innen gesteuerte Entfaltungs- und Restrukturierungsprozesse zu ermöglichen oder zu unterstützen. »Aber sie funktionieren, und das ist doch die Hauptsache!«, so ihr Argument.

Manche suchen Hilfe in Einzel- oder Gruppentherapie der verschiedensten Richtungen. Solche Anstrengungen, an der eigenen Persönlichkeit zu arbeiten, verdienen Respekt, doch haben wir sie bisher niemals empfohlen, um Eltern dadurch dem neuen Schulsystem anzupassen. Hin und wieder werden wir über unsere Zurückhaltung in diesem Punkt befragt. Obwohl in der Praxis jeder Fall seine Besonderheit hat, will ich hier kurz die Gründe für unsere Haltung allgemein skizzieren.

Als Erstes wäre die Direktivität als Gestaltungsmittel üblicher Therapien zu nennen. Sie wird von einer leitenden Person oder von der Gruppe selbst ausgeübt, die eine gewisse Methode anwendet, um sich selbst und anderen zu helfen. Die Analyse der Probleme und der Weg zu ihrer Lösung werden durch diese Methode gefärbt oder bestimmt. Der Direktivität zugrunde liegt die Annahme: »Bei dir ist etwas nicht in Ordnung, aber ich weiß, wie man dem abhelfen kann … Ich zeige dir, was mir geholfen hat.« Es scheint unvermeidlich, dass solche Direktivität alte Abhängigkeiten auf neue Personen überträgt und sie verstärkt.

Techniken spezialisieren sich oft auf bestimmte Funktionsbereiche. Sie mögen versuchen, den ganzen Menschen über den Körper, über das Gefühl oder über den Verstand oder gar über höhere geistige Kräfte zu erreichen. Zu diesem Zweck ist zunächst eine Absonderung vom »normalen Leben« nötig. In einer besonderen Situation mit eigener Dynamik und eigenen Regeln werden neue Verhaltensmuster erarbeitet, die dann auf die »andere« Situation des normalen Lebens übertragen werden können. Dank der Isolierung von der Übermacht drückender Gegenwartsituationenen ist es möglich, die Vergangenheit zu erschließen, die offenbar zu den gegenwärtigen Problemen geführt hat.

In unserer fortschrittlichen Welt hat sich Allgemeinwissen auch über psychologische Themen und den modernen Therapiebetrieb sehr breit gemacht und wir sind unseren eigenen Prozessen gegenüber geradezu misstrauisch geworden. Es fällt uns schwer, uns als »normal« anzunehmen. Wir haben längst die äußere Direktivität, unter deren Einfluss wir wahrscheinlich seit Geburt leben, verinnerlicht. Das Gefühl »Mit mir stimmt etwas nicht« ist das Resultat unserer Erfahrung von klein auf, nicht einfach in unserer natürlichen Art zu sein angenommen worden zu sein, sondern uns anpassen zu müssen, um respektiert und »geliebt« zu werden.

In der Schule wurden wir durch pädagogische Techniken »zum Lernen motiviert«. Nun hoffen wir, durch wieder neue Techniken unser psychologisches Wohlergehen zu erlangen. Wir stellen Erwartungen und Forderungen an uns, wollen innere Probleme beseitigen, indem wir an unseren Blockaden rütteln, die doch unser notwendiger Schutz und unsere Sicherheit sind, bis sie von einer wachsenden inneren Sicherheit behutsam aufgelöst werden können. Wir plädieren für Respekt für Kinder und gehen doch respektlos mit uns selber um, erlauben sogar anderen, uns »zu unserem Besten« zu manipulieren.

Auch wir Erwachsenen brauchen Zuwendung und auch eine Zuwendung ohne Erwartungen und Forderungen. Wenn uns in einer Therapie je etwas geholfen hat, ist es letztendlich solche menschliche Zuwendung. Ist es nicht ein Alarmsignal, dass wir jemanden bezahlen müssen, damit uns Raum und Zeit für solche Zuwendung gegeben wird, für eine entspannte Umgebung, in der wir uns nicht verlassen fühlen, wo uns jemand begleitet!

Auch am Beispiel der nichtdirektiven Spieltherapie für Kinder, wie sie von Virginia Axline beschrieben wird, können wir Elemente einer Art von Therapie entdecken, die meines Erachtens auf analoge Weise auf die erwachsene Situation zu übertragen sind. Axline bereitet eine Umgebung mit Elementen, die aus dem normalen Leben des Kindes stammen und seinen echten Wachstumsbedürfnissen entsprechen. In dieser Umgebung wird dem Kind die Initiative nicht genommen. Ein anwesender, interessierter und helfender Erwachsener gibt nur die notwendige emotionale Sicherheit, sich selbst zu trauen und das zu tun, was spontan zum Bedürfnis wird. Dieses Tun ist die normale »Arbeit« des Kindes, nämlich das freie Spiel mit konkreten Gegenständen, das von beschreibenden Worten begleitet ist. Aus diesem Spiel entspringen dann unvorhergesehene Einsichten, die lösend wirken. Hätten Kinder in ihrem Alltagsleben genügend Gelegenheit zum freien Spiel, wäre eine spezielle Therapiesituation für sie in den meisten Fällen überflüssig.

Das »normale Tun« des Erwachsenen liegt in seiner Arbeit und seinen zwischenmenschlichen Beziehungen. Seine »Spielsachen« sind die konkreten Elemente seiner Lebenssituation. Wenn er sich dieser Situation in dem Vertrauen hingeben kann, dass sie alles enthält, was zu seiner Entwicklung Not tut, und in ihr seine Spontaneität und die Fähigkeit, ganz in der Gegenwart zu leben, zurückgewinnt, leitet sich seine Therapie von selbst ein. In dieser Situation beginnt er »zu leben«, sie führt ihn nun zur Transformation alter Bedingungen. Damit öffnen sich für ihn neue Konstellationen für unerwartete Situationen.

Lebendig werden bedeutet wachsende Bereitschaft zur Interaktion. Für Menschen, die ihr Leben mit Kindern teilen, eröffnen sich in jeder Interaktion neue Chancen für Therapie und Wachstum. Nicht nur sind wir, die Erwachsenen, ein entscheidendes Element in der Umgebung der Kinder und wirken auf sie entwicklungsfreundlich oder -hemmend. Auch die Kinder sind für uns die natürliche »vorbereitete Umgebung«, in der unsere »Therapie« und unser menschliches Wachstum spontan vonstatten gehen, wenn wir mit dem Leben gehen und nicht gegen seine Gesetzmäßigkeiten verstoßen. »Mitten im Leben« also ist unsere ideale Therapiesituation. Unsere Einsichten entspringen der Handlung und durchleuchten spontan, was uns bisher verschlossen war. In diesem Prozess behindern uns vorgefasste Meinungen und Verhaltensmuster, die in anderen Situationen eingeübt wurden.

Eine aktive Schule erfüllt die Grundbedingungen der spontanen Interaktion zwischen Kindern und Erwachsenen einschließlich der Eltern, die an ihr lebendig Anteil nehmen können und die auch zu Hause nicht mehr ängstlich auf das Erfüllen von Schulaufgaben und Examensvorbereitungen bedacht sein müssen. Durch diese Druckbefreiung kann nun das Haus mit seinen menschlichen Beziehungen die Funktion einer vorbereiteten Umgebung mit ihren eigenen Bedingungen erfüllen. Wenn die hemmenden Vorschriften und Vorplanungen für programmiertes Lernen beseitigt sind, kommen wir in die auch für uns Erwachsene so heilsame Tuchfühlung mit dem Kind, mit seiner eigenen Initiative, der inneren Motivation für sein Wachstum. Gleichzeitig nehmen wir neuen Kontakt mit uns selbst auf. Wenn ich zum Beispiel ein Kind umarme: Erfüllt diese Umarmung nur das Bedürfnis des Kindes oder liegt das Schwergewicht auf meinem eigenen Bedürfnis nach Liebe? Versuche ich, das Wachstum des Kindes zu kontrollieren, oder vertraue ich auf das spontane Verständnis, das aus konkreter Handlung entspringen muss? Versuche ich, die Kleinarbeit zur Vorbereitung der Umgebung des Kindes zu verringern, indem ich ihm statt ihrer »vorgekautes Wissen« anbiete?

Es ist nur natürlich, dass solch offene Situationen uns mit unseren alten Unsicherheiten und Ängsten in Berührung bringen. Unsere Hingabe an die Bewegung des Lebens rüttelt an unseren für fest gehaltenen Strukturen. Lassen wir es geschehen? Lernen wir, alte Sicherheiten fahren zu lassen und neue zu finden? So gesehen kann eine spezifische Therapie für einen Erwachsenen, der sich seiner Blockierungen bewusst wird, überflüssig werden, vielleicht sogar eine Verzögerung des Prozesses bewirken. Wenn wir uns nämlich vorbehaltlos ohne eine bestimmte Technik oder Vorstellung bereits eingeübter Lösungen jeder gegenwärtigen Situation zu öffnen wagen, entdecken wir, dass sich das Leben selbst darum kümmert, dass wir wie Magneten gerade das an uns ziehen, was uns zur Heilung und zum Wachstum vonnöten ist. Doch liegt es an uns, in welcher Haltung wir jeder Situation begegnen. Haben wir den Mut, nicht nur die äußeren Faktoren einer Situation zu analysieren, sondern auch den Ursprüngen unserer Reaktion nachzuspüren? Beurteilen wir sie aus ihren gegenwärtigen Elementen – wobei wir vielleicht zweifeln, ob uns genügend Elemente zur Verfügung stehen, um zu einem kompetenten Urteil zu kommen? Oder haben wir uns angewöhnt, geschickt und in möglichst kurzer Zeit die Summe unseres bisherigen Verständnisses von der Welt auf jede neue Situation zu übertragen, wobei wir ja nur wenige ihrer Faktoren kennen lernen müssen, weil wir »voller Wissen« an sie herangehen? Beklagen wir uns in Krisensituationen über unser trauriges Schicksal oder suchen die Schuld schnell bei anderen?

Die Möglichkeit, sich zu öffnen oder zu verschließen, zu wachsen oder sich dem eigenen Prozess entgegenzustellen, ist jeder Situation inbegriffen. Doch in unserem Verhältnis zu Kindern öffnet sich uns das Leben so weit wie kaum sonst. Hier liegt wohl der Grund, warum Wohl und Wehe der Familie zum Kernproblem jeder Kultur und ihre zunehmende Auflösung zum Warnsignal für ihre Dekadenz wird. Während unsere Wissenschaften alle Gebiete erforschen, ist doch das Werden eines Kindes das zentrale Geheimnis des Lebens geblieben.

Wenn wir uns also dem Kind öffnen, erschließen wir gleichzeitig das Geheimnis unseres eigenen Lebens. Was unbewusst war, kann hier im hellen Tageslicht des Alltags beleuchtet werden. Lassen wir uns selbst durch das Kind berühren, so reicht seine kleine Hand zurück in unsere Vergangenheit. Es lädt uns ein, diese Vergangenheit im Zusammensein mit ihm zu rekonstruieren und neu zu formen. Doch ist es nicht ein isoliertes Angebot für mich allein. Es schließt das Leben des Partners mit ein, denn das Kind ist ja aus dem Einssein und der Verknüpfung unseres Lebens entstanden.

Im Zusammensein mit Kindern in diesem Sinne, nämlich auf eine Weise, dass es auch unserem Leben Sinn geben kann, führt der Weg immer durch uns selbst. Um einem Kind zu erlauben, so zu sein, wie es wirklich ist, ohne es allein zu lassen, müssen auch wir ganz da, ganz wir selbst sein. Therapie und Wachstum entstehen dann aus der Berührung unseres Wesens, nicht aus einem Entwicklungsprogramm, das der Erfahrung eines anderen entspringt. Hieraus ergibt sich die Notwendigkeit einer echten »Schulreform«. »Sein« bedeutet Wachstum: die Entfaltung von Gefühls- und Verständnisstrukturen, die nur in unmittelbarer Interaktion mit der Welt (nicht durch Vermittlung von Wissen) geschieht. Dagegen gehört die »Aneignung von Wissen« zur Funktion des »Habens«. Aber nur wer wirklich ist, kann auch haben. Wenn das Haben das Sein ersetzt, wird es starr – eben ein Ersatz. Wissen muss dann verteidigt werden, wie man Eigentum verteidigt. Wir können damit handeln, es jemand anderem übermitteln, uns darum streiten, es von einer Lebenssituation auf die andere übertragen. Es macht uns unsicher, es zu verlieren, es zu vergessen, es nicht anwenden zu können. Wir schätzen es so hoch, dass wir um seinetwillen die Lebendigkeit unserer Kinder schmälern, um sie mit diesem Schatz so früh und so weit wie möglich zu füllen. Die Art, wie wir Wissen für unser Leben bündeln, um es handlich zu machen, bestimmt unsere Weltanschauung. Sie wird unser Werkzeug, aber auch unsere Waffe. Um ihretwillen sind wir gewillt, Kriege zu führen und Leben zu zerstören.

Wenn wir darum versuchen, eine »Erziehung zum Sein« zu schaffen, suchen wir nicht eine »neue Technik«. Es bedeutet, dass Erwachsene und Kinder zusammen wachsen wollen. Für die Kinder ist das leichter als für uns. Sobald wir ihnen die kleinste Chance geben, widmen sie sich ihrer wirklichen Arbeit des »Sich-selbst-Formens« voller Hingabe. Wir dagegen haben einen weiteren Weg zurückzulegen. Es geht nicht mehr »wie von selbst«, sondern jede Kreuzung ist für uns mit einem doppelten Wegweiser ausgestattet: Vergangenheit und Gegenwart, rückwärts und vorwärts.

Es ist also kein Wunder, dass jedes Gespräch mit Erwachsenen über neue Wege in der Erziehung durch einen Schwall von »Aber« erschwert wird. Wenn es zum Beispiel darum geht, auch Problemkinder nicht zu gängeln, hatte ich oft das Gefühl, dass Erwachsene mehr behindert sind als die so genannten behinderten Kinder, weil sie unerwartete Lösungen vor lauter Vorherwissen gar nicht wahrnahmen.

Viel hängt davon ab, ob wir jede Situation mit Kindern neu erleben können, ob wir lernen, besonders Krisenmomente als eine willkommene Gelegenheit zum Wachsen anzunehmen, oder sie mit einem Netz von Sicherheitsmaßnahmen unschädlich machen. Jede kleine oder große Krise lässt uns zwei Wege offen: den der Selbstverteidigung, der uns zum Erhöhen der Trennwände und Schließen der Sinne zwingt, und den »langen Weg« über die Öffnung des Gefühls, der Sinne, der inneren Vorstellung und des Verständnisses. Wissen, das uns von außen übertragen wurde, hat die Tendenz, in uns zu starren Formen zu verkrusten – zu Schablonen und stereotypen Verhaltensmustern zu werden. Echtes Verstehen wächst in uns mit jeder neuen Erfahrung. Es passt sich unaufhörlich der Wirklichkeit an und bleibt immer flexibel.

Der »weite Weg« macht uns zu »weiten Menschen«. Es ist unvermeidlich, dass wir auf ihm zu einer anderen Lebensqualität kommen, so wie Kinder, die durch ihre offene Interaktion mit der Welt neue Qualitäten, neue Strukturen entwickeln. Diese andere Qualität beeinflusst jede Situation, sei es mit oder ohne Kinder.

Wir erleben zum Beispiel, dass wir ohne »Vorurteile«, also ohne vorgefasste Ideen, Vorstellungen und Pläne in einen Raum, ein anderes Haus, ein Verkehrsmittel, selbst in ein anderes Land gehen, offen, alles aufzunehmen, was sich hier anbietet, und erst dann zu einer Entscheidung oder einem Urteil kommen, wenn wir von dieser neuen Situation »ganz erfüllt« sind. Wir wagen es, uns in Gegenwart anderer »leer« zu machen, zuzuhören, ohne aus alter Gewohnheit an alle möglichen Gegenargumente zu denken. Dabei gelingt es uns, nicht nur logische, sondern auch Gefühlswerte einer Argumentation zu erfassen und der Wirklichkeit eines anderen Menschen ein wenig näher zu kommen. Wenn wir selbst etwas erzählen, uns im Gespräch an andere wenden, fragen wir uns zuerst: Was kann der andere schon wissen? Kennt er die Umstände, aus denen ich etwas mitteile, oder muss ich sie beschreiben, damit unsere Verständigung möglich wird? Wie ist sein augenblicklicher Zustand? Ist er in der Lage, auf mich einzugehen und mein Anliegen ganz zu verstehen? Ohne diese Faktoren bewusst einzubeziehen, gibt es ständig Missverständnisse, besonders mit Kindern.

Wenn ich mich in meinem Sein sicher fühle, kann ich schließlich von anderen lernen, kann mich an sie anpassen, ohne mich bedroht zu fühlen – eben gerade, weil ich mich vor möglichen Gefahren nicht von vornherein verschließen muss. Ich vertraue darauf, dass mein Gefühl mich leitet, Wahrheit oder Unwahrheit in der Darstellung des anderen zu erfassen, dass ich nicht in Abhängigkeit gerate oder durch Widerstand und Verteidigung Gelegenheiten zu lernen versäume. So brauche ich mich einer neuen Idee nicht zu verschließen. Ich nehme einfach aus ihr, was für mein Leben hilfreich ist, und lasse ohne Angst vor Verlust das, was ich nicht brauchen kann. Mein eigener »Zusammenhang« gibt mir so viel Sicherheit, dass ich nicht a priori Schutzwälle für neue Situationen oder Ideen aufrichten muss, sondern vertrauen kann, dass meine inneren lebendigen Schutzmechanismen, die alle Wachstumsprozesse begleiten, voll funktionieren und nur das hereinlassen, was mein gegenwärtiges Gleichgewicht nicht gefährdet.

Aus dieser Sicherheit heraus ist es natürlich, dass ich mich einer neuen Situation auch in meinem Äußeren anpasse, so wie man die Kleidung je nach der Witterung wählt. Ich schaue sozusagen aus dem Fenster, um zu beurteilen, was ich anziehen muss, um in Harmonie mit der Umgebung zu sein. Dagegen erscheint mir nicht mehr als so wichtig, ob andere sich auch an mich anpassen, damit ich funktionieren kann. Das schließt nicht aus, dass ich notfalls Grenzen setze, wenn andere meine Harmonie oder meine Arbeit stören. Ich erwarte nun von anderen nicht mehr, dass sie meine Bedürfnisse befriedigen. Das gibt mir mehr Unabhängigkeit. Kürzlich kam hier zur Sprache, dass unsere Arbeit uns geholfen hat, bei Lob oder Tadel mehr Gleichmut zu bewahren, nicht bei dem einen in höchste Verzückung und beim andern in tiefste Depression zu fallen. Jemand meinte dazu stirnrunzelnd: »Willst du damit sagen, dass du dich gar nicht mehr riesig freust oder schrecklich traurig bist, wenn dich jemand lobt oder tadelt? Ist das nicht auch schade?« Mir scheint, solche Fragen sind symptomatisch für die Tatsache, dass die Befriedigung unserer authentischen Bedürfnisse mit ihren eigenen Freuden und Leiden von klein auf durch Lob und Tadel und durch von außen geleitete Handlungen ersetzt worden sind. Sollten wir uns wirklich nur noch freuen können, wenn wir gelobt, und trauern, wenn wir getadelt werden?

Sigmund Freud definierte einmal die Funktionen des Erwachsenen mit »Lieben und Arbeiten«. Diese beiden verschmelzen miteinander, wenn wir unser Tun nicht mehr mit »Sachen machen«, »Resultate erzielen« gleichsetzen. Jede Handlung, die wir in Hingabe und in voller Gegenwärtigkeit verrichten, formt – so wie beim Kind – uns selbst, baut an dem Menschen, der sich in uns entfalten kann, wenn wir im Kontakt mit dem Leben sind, mit ihm statt gegen es arbeiten. Dabei wächst unser Vertrauen und es verringern sich unsere Angst, unser Misstrauen, unsere latente Sorge, aber auch unser Stolz auf ein gelungenes Werk. Wir sind nun weniger in Versuchung, Situationen vorzugreifen, sie unter Kontrolle zu bekommen.

Am Anfang dieses Prozesses erschrecken wir manchmal, weil wir beginnen, »Dinge zu vergessen«, die für uns vorher so wichtig waren. In Wirklichkeit ist das eine liebenswürdige Hilfe des Lebens, damit wir lernen, in der Gegenwart zu leben, Vor-Sichten und Vor-Urteile zu lassen, um uns der jetzigen Situation zu öffnen. Dankbar stellen wir dann fest, dass uns doch spontan »einfällt«, was wir gerade jetzt brauchen, um einer Situation gerecht zu werden.

Die neue Art zu sein zeitigt ihre eigenen Resultate, die wir vielleicht nicht beabsichtigt hatten. Das trifft für alltägliche und für besondere Gelegenheiten zu. Zum Beispiel habe ich längst aufgehört, einen Küchenplan zu machen. Beim Einkaufen auf dem Markt lasse ich mich von den Nahrungsmitteln »ansprechen«. »Du willst von uns gegessen werden? Na, dann komm mit.« Das Gleiche geschieht mir, wenn ich anfange zu kochen. Die Mahlzeit stellt sich sozusagen von selbst zusammen, meine Hände brauchen dieser Absicht nur noch zu folgen. Damit spare ich mir eine Menge Anstrengung, denn die Hälfte der Arbeit scheint sich von allein zu tun…

Ähnlich geht es uns an den Elternabenden. Früher bereiteten wir sie sorgfältig vor, schrieben seitenweise Abhandlungen, die wir tagelang vorher verteilten (und waren enttäuscht, wenn die Eltern sie nicht gelesen hatten). Die Diskussion verlief Punkt für Punkt, aber es »passierte eigentlich nicht viel«. Heute versuchen wir uns in das Thema, das von den Eltern gewünscht wird, einzufühlen. Der nötige Rahmen wird gegeben, vielleicht Material herangezogen. Aber das Gespräch selbst fließt nun aus den Bedürfnissen des gegenwärtigen Augenblicks. Es variiert durch die Anwesenheit der Menschen und den Zustand, in dem sie gerade kommen.

Im Zustand der Offenheit sorgen wir uns nicht mehr, ob wir alle Antworten wissen. Das enthebt uns der Angst vor der Zukunft, denn wir vertrauen darauf, dass wir im entscheidenden Augenblick den Weg für die angemessene Antwort offen haben. Nun ist es auch nicht mehr so wichtig, etwas besser zu wissen als andere. Wir sind immer weniger auf Ideologien und Dogmen angewiesen, um dem Unbekannten wohl gerüstet zu begegnen.

In den Arbeiten von Elfriede Hengstenberg, Therese Bertherat und natürlich auch in der von Heinrich Jacoby tritt deutlich hervor, dass der leibliche Organismus der Träger und das Instrument eines erfüllten Lebens sein kann. Er hat seine eigene Intelligenz und Kapazität. Wir müssen ihn nicht überlisten, ihn zum Gehorsam trainieren. In seiner Funktion als Lebensträger und Pforte zwischen außen und innen maßt er sich nicht an, dominierenden Einfluss auf Gefühl oder Verstand zu nehmen. Wenn wir lernen, ihn wieder zu respektieren, in seine Arbeit nicht durch unser Vor-Urteil zu pfuschen, stellt er seine wirklichen Fähigkeiten unter Beweis. Im Zustand der Gelöstheit und durch unser Ruhigwerden zur gegebenen Zeit fühlt er sich nun nicht mehr beobachtet, kritisiert, korrigiert oder dirigiert. Wir entdecken, dass die Füße »wissen«, wie sie zu laufen, die Hände, wie sie zu greifen, die Ohren, wie sie zu hören, die Augen, wie sie zu sehen haben. Der Mund weiß, was ihm schmeckt, der Magen weiß, was ihm bekommt ... In diesem gelösten, nicht etwa müßigen Zustand wird unser Körper zur »vorbereiteten Umgebung«, in dem auch die anderen Bereiche unserer Persönlichkeit neues Zutrauen gewinnen, um spontan – ohne Angst vor Interferenz – neue Beziehungen herzustellen, neue Gefühle und Gedankenverbindungen zuzulassen.

In Saraguro ist uns immer aufgefallen, dass dort die Menschen ganz anders laufen als wir. Mit kleinen, leichten Schritten überwinden sie weite Strecken, laufen ebenso schnell auf gerader Strecke wie an einem steilen Hang. Es scheint, dass sie keinen bewussten Einfluss auf diesen Vorgang nehmen, die Beine einfach laufen lassen. Offenbar machen sie mit den Augen niemals den Weg aus, um die Füße richtig zu setzen. Sie schauen in die Ferne, beobachten die Landschaft, das Wetter, Pflanzen und Tiere. Bei Tag und Nacht haben sie die gleiche Trittsicherheit. Wenn wir einen Indianer fragen, wie weit er heute zu gehen beabsichtige, so antwortet er immer: »So weit mich die Beine tragen«, und er meint das wörtlich.

Am Ende des Sommerkurses für Lehrer planten wir zusammen einen Marsch von Saraguro auf die andere Seite der Anden ins Amazonasgebiet, das heißt einen fünfstündigen Aufstieg von 2.600 m auf 3.600 m und einen neunstündigen Abstieg auf 600 m Meereshöhe. Dabei hatten wir reichlich Gelegenheit, bei uns selbst dieses »selbstverständliche Gehen« zu üben. Wenn immer wir in die alte Gewohnheit verfielen, die Beine zu dirigieren, kamen wir ins Rutschen und Stolpern oder fühlten schnell eine zunehmende Müdigkeit. Wenn wir ihnen aber ihre Arbeit vertrauensvoll überließen, nahmen sie alle Hindernisse wie von allein, und wir waren frei, uns in der fantastischen Gegend umzuschauen.

Im Zustand der Gelöstheit und offenen Aufmerksamkeit, in dem jeder Bereich auf seinen Platz und zu seinem eigenen Recht kommt, ist es in vieler Hinsicht leichter, »auf eigenen Beinen« zu stehen. Wir fühlen, dass wir manches Problem selbst lösen können, für das wir »normalerweise« einen Spezialisten bemüht hätten. Wir stellen vielleicht unsere eigene Diagnose, finden unser eigenes Heilmittel, verlassen eine verhasste Arbeit, die wir nur wegen ihrer Sicherheit behielten, machen uns selbstständig …

Wir entdecken, dass wir nicht warten müssen, bis jemand uns »belehrt«, um etwas Neues zu lernen. Jede Situation verwandelt sich nun in ein Lernerlebnis. Wir finden nun nicht mehr, dass wir streckenweise nur »dahinleben« in der Erwartung, dass endlich etwas Interessantes passiert. Wir hoffen nicht mehr, dass die Zeit möglichst schnell vergehe, während wir sie ein anderes Mal am liebsten festhalten möchten. Darum ist es uns auch unerträglich, dass Kinder »warten lernen sollen«, weil doch »das Warten so nützlich« ist. Wir können nicht mehr dulden, dass sie von Glockenzeichen zu Glockenzeichen immer in der Hoffnung leben, dass ihre Bedürfnisse doch einmal erfüllt werden, dabei einen großen Teil ihrer Zeit dahinträumen oder sich unter Druck fühlen. Aus dieser Einsicht, die unserem eigenen Leben entspringt, kommen uns der Wunsch, die Kraft und irgendwie auch die Mittel, eine Umgebung zu schaffen, in der Kinder und Erwachsene zusammen so leben können, dass sie jeden Augenblick voll auskosten, in der sie ihre Wachstumsbedürfnisse nicht entwicklungsfeindlichen Normen und Zielen unterwerfen müssen, die fremden Zwecken dienen.

In dieser Umgebung wird zum Beispiel das kindliche Bedürfnis nach Geborgenheit befriedigt und im Kontakt mit ihm wird uns die eigene Steifheit und Spannung bewusst. Wenn Kinder in Schwierigkeiten geraten, können sie sich auf unserem Schoß ausweinen. Dabei kommt auch bei uns alter Schmerz an die Oberfläche. Hier hören wir sie herzhaft lachen und empfinden dabei den Unterschied zu unserem eigenen künstlichen Lachen, das beweist, dass wir uns kaum noch von Herzen freuen, weil wir seit langem unter einer Wolke latenter Sorge und Unbefriedigtem zu leben gewohnt sind. Wenn Kinder bei den einfachsten Dingen die wunderbarsten Entdeckungen machen, merken wir vielleicht, dass wir nur noch selten etwas entdecken, weil unsere Neugier unter der Last erworbenen Wissens fast erstickt ist. Wenn Kinder sich uns anvertrauen, ihre Erfahrungen und Erkenntnisse mit uns teilen, stoßen wir wohl auf unser eigenes Misstrauen, unsere Schwierigkeit, uns zu öffnen, weil uns die Erfahrung längst gelehrt hat, dass es sicherer ist, kein Verständnis zu erwarten und uns zunächst jeder fremden Erfahrung zu verschließen. Hier liegt die Chance für unsere Entfaltung, die mitten im Leben spontan geschieht.

Doch die Entscheidung, mit dem Leben Kontakt aufzunehmen oder ihm auszuweichen, müssen wir auch in dieser günstigen Umgebung in jeder Situation von neuem treffen. Jede Entscheidung zur Öffnung verringert den Nebel, der unser eigenes Lebensgefühl verschleiert. Jeder Schritt, den wir tun, um die authentischen Bedürfnisse von Kindern zu erfüllen, bringt uns etwas näher an unsere eigenen Wachstumsbedürfnisse. Indem wir die natürliche Entwicklung von Kindern respektieren, erwacht in uns der Wunsch, das »Programm für Erwachsene« kennen zu lernen und zu erfüllen. So begreifen wir vielleicht, dass es außer der Öffnung nach außen auch eine Öffnung nach innen gibt – dass da ein inneres Sein auf Entfaltung wartet, das durch den Kontakt und die Interaktion mit einer inneren und transzendenten Wirklichkeit seine eigenen Lebensstrukturen und sein eigenes Verstehen entwickeln kann. Wie bei der Strukturierung im natürlichen Reifeprozess kann auch hier nichts erzwungen oder beschleunigt werden. Die Grundbedingungen sind auch hier offene Bereitschaft und spontane Aktivität, die allmählich die nötigen Instrumente bereitet, um Wirklichkeiten wahrzunehmen und zu verstehen.

Das Fortschreiten des Prozesses der Reifung erkennen wir daran, dass in uns das Vertrauen auf die Zuverlässigkeit dieses inneren Seins mit all seinen Fähigkeiten wächst. Wir merken, dass es immer häufiger die Führung übernimmt und wohl unser Leben tragen kann, auch wenn alle anderen Funktionen versagen. So beginnen wir mitten im aktiven Leben der Möglichkeit des eigenen Sterbens ohne Angst ins Auge zu sehen. Es ist die letzte »unbekannte Situation« unseres Lebens. In ihr sollten wir auf die Lebendigkeit dieses Seins vertrauen können, das seinen Weg kennt und uns »viel weiter als über die Anden« sicher in neue Gebiete führt. Dieses Vertrauen macht uns aber nicht »jenseitig«. Vielmehr erlaubt es uns, konkrete Situationen in der Gegenwart intensiver zu erleben. Es gibt uns den Mut, jetzt zu tun, was wir für richtig halten. Unsere eigene Nähe zum Leben fordert, dass wir bei anderen und uns selbst für das Leben einstehen und unser Vertrauen in die Praxis umsetzen.

Eine Freundin aus Deutschland fragte mich: »Wie kann man wissen, ob man in der eigenen Entwicklung vorankommt?« Meine Antwort war: »Wenn wir aufhören, uns um das Vorankommen zu sorgen – und auch, wenn wir uns am Anfang von etwas Neuem sehen, sind wir wohl auf der richtigen Fährte.«

Nachwort

Immer mehr Eltern und Lehrer fühlen sich heute unzufrieden mit einem Erziehungsstil, der früher nur ausnahmsweise in Frage gestellt wurde. Auf ihrer Suche nach Alternativen sind manche auf den Erfahrungsbericht der Pestalozzi-Schule in Ecuador gestoßen, und seitdem lässt sie der Gedanke nicht los, selbst solch eine Arbeit mit Kindern zu beginnen. Es scheint darum an der Zeit, zu klären, warum solch ein Modell nicht übertragbar ist, auch wenn uns seine Grundideen direkt zum Herzen sprechen mögen.

Ich erinnere mich, wie besonders in den ersten Jahren unserer Schularbeit immer wieder Rückmeldungen kamen, dass sich Kinder dagegen wehrten, von ihren Eltern »so wie im Pesta« behandelt zu werden. Die gleichen Kinder fühlten sich offensichtlich in der Schule sehr wohl – sie hatten auch ein gutes Verhältnis zu den Erwachsenen, die sie hier betreuten. Trotzdem hassten sie es, wenn ihre Eltern Verhaltensmuster aufs Haus übertrugen, die ihnen bei uns selbstverständlich waren. Die Kinder entwickelten schnell ein feines Gespür, wann ihre Eltern sie selbst waren und ihr Verhalten echt war, sie also »von innen nach außen« auf jede Situation mit den Kindern eingingen – zum Beispiel in der Vorbereitung der häuslichen Umgebung, in der Art, wie sie zu den Kindern sprachen, ihnen Grenzen setzten, sie in Konflikten und im Schmerz begleiteten, sich neben sie hinknieten, ihnen Körperkontakt gaben. »Tu doch nicht so wie die im Pesta!«, protestierten manche. Offenbar beanspruchten sie deutlich das Recht auf authentische Beziehungen zu ihren Eltern, denn Kinder brauchen Erwachsene, die nicht das Risiko scheuen, selbst Fehler zu begehen und daraus zu lernen, also ebenso menschlich zu sein wie ihre Kinder, die auf die gleiche Weise heranreifen.

Allmählich merkten die Eltern, dass jegliche Anregung von außen für einen respektvolleren Umgang durch die eigene Erfahrung im täglichen Leben nach und nach transformiert und schließlich Teil der eigenen Gefühls- und Denkstrukturen werden muss. Doch geschieht das nur, wenn wir selbst die Verantwortung für die eigenen Handlungen übernehmen und nicht »im Sinne von« jemand anderem unsere Situationen angehen. Und dadurch sind es eben wirklich unsere Erfahrungen und wir brauchen uns dann nicht mehr auf andere zu berufen.

Diese Überlegungen treffen wohl ebenso auf Initiativen zu, die, durch unsere Erfahrungen ermutigt, ihre eigene Arbeit aufbauen. Auch sie sollten sich auf niemand anderen berufen als auf sich selbst und auf ihr eigenes Bedürfnis, authentische und respektvolle Beziehungen im eigenen Umkreis zu erarbeiten. Denn solche Beziehungen sind ja unmöglich, außer durch das eigene »Sein«. Und auch das schönste Vorbild ist eben nur »Vor-Bild« und kann die eigene Wirklichkeit nie ersetzen. In ihm steckt sogar die Gefahr, dass es sich zwischen uns und die Kinder stellt, die jedoch Erwachsene brauchen, mit denen sie sich ehrlich auseinander setzen können, die ganz da sind, für sich selbst verantwortlich und ebenso wie die Kinder bereit, ihr Verständnis durch das eigene Erleben aufzubauen.

Wir würden uns freuen, wenn an vielen Orten Menschen mit Mut und Verantwortung eine neue Arbeit mit Kindern in Angriff nehmen, die sich aber nicht »nach« oder im »Sinne von« oder »nach den Ideen von« unserer Arbeit in Ecuador identifizieren. Wer angibt, »nach Wild« zu arbeiten, oder vorgibt, eine »Wild-Ausbildung« absolviert zu haben, dokumentiert damit, dass er nicht wirklich verstanden hat, worum es uns eigentlich geht. Diese Arbeit ist ja nur entstanden und gewachsen, indem wir in unserer spezifischen Situation das Bestmögliche, das in unseren Kräften lag, taten. Das ist sicher nicht übertragbar, und es ist auch nicht unser Anliegen, ein neues Erziehungssystem zu begründen, denn kein System kann dem Menschen wirklich gerecht werden. Wir glauben nicht an eine Art Urheberrecht, denn Lebensprozesse können wir nur durch persönliche Entscheidungen respektieren, und sie verändern uns und unsere Situation von einem Augenblick zum anderen. Was könnten wir uns mehr wünschen, als unsere eigenständigen Erfahrungen mit anderen auszutauschen, die ihrerseits das Beste in ihrer Situation machen und dann entdecken, dass wir trotz aller Vielfalt vieles gemeinsam haben, das uns gegenseitig in unseren Erfahrungen bestätigt?

Literatur

Ditfurth, H. von: *Der Geist fiel nicht vom Himmel.* München: Deutscher Taschenbuchverlag 1993

Elkind, D.: *Das gehetzte Kind.* Bergisch-Gladbach: Lübbe 1992

Hengstenberg, E.: *Entfaltungen.* Schönau: Arbor 2001

Jacoby, H.: *Jenseits von begabt und unbegabt.* Hamburg: Christians 1994

Kornhuber, H.: *Mechanisms of Voluntary Movement: Cognition and Motor Processes.* Ed. by W. Prinz und A. F. Sanders, Berlin/Heidelberg/New York: Springer 1983

Montessori, M.: *Dem Leben helfen.* Freiburg: Herder 1992

Montessori, M.: *Die Entdeckung des Kindes.* Freiburg: Herder 1998

Montessori, M.: *Erziehung für eine neue Welt.* Freiburg: Herder 1998

Montessori, M.: *Kinder sind anders.* Stuttgart: Klett 1993

Montessori, M.: *Kinder lernen schöpferisch.* Freiburg: Herder 1994

Montessori, M.: *Kinder richtig motivieren.* Freiburg: Herder 1994

Montessori, M.: *Kinder, Sonne, Mond und Sterne.* Freiburg: Herder 2000

Montessori, M.: *Kosmische Erziehung.* Freiburg: Herder 2000

Montessori, M.: *Lernen ohne Druck.* Freiburg: Herder 1995

Montessori, M.: *Schule des Kindes.* Freiburg: Herder 1996

Montessori, M.: *Wie Kinder zu Konzentration und Stille finden.* Freiburg: Herder 1998

Montessori, M.: *Wie Lernen Freude macht.* Freiburg: Herder 1999

Pearce, J. C.: *Der nächste Schritt der Menschheit.* Schönau: Arbor 1994

Piaget, J.: Insbesondere: *Das moralische Urteil beim Kinde.* Stuttgart: Klett-Cotta 1983

Pikler, E.: *Miteinander vertraut werden* (ungekürzte Ausgabe). Schönau: Arbor 1994

Rosenfield, S. A.: *Conversations between the heart and the brain.* Mental Health Studies and Reports Branch, Division of scientific and public information, National Institute of Mental Health, Report (ADM) 1977, 78–708, pp. 1–17.

Satin, M.: *Heile dich selbst und unsere Erde.* Schönau: Arbor 1993

Tart, C.: *Hellwach und bewußt leben.* Schönau: Arbor 1995

Vester, F.: *Leitmotiv vernetztes Denken.* München: Heyne 1990

Vittachi, V.: *Das Erwachen des inneren Lebens.* Schönau: Arbor 1995

Wild, R.: *Lebensqualität für Kinder und andere Menschen.* Weinheim: Beltz 2001